KB125797

일제 식민지 시기 새로 읽기

Re-reading of the Colonial Period in Korea

연세국학총서 93

일제 식민지 시기 새로 읽기

한국학의 세계화 사업단
연세대학교 국학연구원 편

혜안

5

간행사

　한국학의 본산으로 자부하고 있는 연세대학교는 1953년에 창설된 동방학연구소와 그를 이어 1977년에 만들어진 국학연구원을 통하여 한국을 중심으로 한 동아시아 지역의 역사, 문학, 철학 등에 관한 연구를 행하고 있다. 2001년부터 학교 특성화 사업이 추진되어 국학연구단이 조직되었고, 2005년부터는 한국학의 세계화 사업단이 설립되어 집약적이고 독자적인 연구 활동을 벌이고 있다. 연세의 한국학 연구는 우리나라 근대 학문의 성립기부터 시대적 과제에 충실한 학문으로 자리매김하며 성장하여 왔다. 용재 백낙준, 위당 정인보, 외솔 최현배, 동암 백남운 등이 그 대표적인 국학자라고 하겠다.

　세계화, 국제화가 급속히 진전되는 현 시점에서 연세 한국학은 그간의 쌓아올린 학문 전통을 계승하면서 한국학을 세계 학문으로 전환시키기 위한 다각적인 노력이 필요하다고 생각된다. 그간 이룩해 온 한국학 연구 성과를 되돌아보고 연구 시각과 방법을 개발하며 이를 세계의 보편 언어로 한국학의 높은 수준을 알리는 일이 그것이다. 곧 세계 속에서 높아진 한국의 위상에 걸맞는 학문 연구를 진행시키는 일이 될 것이다.

　이를 위해서 한국학의 세계화 사업단은 고려사의 영문 번역 사업, 연세국학총서의 영어 번역, 국제학술대회를 추진하고 있다. 앞의 두 가지는 한국학의 수준 높은 연구 성과를 소개하는 일이 될 것이고, 국제학술대회는 세계적인 수준의 연구자들과 세계 속의 한국을 논함으로써 한국학의 연구 수준을 높이는 일이 될 것이다.

이 책은 본 사업단이 주관한 국제학술대회의 성과물을 엮은 것이다. 최근 일제 시기와 관련하여 식민지 근대화론과 수탈론이 대립하면서 역사인식의 혼란이 계속되고 있으며, 다른 한편으로 생활사를 중심으로 연구 지평이 넓혀지고도 있다. 이에 일제 식민지 시기를 종합적이며 비판적인 안목에서 새롭게 재조명하고자 하였다. 여기에는 미국, 일본, 노르웨이 등 외국의 한국학 연구자들이 참여하여 세계 각국의 일제 식민지 시기를 바라보는 다양한 관점을 제시하도록 하였고, 분야별로 역사학, 문학, 사회학, 교육학, 여성학의 각 분야 전문가들이 함께 하여 학제간 협동 연구의 틀을 갖추도록 하였다.

이 책의 간행을 통하여 일제 식민지 시기를 바라는 다양한 관점이 제기되어 일제 시기를 제조명하여 보다 심도 있는 논의가 있을 것이다. 그리고 이를 계기로 각국 연구자들 상호간의 교류가 확대되어 일제 시기를 바라보는 세계 각국의 연구가 소개되고 토론하는 후속 연구가 기대된다.

끝으로 이 책을 간행하는 데 많은 분들이 애를 썼다. 김도형 교수와 김동노 교수는 사업단의 운영교수로 기획과 구체적인 진행과정에서 실질적인 일을 맡아주셨고, 이정훈 연구교수는 연구의 진행과 간행, 학술

대회의 운영에 차질없도록 수고를 아끼지 않았다. 학술대회에 참여하
고 수정된 원고를 보내주신 필자 선생님과 학술대회의 토론에 참석해
주신 성생님들께 감사의 말씀을 드린다. 변함없이 국학총서를 간행해
주신 도서출판 혜안의 오일주 사장님께도 감사의 마음을 전한다.

2007년 1월
한국학의 세계화 사업단장   도 현 철
국학연구원장   설 성 경

차 례

▪ **간행사** 5

후발 주자의 식민주의－*구 소련의 주변부(1930·40년대까지의 우즈베키스탄)
와 일제하의 조선 비교를 위한 시론(試論)－* | 박노자 **17**
  1. 머리말 : 식민성의 보편성 17
  2. 중앙아시아와 러시아 : 점령, 지배, 수탈, 그리고 개발 21
    1) 1917년 이전의 시기 : 제정 러시아 21
    2) 1917년 이후 : 소련 정권 35
  3. 맺음말 : '인간의 얼굴을 가진 근대성'을 위하여 53

일본 식민지 정책이 광주학생운동에 미친 영향 | 데보라 솔로몬(Deborah
  Solomon) **57**

동화와 차이화－*일본의 식민지 지배와 '창씨개명'－* | 미즈노 나오키(水野直樹)
  69
  1. 머리말 69
  2. 창씨개명 연구의 과제 71
  3. '창씨'에 있어서의 '차이화' 72
  4. '개명'에 있어서의 '차이화' 77
  5. 맺음말 : '차이화'의 벡터를 낳은 것 79

조선총독부 학무국 편집과와 교과서 편찬 | 장 신 83

1. 머리말 83

2. 조선총독부 학무국 편집과 86

    1) 편집과의 분장업무와 직원 86

    2) 교과별 담당자 92

3. 학무국 편집과의 주요 활동 97

    1) 교과서 편찬과 편찬 교과서 97

    2) 교과서의 검정 및 인가 업무 104

4. 맺음말 111

식민지 신사와 학교의 관계 – *권학제의 분석* – | 히우라 사토코(樋浦郷子)
  119

1. 머리말 119

2. 조선신궁 완성 직후의 수신교과서 수여봉고제(修身敎科書授與奉告祭) 개시
   122

3. 권학제(勸學祭)로의 개칭과 대규모화 125

4. '감사참배'의 역할 130

5. '서사'의 역할과 '자발성' 134

6. 권학제의 확대 138

7. 맺음말 140

예배당·오누이·죄 - *한국 근대문학과 기독교* - | 이경훈   143

  1. 전도부인과 외교원 143

  2. 예배당의 사회학 148

  3. 최초의 오빠 이형식 154

  4. 죄의 발견, 존재의 발각 161

젠더연구와 검열연구의 교차점에서 - *'여성' 및 근대여성담론의 식민지적*
특수성에 대한 시론 - | 최경희   165

  1. 문제제기 : '여성'이라는 명칭으로부터 165

  2. 근대적 여성젠더 형성의 기초로서의 여성명칭의 근대화 172

  3. 총독부의 검열기준과 여성관계 출판물 182

  4. 결론을 대신하여 195

어긋난 조우와 갈등하는 욕망들의 검열 - *'조선문화의 장래'를 둘러싼 좌*
담회 (다시)읽기/(엿)듣기 - | 권나영(Nayoung Aimee Kwon)   199

  1. 머리말 199

  2. 제국 일본에서의 좌담회의 발생 201

  3. 좌담회 (엿)듣기 207

  4. '조선문화의 장래'에 대한 좌담회 210

  5. 식민지 타자의 검열 230

  6. 맺음말을 대신하여 233

'가정'과 '여성성'의 추상화와 감각의 리모델링 -*1930년대 잡지 『여성』을 중심으로*- | 신지영   235

　1. 근대의 감각을 질문한다는 것 235

　2. 제국과 생활의 매개로서의 '가정' 243

　　1) 근대계몽기 '부인'이라는 호칭 243

　　2) 1930년대 말, '총후부인'이란 호칭과 가정의 제도화 248

　　3) 1930년대 말, 여성노동의 다층화와 '가정'으로의 포섭 253

　3. '가정'의 제국주의화에 따른 감각의 변화 258

　　1) 전시체제와 연동하는 가정경제의 시공간 감각 258

　　2) 자본주의적 욕망과 연동하는 여성의 근대 감각 261

　4. 추상화된 여성성-신구(新舊)를 분류하고 감정을 교육한다 270

　5. '진보'라는 감각의 리모델링 277

식민지 말기 일본어 보급 정책 | 카와사키 아키라(川崎陽) 283

　1. 머리말 283

　2. '황민화'와 '국어' 284

　　1) 제3차 조선교육령과 일본어 상용의 강조 284

　　2) 사회 교육으로서의 일본어 보급 287

　3. '황민화'와 조선인의 말 290

　4. 아시아·태평양전쟁하의 일본어 보급운동 295

　　1) 국어보급운동요강 295

　　2) 『매일신보』의 일본어 지면과 국어강습회 301

3) 자발성과 강제 동원 306
5. **식민지 최말기(最末期)의 일본어** 308
　　1) '순정(醇正)한 국어'의 이념과 현실 308
　　2) 징병제 실시와 말기의 일본어 보급운동 311
　　3) '국어보다 적을 무찌르는 것이 중요합니다' 314
6. **맺음말** 316

　· **찾아보기** 319

CONTENTS

Vladimir Tikhonov The Colonialism of the Later Developers : Uzbekistan
(Pak Noja)   Periphery of the former Soviet Union before 1930~40s and
                 Korea under Japanese Rule

Deborah Baxt   The Role of Japanese Colonial Policy in the Kwangju Student
Solomon   Protests

Mizuno Naoki   Assimilating and Differentiating the Korean People-Name
                 Changing Policy under Japanese Colonial Rule-

Jang, Shin   The educational department and compilation of textbook
                 during the colonial period

Hiura Satoko   The Relationship Between Schools and Shrines in Colonial
                 Korea-KANGAKUSAI(Gwon-Hak Che) analysis-

Lee, Kyoung-Hoon Church, Brother and sister, Sin-Korean modern literature
                 and Christianity-

Choi, Kyeong-Hee At the Intersection of Gender Studies and Censorship Studies :
                 Exploring Colonial Particularities of 'Yŏsŏng'and Discourse
                 on Modern Womanhood

Nayoung Aimee
Kwon

Missed Encounters and the Censorship of Conflicting Desires
: (Re)reading / (Over)hearing the Roundtable on 'The Future
of Colonial Korean Culture'

Shin, Ji-Young

Family and Femininity : Reconstruction of the notion－In
the magazine of 『Woman(女性)』 in the 1930's

Kawasaki Akira

Japanese Language Dissemination in Late Colonial Korea

후발 주자의 식민주의
─구 소련의 주변부(1930·40년대까지의
우즈베키스탄)와 일제하의 조선 비교를 위한
시론(試論)─

박 노 자[*]

1. 머리말 : 식민성의 보편성

일제로부터 해방된 지 이미 60여 년이 다 됐지만 일제 시대에 대한 논쟁은 가면 갈수록 국내 학계에서 더 치열해지는 모습을 보인다. 1960년대 후반 이후로 국내 사학계에서 일제의 조선 지배를 기본적으로 수탈과 저항의 시기로 분류했지만 최근에 일각의 '보수적인 국제주의자'들이 『해방 전후사의 재인식』(1·2권, 책세상, 2006)처럼 보수 언론에 의해 일약 베스트셀러 대열에 오르는 저서를 통해 일제 때의 '근대화', '산업화', '소비의 증강' 등에 주목하고 친일적인 예속 엘리트를 '근대화 세력'이자 '진정한 민족주의자'로 재정의하려 한다. 개항기 이후부터의 곡물 수출의 증대, 식민지 시대 후반기의 일본 군국주의 세력과 재벌에 의한 급속한 산업화, 그리고 1960년대 이후의 식민지 관료 출신의 정치 군인에 의한 수출주도형 공업화 등은 획일적으로 '외부지향적인 근대적 발전'으로 묶여 무비판적으로 칭송되고 있다.[1] 한

* Oslo대 교수, 한국사.

국 자본 중 일부 거대 재벌들이 미국 금융자본과의 유착, 미국 시장에의 접근 등 중심부 자본과의 '주니어 파트너'로서의 제휴를 노려 한미 FTA와 같은 방안을 추진하는 상황에서는, 종전의 '수탈론'은 그들에게 이념적인 부담이 되는 셈이다. '뉴라이트' 색깔의 '자본주의적 국제주의자'들이 종전의 '수탈론'을 공격할 때에 '좁은 민족주의'와 같은 어법을 종종 쓴다. 예컨대 『해방 전후사 재인식』의 공동 편자 중의 한 사람인 김일영 교수는 '국내의 수정주의적 사학자'를 '민족, 통일과 같은 이념을 절대시하여 학문을 그 실현 수단으로 전락시킨 사람'이라고 본다.[2]

그런데 실제로는 민족주의 그 자체도 하나의 전세계적 현상을 이루는 만큼 '수탈론'을 생산한 국내의 학술적인 풍토도 국제적인 맥락 속에서만 제대로 파악될 수 있을 것이다. 예컨대 수탈적인 식민지화가 자생적인 자본주의의 맹아를 잘라버렸다는 진단은, 한국보다 훨씬 앞서서 인도의 민족주의적 지향의 마르크스주의적 사학자들이 인도 식민지배의 역사에 대해 내린 바 있다.[3] '수탈론'의 대가 중의 한 사람이라 할 강만길 교수도 최근에 나온 그의 비교사적인 저서에서 일제의 조선지배와 영국의 인도지배, 프랑스의 베트남지배를 비교하는 등 일제가 조선에 입힌 손실을 밝혀내기 위해 국제적 맥락을 적극적으로 인용하였다.[4] 마찬가지로, 일제 시절의 산업화 효과나 국내 기업가층

---

1) 차명수, 「우리 나라의 생활 수준 1700~2000」, 안병직 엮음, 『한국 경제성장사』, 서울대학교출판부, 2001, 333쪽.
2) 이영훈 외, 『해방 전후사의 재인식』 2, 책세상, 2006, 614쪽.
3) '인도의 식민지적 탈산업화론'의 역사와 19세기 초반 인도 탈산업화의 복합적 요인들에 대해서는 David Clingingsmith, Jeffrey G. Williamson, India's de industrialization under British rule : new ideas, new evidence, Cambridge, Mass. : National Bureau of Economic Research, 2004 ; http://post.economics.harvard. edu/hier/2004papers/HIER2039.pdf#search='India%20deindustrialization%20under %20British%20rule 참조.

형성 효과 등을 강조하려는 여러 부류의 '식민지 개발론적' 방향의 연구자들도 주로 인도의 사례를 끌어들여 일제하 조선에서의 산업화 효과가 장기적으로 더 크다는 것을 부각시키곤 한다.5) 최근에 인도 학계에서도 영국 식민지배의 '자본주의 정착에의 기여'를 보다 높이 사려는 일련의 저서들6)이 나타나는 것으로 봐서는 '식민지 개발론적' 시각도 '수탈론적' 시각과 마찬가지로 국내외에서 공히 나타나는 사회과학의 거시적인 추세로 이해해야 한다는 생각이 든다.

  인도를 위시한 선진 자본주의 국가들의 식민주의 역사와 비교한 시도들은 여태까지 국내 학계의 일제 시대 이해에 여러 가지로 기여한 점이 많다. 그런데 과연 왜 인도, 베트남, 필리핀 등 영국, 프랑스, 미국의 식민지만이 비교의 대상이 돼야 하는가에 대해 절로 의문이 들지 않을 수 없다. 특히 인도는 식민지배의 기간이 일제의 조선지배 기간에 비해 거의 5배나 긴데다가, 식민화 이전의 가내공업과 상업의 발달 수준은 아시아권에서도 가장 높았다.7) 보편성과 특수성이 균형을 이루어야 할 역사서술에서는, 산업의 발달 수준이 예외적으로 높았던 인도에서 분명히 이루어진 '식민지적 탈산업화' 과정을 하나의 보편적

---

  4) 강만길, 『일본과 서구의 식민통치 비교』, 선인, 2004.
  5) 예컨대 박섭은 국외 자본(일본 재벌의 자본)에 의존한 식민지 시기의 조선의 공업화가 1970~80년대의 신생공업국의 '국제 분업적 구조에 의존한 공업화'를 예견하는 반면 19세기의 공업화 구조를 답습했던 인도의 공업화가 훨씬 미래성이 떨어졌다는 방식의 논리를 전개한다(박섭, 「식민지기 한국과 인도의 공업화」, 『경제사학』 21, 1996 ; http://todori.inje.ac.kr/~parksub/articles/koindus.doc).
  6) 예컨대 국내의 최근의 '식민지 개발론'과 마찬가지로 신자유주의적 영향이 강하게 느껴지는 Dwijendra Tripathi, *The Oxford History of Indian Business*, New Delhi : Oxford University Press, 2004 참고.
  7) Prasannan Parthasarathi, *The transition to a colonial economy : weavers, merchants, and kings in South India, 1720~1800*, Cambridge : Cambridge University Press : New York, 2001.

인 규칙으로 만들어 예외 없이 다른 나라의 역사에다 적용시키는 것은 곤란할 수 있을 것이다.

거기에다가 산업자본주의의 선발 주자로서의 영국이 그 식민지를 이용한 방법은, 후발 주자인 일본과는 다른 점이 몇 가지 있을 수 있는 것이다. 예컨대 인도가 식민화된 뒤에 그 식민모국인 영국이 거의 반세기 넘게―곡물법(Corn Laws) 철폐(1846) 이후부터 제1차 세계대전을 전후한 시기까지―자유방임적 자본주의 체제로 남아 있었지만, 조선이 식민화되기 직전인 1906년에 일제는 철도국유화법을 반포하는 등 국가독점자본주의의 기틀을 이미 다지기 시작하여, 식민화 직후인 1910년대에 정경유착에 힘입은 거대 독점자본의 형성 단계에 들어섰다.[8] 인도에서의 영국 자본보다, 국가의 지휘를 받았던 일본 독점자본들이 전략적 요충지이자 저임금 지대인 인접 지역 조선에서 훨씬 더 공격적인 공업 시설 투자에 나설 수 있었던 것이다.

위와 같은 이유로, 일제하의 조선을 제정 러시아(이후 소련)의 직·간접적 지배를 받았던 지역들과 비교하는 것이 매우 생산적인 것으로 보인다. 일본과 마찬가지로 자본주의의 후발 주자였던 제정 러시아는 중앙아시아 등의 여러 식민지들을 획득한 1870~80년대에 이미 국가 주도의 관료자본주의로의 지향을 드러냈지만,[9] 스탈린주의적인 국가자본주의(속칭 '현실적 사회주의')가 그 모양을 갖춘 1920년대 후반부터 동시대의 일본을 훨씬 능가한, 생산수단의 국가통제의 수준을 과시하기 시작했다. 사실, 1945년 이전의 일제의 국가독점자본주의와 스탈린주의적인 국가자본주의가 그 식민지 이용 방법에 있어서 매우 비슷한 모양으로 '내지 연장주의적인'(즉, 식민모국 중심적인) 개발 계획의

---

8) 石井寬治 지음, 이병천·김윤자 옮김, 『일본경제사』, 동녘, 1984, 224~231쪽.

9) Плимак Е.Г., Пантин И.К. *Драма российских реформ и революций : (Сравн. полит. анализ).* Москва. : Весь мир, 2000, с.242~247.

일환으로 식민지에서 공업, 인프라 투자에 중점을 두고 군사전략적인
고려를 우선시하는 등 공통 지향을 보인다는 주장을, '국가자본주의'
이론의 '아버지'인 영국 마르크스주의자 토니 클리프가 이미 1955년에
발표한 적이 있었던 것이다.[10] 지리적으로 인접한 지역에서 일차적으
로 군사전략적인 고려 하에서 식민지를 획득·이용했던 두 국가주의
적 경향의 후발 자본주의적 국가인 일제와 러시아(이후 소련)의 경우
를 비교하면 후발국의 국가(독점)자본주의 하의 식민주의의 어떤 보
편적인 특징을 발견할 수 있지 않을까 하는 문제의식으로부터 출발하
여 이 글을 작성하게 됐다.

 이후 중앙아시아 전체를 놓고 조선과의 비교를 시도하겠지만, 우선
이 글에서는 조선과 우즈베키스탄을 비교 검토하려고 한다. 검토하는
시기는 조선에 대한 식민지배가 지속됐던 1930년대 말~1940년대 중
반까지로 한정한다. 그리고 이 글에서는 한국 독자에게 잘 알려진 일
제 강점기 역사보다 비교적으로 덜 알려진 우즈베키스탄 역사를 조명
하는데 중점을 두려고 한다. 물론 이 글은 이와 같은 비교사적 검토의
시론(試論)에 불과함을 밝혀둔다.

2. 중앙아시아와 러시아 : 점령, 지배, 수탈, 그리고 개발

1) 1917년 이전의 시기 : 제정 러시아

 오늘날의 우즈베키스탄과 타지키스탄, 투르크메니스탄 등의 영토는
16세기 중반부터는 서로 복잡한 경쟁 관계에 있었던 키바(Khiva), 부

---

10) Tony Cliff, State Capitalism in Russia, 1955, Chapter 8 : "The Imperialist Expansion
   of Russia" ; http://www.marxists.org/archive/cliff/works/1955/statecap
   /ch08.htm.

카라(Bukhoro), 코콘(Qucon : 1710년에 부카라로부터 분리독립하였음) 등의 여러 한국(汗國)에 의해 통치됐다. 이 지역의 왕조 국가들은 이미 15세기 말부터 러시아를 대상으로 간헐적인 외교 활동을 벌였다.[11] 17세기 이후로 러시아와의 활발한 무역 관계를 가져 연간 약 10만 루블 정도의 무역액을 올리는 등 사실상 러시아산 모피의 주된 소비자이자, 러시아에 대한 비단, 고급 방직물의 주된 공급자였다.[12] 17세기의 러시아는 중앙아시아 국가들을 고급 수공업 제품의 공급지, 즉 선진 문화 지역으로 인식했으며, 18세기의 러시아는 몇 차례에 걸쳐서 중앙아시아에서의 군사적인 세력 확장을 시도했으나 실패했다. 예컨대 1716년 9월에 피터 1세(1682~1725)가 친위대의 대위였던 알렉산드르 베코비치 체르카스키(Aleksandr Bekovich Cherkassky : ?~1717)에게 약 6천여 명의 병사를 주고 '사금(沙金)이 풍부한 키바 한국'을 정벌하라는 명령을 하달했는데, 러시아의 화기가 우월함에도 불구하고 키바 한국의 기민한 작전에 의해 이 정벌대가 전멸을 당하고 말았다.[13] 19세기 전반기 러시아의 중앙아시아 국가 관련 정책은 주로 정보 수집에만 집중될 정도이었고, 1860년대 초반이 되어서야 영국과의 식민지 획득 경쟁(great game)이라는 맥락 속에서 중앙아시아 국가에 대한 본격적인 정복에 나섰다. 즉, 일본과 조선의 경우와 마찬가지로, 중앙아시아의 지식인들은 러시아와의 장기간의 동등한 교역의 역사를 익히 알고 있었으며 1860년대의 러시아 침략을 여태까지의 대체로 평등한

11) Edward A. Allworth, *The Modern Uzbeks*, Standford : Hoover Institution Press, 1990, p.82.
12) "Русь и Ближний Восток, 1667~1682 гг.", Вернадский Г. В., История Росси и. Том 5 "Московское царство", 1968~69 ; http://gumilevica.kulichki.net/VGV/vgv563.htm#vgv563para03.
13) Попов П. "Сношения России с Хивою и Бухарою при Петре Великом", *Записки ИРГО*, 1853 г.

관계의 반전이자 불의(不意)에 강해진 외부자의 불법 침탈로 인식했
다.

1864년 중앙아시아에 대한 본격적인 점령에 나선 러시아는 먼저 부
카라의 나스룰라 바카둘 칸(Nasrullah Bahadur Khan : 1826~1860)의 왕
권 절대화 시도와 대외 팽창정책으로 가일층 치열해진 부카라와 코콘
의 경쟁을 이용하여[14] 양국의 각축장이었던 타슈켄트 등을 점령하여
(1865) 중앙아시아 식민화의 중심지로 만들었고, 그 뒤에 부카라와 코
콘 양국에 '보호국' 체제를 강요하였다(1868). 양국의 일부 토지가 러
시아 제국의 직할지로 편입되어 신설 투르키스탄 총독부의 직할 하에
들어갔다(1867). 부카라와 키바는 러시아에 막대한 전쟁 배상금을 지
불하고ㅡ부카라는 무려 50만 루블을 지불했는데 이는 그 당시의 환
율[15]로 37만 5천 미국 달러에 해당됨ㅡ러시아 상인의 상업 활동의 무
제한적 허용, 러시아 상품에 대한 거의 무관세ㅡ2.5%의 관세율ㅡ에
가까운 수입의 조건을 부여해야 하는 등 이 지역을 러시아 정부의 영
향권이자 러시아 자본의 독점적 시장으로 만들어 주어야 했다.

1873년까지 계속됐던 키바의 저항이 훨씬 강력했던 만큼 러시아의
'보호국화'의 조건도 더 가혹했다. 키바의 군주는 2백만 루블의 배상금
을 지불하고 러시아 상인들에게 완전 무관세 무역의 특권을 부여하고
3명의 러시아 장교를 포함하는 새로운 국무회의를 조직하여 러시아
장교들의 '지도'를 받고 반러시아적 대신들을 체포, 재판까지 하는 등
보다 굴종적인 자세를 취해야 했다.[16]

---

14) Edward A.Allworth, Op. sit., pp.111~114.

15) 1860년대 후반의 공식적인 루블·달러 환율에 대해서는 Petr Tikhmenev,
    *Historical Review of the Formation of the Russian American Company and Its
    Activity to the Present Time*, Part 1, trans. Michael Dobrynin, Berkeley, University
    of California, 1940, pp.319~320 참조.

16) Логофет Д. Н. *Страна бесправия (Бухарское ханство и его современное сос*

24

코콘의 경우에는, 주변부 영토의 실지(失地) 등 러시아 점령에 따르는 여러 가지 부담이 과세의 과중과 민중의 불만을 심화시켜 결국 민중적인 저항 의지에 바탕을 둔 독립지향 세력의 일시적인 집권을 가능케 했지만, 이들은 곧 무기 성능이 훨씬 좋은 러시아 관군에 패배를 당하고 1876년에 멸망되어, 그 영토는 투르키스탄 총독부의 직할 하에 편입됐다. 코콘의 마지막 저항을 여지없이 무찌르려 했던 러시아 관군은 화기의 성능이 나빴던 코콘 군인들을 대량 학살하였다. 예컨대 1875년 8월 22일의 마크람(Makhram)성곽 부근의 러시아 관군과 코콘 세력 간의 전투에서 러시아군이 6명만 사망한 반면 코콘 군은 약 1천 명이 무자비하게 사살됐다. 특히 '언제 또 저항을 벌일지 모를 위험한 분자', '완전한 통제가 불가능한 세력'으로 분류됐던 키르기스족이나 투르크멘족의 유목민들은 기회가 될 때마다 학살을 당했다. 1873년의 키바 정복전쟁 당시나 1881년 1월 12일 투르크멘족의 게오크테페 (Geok-tepe)라는 독립의 마지막 보루에 대한 공격을 할 때는 러시아 군은 일체 포로를 잡지 않고 반대자에 대한 '일괄 몰살'의 전략을 취했다. 게오크테페 전투만 해도 약 8천 명의 투르크멘인들이 몰살당했다.[17]

일제하의 조선 등 식민지의 대다수 경우들과 마찬가지로, 러시아에 의한 중앙아시아의 복속은 궁극적으로 '죽음의 공포'에 의존했으며 우

тояние), СПб., 1909 ; "Условия мира России с Хивой, предложенные команд ующим войсками, действующими против Хивы, генерал адьютантом фон Ка уманом I м и принятые Хивинским Ханом Мухаммед Рахимом Баходур Хан ом, и подписанные 12 августа 1873 г", *Национальная политика Императорск ой России*, М.,1997.

17) О. А. Гундогдыев (сост.и общ.ред.), Р.Г. Мурадов (сост.и общ.ред.), *Истор ико культурное наследие Туркменистана : Энциклопедический словарь*, Istanbul, 2000.

월한 무력이라는 배경을 지니고 있었다. 중앙아시아에 이주하여 정착한 러시아 정착민의 입장에서는 중앙아시아의 '원주민'들이 일차적으로 '무능해서 패배를 당한 종전의 적국민', 즉 열등하면서도 본래적으로 적대적인 타자로 인식됐다. 이와 같은 부분을 염두에 두어야 러시아 계통의 현지 '공산주의자'들이 1917년 10월 혁명 이후에 중앙아시아에서 취한 행동을 이해할 수 있을 것이다.[18]

부카라와 키바가 '보호국'으로 남아 있고 나머지 중앙아시아 영토의 대부분이 투르키스탄 총독부로 편입된 것은 결국 중앙아시아에서의 러시아 제국 지배의 이원화를 의미했다. 부카라와 키바의 '보호국' 체제는, 1905년 11월 17일 소위 을사늑약이 조선에 강요한 '보호국' 체제와 여러 점에서 달라 어쩌면 간접지배의 측면이 더 강했다고 볼 수 있다. 물론 을사늑약 이후의 조선과 마찬가지로 부카라와 키바도 공식적인 외교권을 박탈당했다. 비공식적으로는 특히 훨씬 반러시아적 경향이 강했던 키바는 아프가니스탄 등 여러 국외 세력들과의 제휴를 통해 국권회복에 힘을 썼지만, 1873년에 영국과 러시아가 중앙아시아에서의 '영향권 분할'을 대체로 확정하여 키바가 '러시아 영향권'으로 분류된 이상 현실적인 국권회복의 방법은 없었다.

그러나 철저한 행정 체계를 갖춘 을사늑약 이후의 통감부와 달리, 부카라와 키바라는 두 '보호국'의 내정에 대한 러시아의 간섭 수위는 훨씬 낮았다. 키바의 경우에는 국무회의에서 러시아 장교들이 참석하여 그 결정을 '대체적으로 지휘하는' 정도의 중앙 정치에 대한 간섭은 있어도 러시아 정착민들이 사는 일부 지역 이외에는 지방 행정에 대한 구체적인 간섭은 하지 않았다. 부카라의 경우에는, 1873년에 보호국 조약이 개정되어 러시아 대표자가 대외무역, 대외관계에 대한 '지

18) S. Becker, *Russia's Protectorates in Central Asia : Bukhara and Khiva, 1865~1924*, Cambridge, Mass., 1968.

휘 감독'을 행사하게 됐지만 국내 행정에 대한 간섭을 행사할 권리를
공식적으로 부여 받지 않았다. 1885년 부카라에서 '러시아 제국 정치
대표부(Российское императорское политическое агентство)'라는 기
관이 개설되어 러시아 상인들의 무관세 무역, 러시아 상인과 정착민의
범죄에 대한 재판, 러시아인과 부카라 시민간의 소송에 대한 부카라
측과의 공동재판 등 주로 대외 관계나 자국민 관련의 사무를 처리하
게 됐다. 그러나 군사 분야만 하더라도 키바, 부카라는 각각 러시아군
의 구체적인 지휘를 받지 않는 1만 4~5천 명 정도의 상비군을 그대로
유지할 수 있었다.

이들 '보호국'에 대한 러시아 제국의 주된 수탈 방법은 무역 독점에
의한 상업적 수탈과 '전략 철도' 부설, 그리고 러시아 정착민들이 사는
'러시아인 전용의 신도시' 건설을 위한 토지의 무단 수용이었다. 무역
의 경우에는, 1889년에 약 3천 2백만 루블에 달하는 부카라의 전체 무
역액 중 대(對)러시아 수출입 무역은 2천 2백만 루블, 즉 거의 70%에
달했다. 조선의 경우에는, 강화도조약 얼마 후인 1885년에 대외 무역
의 81%를 대일 무역이 차지하는 등 일본이 이미 우월적인 지위를 획
득하고 있었고, 1890년대 초반에 일시적으로 청나라에 밀렸지만 청일
전쟁에서 승리한 뒤 곧바로 다시 조선의 대외 무역에서 수입의 65%,
수출의 92%를 차지하게 됐다.[19] 1910년 이전까지의 대일 수출의 60%
가 미곡과 대두인 반면 일본의 주된 대조선 수출품이 면포와 면직물
등이었던 것처럼, 부카라와 러시아의 무역도 기본적으로 '부카라의 목
화와 러시아산 면직물, 가재 도구, 설탕 등의 교환 체계'이었다.[20] 조
선의 경우, 국내 면직물 생산이 관세 장벽 없이 값싼 외국 제품과의

---

19) 조기준, 『한국자본주의성립사론』, 대왕사, 1973, 116~118쪽.
20) А. Галкин, "Краткий очерк Бухарского ханства", *Военный Сборник*, No. 11
    12, 1890.

경쟁에서 이기지 못하여 지지부진했던 것처럼, 부카라에서도 유서 깊
은 비단 등의 생산은 1917년까지 쇠퇴 일로였다.

불평등 무역의 주된 도구는 1880년에 그 부설이 시작된 '중앙아시아
철도'였는데, 철도 부설의 과정에서 부카라에서만 약 6천 제샤티나(대
략 6천 정보)에 달하는 부지가 러시아 정부에 의해 강제 수용됐다.[21)
참고로, 예컨대 1904~1905년 일제에 의한 경의선, 마산선, 경원선 등
의 부설 시에 군용지 수용 명목으로 빼앗긴 토지는 약 1,795만 평, 즉
600정보 정도였다.[22) '원주민'들에게 빼앗은 방대한 땅에서는 러시아
국민만이 거주할 수 있는 '조계지'-노바야 부카라(Новая Бухара), 차
르주이(Чарджуй), 테르메즈(Термез), 케르키(Керки) 등-들이 설립됐
다. 조선의 개항장에서의 일본인 거주지와 마찬가지로 조계지 행정에
대해 부카라는 일체 관련할 수 없었다.[23) 1900년대의 많은 조선 상인
들도 그랬듯이, 부카라의 상인층은 러시아의 상업자본에 의한 매판화
과정을 거치고 있었으며 러시아 상품의 지배적인 위치 때문에 산업자
본으로의 전환은 거의 할 수 없었다.[24)

부카라에서도 1900년대 한국의 '계몽운동'과 여러 면에서 구조적으
로 유사한 '자지드(jadid)운동'이 대략 비슷한 시기-1905년을 전후해서
-에 일어나 부카라 시 안에서 약 10개의 '신식 학교' 창설과 신문·잡
지 발행, 전제 정권을 비판하고 입헌군주제를 주장하는 아브두라우프

---

21) Семенов А. А., "Записка о возникновении и современном состоянии русских
  поселений в Бухарском ханстве", Архив АН РТ, фонд А. А. Семенова, оп.1,
  д.98, л.4.
22) 조선총독부 철도국 엮음, 『조선철도사』 제1권, 경성, 1937, 363쪽.
23) *История Узбекской ССР*, Ташкент, 1956, Т 1, кн 2, С.139~141.
24) Ходжаев Ф. "К истории революции в Бухаре и национального размежевания
  в Средней Азии. Часть первая", *Избранные труды в трех томах*, Т. I, Ташке
  нт : "Фан", 1970, С.79~87.

피트라트(Abdurauf Fitrat, 1886~1938) 등의 책자 발간 등의 방법으로
'근대화를 위한 온건한 투쟁'이 전개됐다. 그러나 자본가층이 매우 취
약한 상황에서 러시아 군사력에 힘입은 군주로부터 별다른 양보를 얻
어내지 못했다. 마찬가지로, 학교 설립을 위한 모든 노력에도 불구하
고 1917년 당시 부카라 주민의 문맹률은 98%에 달해 성직자와 관료,
일부 상인을 제외한 대부분의 주민들이 거의 다 문맹이었다.[25] 이것
은 약 80~85%쯤으로 추측되는 식민지 초기 조선의 문맹률[26]과 비교
해서도 높은 수치다. 그러나 1900년대의 계몽주의 운동에 참여했거나
-예를 들면 이동휘-당시의 근대 학교에 다녀 그 영향을 받은 사람
-예를 들면 여운형-이 나중에 한국 좌파운동에 투신하는 경우가 있
었듯이, '자지드 운동' 출신의 많은 진보적 민족주의자들은 1917년 이
후 러시아 공산주의자들과 손잡고 '급진적 근대화' 운동에 나섰다.[27]

부카라나 키바는 러시아 제국에 예속화된 채 전통적인 정치 형태
등을 그대로 유지했지만, 투르키스탄 총독부는 1910년 이후의 식민화
된 조선과 마찬가지로 제국 체제에 완전히 편입됐다. 조선과 마찬가
지로 투르키스탄 총독부에서는 원칙상 군정(軍政)과 민정(民政)이 일
치돼 있어 군 장군으로 임명되는 총독은 국방부와 황제의 지휘를 받

25) А.П.Рахимаев, *Таджикистан*, М. 1926, С.11.
26) 노영택, 「일제시기의 문맹률의 추이」, 『국사관논총』 51, 1994.
27) Komatsu Hisao, *Revolutionary Central Asia : A Portrait of Abdurauf Fitrat*, University of Tokyo, 1996. 피트라트는 이스탄불에 유학하여 '이슬람적 민족주의'나 '범(汎)튀르크주의' 등의 민족국가의 경계를 초월하는 '신사상'을 주로 거기에서 익혔다. 1917년 이전의 그의 저서에서 특히 부카라 의료기술의 후진성이나 성지 순례와 같은 '이슬람의 근원적인 가치'와 무관한 '미신', 그리고 여성을 위한 교육의 부재 등이 비판을 받는다. 동아시아권의 한문에 상응되는 아랍어, 페르시아어와 같은 '고전적인 문어' 대신에 피트라트는-본인이 페르시아어 창작의 대가이면서도-'구어'인 튀르크 계통의 우즈벡 언어를 통한 교육과 언론 활동, 즉 '언문일치'를 주장했다.

왔다. 초대(1867~1882) 총독 카우프만(Константин Петрович Кауфман, 1818~1882)은 바로 중앙아시아 점령의 주역이기도 했다. 총독부 안에는 세 개의 국(局)―즉 행정국, 토지·과세·교육 담당국, 재정국―이 총독부 치하 직할지의 일체 생활을 통제했다. 총독부 산하의 도(道 : область) 장관들도 러시아 군관으로만 임명했다. 조선의 경우 1912년 12월 제령10호 「범죄즉결례」에 따라서 경찰서장 내지 헌병대장이 보통 재판소의 절차를 거치지도 않고 3개월 이하의 징역 또는 100원 이하의 벌금을 과할 수 있는 '즉결 처리권'이라는 초법적인 처벌권을 갖고 있었다.[28] 투르키스탄의 총독 역시 「투르키스탄 지역 행정에 관한 조례」(Положение об управлении Туркестанского края : 1892년 제정, 1906년 개정)대로 그 하급자의 보고에 의거하여 '불온한 원주민'들을 재판 절차 없이 5년 이하의 유형(流刑) 내지 1개월 이내 구류형(拘留刑)에 처할 수 있었다.[29]

식민지 행정에서의 '법치'는 '통제'의 외형에 지나지 않았다. 그러나, 비록 승진과 대우에 심한 제한과 차별을 두고 핵심적인 위치에 임명하지는 않았음에도, 적어도 수치상 1918년에 총독부에서 일인 12,865명과 함께 조선인 8,437명을 두고, 특히 조선인들이 많이 사는 지역의 군수 등으로 조선인들을 자주 임명했던 일제[30]와는 달리, 러시아 제국은 투르키스탄 총독부의 중앙부서에 '원주민'들을 거의 임명하는 경우는 없었다. 대신에, 도(область), 군(郡 : уезд) 하에 있었던 면(面 : волость) 이하의 행정 책임자들이 일정 수준 이상의 재산을 가진 '원주민' 남성들의 대표자들에 의해서 투표를 통해 선발됐다. 물론 선거 이

---

28) 박경식, 『일본제국주의의 조선지배』, 도서출판 행지, 1986, 52쪽.
29) *Свод Законов Российской Империи. В пяти книгах. Книга первая. Тома 1~3.* Том 2. СПб., 1912, С.427~446.
30) 강동진, 『일제의 한국침략정책사』, 한길사, 1980, 185쪽.

후 총독의 임명 절차를 거치고, 총독에 의해 언제든지 해직될 수 있었던 그들이 러시아 지배자들에 대한 어떤 조직적 반항도 할 수 없었던 것은 당연하지만, 이를 통해 '원주민' 유력자들의 기득권을 인정해 지배에 대한 일종의 동의 기반을 구축하려는 식민지 권력의 속셈을 알아차릴 수 있다. 선거란 1920년 7월 이후에 특별히 지정된 12부, 24면에서 부세, 면 부과금 5원 이상을 납부하는 일인 7,650명, 조선인 6,346명의 부호만이 부, 면협의회에 대표자를 보냈던 식민지 조선에 비하면,31) 중앙아시아에서 그 '유력자층 사이의 동의기반'이 보다 포괄적이었다고 할 수도 있다.

또한 재판제도가 식민모국과 식민지의 법령에 의거한 근대식 재판으로 일원화되어 있으며 '구관(舊慣)'이 매우 제한적으로 인정되었던 식민지 조선과 달리, 러시아령 중앙아시아의 경우 '원주민' 사회 안에서 상당수의 민사소송이나 경범죄 관련 형사사건을 러시아 재판이 아니라 3년 기한으로 선출되어 총독에 의해 임명 확정되는 전통적인 종교재판관(kazii)이나 민간재판관(biy) 등이 다룰 수 있었고, 그들은 러시아 법이 아닌 판례 위주의 전통 법(adat)과 종교 법(sharia)에 의해 심리, 선고했다.32)

이슬람 성직자를 위시한 '원주민' 사회의 기득권층을 친러시아 성향으로 바꾸어 그들의 권위에 의존하려는 태도는 교육 분야에서도 보였

31) 박경식, 앞의 책, 207쪽. 이외에는 관선인 보통면의 면협의회에서 조선인 의원 23,380명이 뽑혔다. 朝鮮總督府 內務局, 『改定地方制度實施槪要』, 京城, 1922, 70~72쪽. 조선인 지배층에 대한 회유의 차원에서 지방 '자치'제도가 1930년 12월에 개정되어 보통면의 면협의회 의원이 관선이 아닌 민선이 되는 등 조선인 부호가 선출할 수 있는 의원들의 수가 대폭 늘었다. 그러나 보통면에서의 협의회는 여전히 단순한 자문 기관으로 존재하여 의결기능을 갖지 못했다. 김운태, 『일본제국주의의 한국통치』, 박영사, 1998, 321~328쪽.
32) Нарбаев Н. Б. Россия и Евразия : проблемы государственности. М., 1997, C.28~126.

다. 아랍어와 종교 등 일부 특정 과목을 제외하고 일체의 일반 과목－
수학, 물리학 등－이 다 러시아어로 교수되는 '양(兩) 언어 학교', 즉
'원주민'을 위한 러시아식 초·중·고등 공·사립 89개 학교에는 1909
년에 2,552명의 '원주민' 학생만이 다녔다. 러시아인과 '원주민' 귀족 자
녀들이 같이 다닐 수 있는 '신식 공동학교' 도입 계획이 처음 세워졌으
나 거의 실현되지 않았다. 대신에 1911년 약 6천 개의 전통적인 초·
중급 종교학교(mekteb)와 328개의 고급 종교학교(medresse)에 10만 명
이상의 학생들이 다녔다.[33] 이에 비해 자지드의 계몽운동에 의해 설
립돼 한국의 '민족 사학(私學)'과 비교될 만한 '근대식 이슬람 학교'에
는 1917년에 약 8천 명에서 만 명 정도의 학생이 다니는 등 전통적인
교육제도를 넘어설 수 있는 수준까지는 발달되지 못했다.[34] 1922년에
근대식 보통학교(237,949명의 학생)와 사립 각종학교(71,157명의 학생)
에 다니는 학생 수가 서당에서 공부하는 학생의 수(280,862명)를 넘은
조선[35]과 달리, 중앙아시아 교육에는 제정 러시아가 그렇게 깊이 침
투하려 하지도 않았고 토착적 근대주의자들이 조선만큼 강력한 세력
을 이루지도 않았다.

　1917년 이후 소련 정권에 의해 교육의 근대적인 일원화, 획일화가
가속화되었지만 그 전의 러시아 제국 당국은 '원주민'들 사이로 근대
적인 '연성 권력'을 침투시키는 것보다 전근대적인 '연성 권력'과의 연
합을 지향했다. 투르키스탄 총독부 직할 하의 지역은 1888년부터 1916
년까지 목화 생산량이 750%나 늘어나 러시아 방직업의 원료 공급 기

33) Serge Zenkovsky, "Kulturkampf in Prerevolutionary Central Asia", *American Slavic and East European Review*, 14/1, 1955, pp.15~41.
34) Edward A. Allworth, Op. sit., pp.132~133. 근대식 사립학교 부진의 이유 중 하나는 '범(汎)이슬람주의'와 각종 불온사상의 전파를 우려하여 자지드 계몽운동에 제동을 걸었던 러시아 당국의 몽매주의적(蒙昧主義的) 태도도 있었다.
35) 오성철, 『식민지 초등교육의 형성』, 교육과학사, 2000, 113쪽.

지화가 되었지만,[36] 경제적 이익에만 그 관심을 집중했던 러시아 제국 당국은 '원주민' 사회에 대해 차원 높은 근대적 통제나 전통적인 문화권력의 본격적인 약화 등을 절대로 원하지 않아 '원주민' 사이의 기독교 선교까지도 금지시켰다. 러시아 식민지배의 군사적 면모는 일제의 식민지배와 통했으나 이와 같은 '낮은 침투성' 간접 지배의 요소는 일제하의 조선보다 차라리 영국령 인도를 방불케 하기도 했다. 하지만, 1917년 이후 상황은 본격적으로 돌변했다.

'원주민'을 제도적으로 민족차별하는 식민모국의 법령, 1906년에 러시아 정착민들이 카자크 둔전병을 제외하고도 이미 6만 명을 넘은 상태에서 해마다 수만 명의 새로운 러시아 농민 이민을 받아들이기 위한 '원주민 잉여토지 강제수용법(1910)'이라는 악법의 제정,[37] 러시아 관료와 소수 친러시아적 기득권층의 철저한 부패화로 인한 '추가적 고통'과 공공성의 가시적인 부재 등의 이유로 중앙아시아 토착 기층민의 분노가 누적되고, 그 분노를 정치적으로 표현할 수 있는 '정치계급'도 차차 성장되어 갔다. '원주민'들의 '소요 사태'들이 꼬리에 꼬리를 무는 반면, 1905년의 러시아 혁명을 이용하여 투르키스탄의 토착민 계몽주

---

36) Serge Zenkovsky, Op. sit.

37) Ibid. 1910년 쯤에 러시아 정착민 및 카자크 둔전병들이 투르키스탄 총독부 직할지 총인구의 약 7% 가까이 되는 반면(Котляр П., Вайс М. *Как проводил ись выборы в Туркестане в местное самоуправление и в Государственную Думу*, Ташкент, 1947, С.14), 171,543명이나 되는 재조선 일본인들은 조선 총인구의 약 1.7%였다(朝鮮總督府, 『朝鮮の人口現象』, 京城, 1927, 254~263쪽). 1939년에 이르러 재조선 일인의 수가 628,100명에 달했는데, 이것은 전체 조선 인구의 3%에 가까웠다(『朝鮮總督府統計年報』, 1940년도판). 지리적 인접성, 기후 흡사성, 본국 농업 인구의 과밀성 등의 수많은 이유로 일본이 러시아에 비해 보다 공격적인 과잉 농업인구 '수출'정책을 취할 만도 했는데, 실제로 '원주민' 토지 약탈의 속도는 러시아령 중앙아시아가 식민지 조선에 비해 훨씬 빨랐다. 그만큼 투르키스탄 북부 유목민의 광활한 목지(牧地)의 약탈이 농토 약탈에 비해 쉬웠던 것이다.

의자 등도 그 권익 표방의 기회를 잡으려 했다. 혁명에 밀려 1906년에
-일본에 비해 16년이나 뒤늦게-제정 러시아 당국은 '두마(Duma)'라
는 이름의 의회 설립을 허하는 반면, 러시아 내에서 1천 6백만 명이나
되어 총인구의 1할을 넘는 이슬람 계통의 '소수민족'들의 정치적 표현
의 범위는 제한하려 했다.

제1차 두마(1906)의 선거 조례에 의하면 러시아어 능통자만이 피선
권을 갖고 있었으며 일체 유목민들이 투표권 및 피선권을 박탈 당했
고 '소수민족'들의 지역 선거구가 러시아인의 선거구에 비해 턱없이
넓어 지역별 의원의 수도 그만큼 줄었나. 예컨대 투르키스탄 총독부
관할지에는 13명의 의원을 선거할 권리가 주어졌는데, 그 중 절대 다
수의 인구를 차지했던 '원주민'의 할당은 불과 6명, 소수인 러시아 이
주민들의 할당은 7명이었다. 제1차 두마가 곧 강제 해산 당하여 선거
법이 개악에 개악을 거듭했는데, 결국 전체 러시아 인구의 15%에 의
해서만 선출된 제3차 두마에 1천 6백만 명의 러시아 이슬람 신도들이
전체 10명의 의원만 보낼 수 있게 됐다.

그러나 수적 열세와 '범(汎)이슬람주의자', 즉 이슬람 지역을 분리,
독립시키겠다는 민족주의자를 색출하느라 온건 계몽파까지 탄압했던
제정 러시아 경찰의 탄압책에도 불구하고, 이슬람 계통의 의원들은 다
른 '소수민족' 대표자들과 연대하여 '러시아화'라는 이름의 대(大)러시
아 민족주의적 동화정책에 반대했다. 예컨대 그들은 당시 러시아 속
국이었던 핀란드를 '러시아화'시키려는 정부에 반대해 핀란드 의원들
과 연대 투쟁을 벌였다.[38] 즉, 도쿄에서 의정 활동을 펼칠 위치에 있

38) Р. И. Циунчук, "Развитие политической жизни мусульманских народов Росс
ийской империи и деятельность мусульманской фракции в Государственно
й Думе России, 1906~1917 гг.", П. И. Савельев (ред.), *Имперский строй Ро
ссии в региональном измерении(начало века)*, М : МОНФ, 1997.

지 않았던 1920~30년대의 조선의 '실력양성론자'와 달리, 투르키스탄
의 계몽주의자들은 국회 연단을 통해 그 주장을 널리 알리고 그 외연
을 넓힐 기회를 가졌다.

그러나 이들의 활동은 토지 약탈 등 러시아 식민당국의 폭력을 저
지시키지는 못해, 결국 '원주민' 민중의 분노가 터지게 됐다. 즉, 제1차
세계대전이 한창이었던 1916년 물자동원으로 빵 값이 4배로 등귀한
데다가 애당초의 약속과 달리 투르키스탄 총독부가 약 12만 명의 '원
주민' 남성들을 '총후(銃後)노동', 즉 징용에 대량 동원시키려 하자 투
르키스탄 전역에서 대대적인 반(反)식민주의적 반란이 일어났다. 이
반란에 대한 제정 러시아 당국의 초(超)강경 탄압으로 인하여 페르가
나(Фергана), 사마르칸트(Самарканд), 슬다랴(Сырдарья) 등의 세 개의
도에서만 무려 347명이 붙잡혀 총살형에 처해졌다.[39] 실제 러시아 군
'소탕전' 과정에서 비명에 죽은 '원주민'들이 그것보다 훨씬 많아 지역
마다 수천 내지 수만 명에 이르렀다.

조선의 3·1운동과 비견될 만한 이 운동이 유혈 탄압을 당한 뒤에
는 러시아 지배에 대한 동의 기반이 극소수의 '매판파'-러시아 기관
의 통역 등-를 제외하고는 사실 거의 무너진 상태였다. 이러한 상황
에서 조선에서 민족주의에 실망한 운동가들이 1920년대에 공산주의로
돌아섰듯이, 투르키스탄 '원주민' 사이에서도 '신사회'를 약속하는 러시
아 공산운동에 적극적으로 동조할 만한 여지가 컸다. 그러나 이와 같
은 동조의 필수불가결한 조건이 조선에서 소련이나 일본 공산당의 '조
선 독립'에 대한 인정이었듯이, 투르키스탄에서 '원주민'들에게 분리
독립까지의 선택의 자유, 그리고 '원주민' 자신에 의한 포괄적인 자치
의 부여였다. 문제는, 일제의 식민지였던 조선에 대해 러시아 공산당

39) З.Д. *Кастельская. Восстание 1916 г. в Узбекистане*. Изд. НИИ марксизма ле
нинизма при ЦК КП(б)Уз, Ташкент, 1937, с.46~47.

이 얼마든지 '독립'을 약속할 수 있는 것과 달리, 자국의 식민지인 투르키스탄에서 '독립'의 원리원칙상의 약속은 실질적 행동에 의해서 곧 무색하게 됐다는 것이다.

2) 1917년 이후 : 소련 정권

원론상 레닌과 그를 따르는 다수의 볼셰비키 지도자들은 일체 '소수민족'들에게 분리 독립의 가능성까지 포함하는 '자결권'이나, 분리 독립이 이루어지지 않을 경우에 일체의 차별 금지와 포괄적인 '자치권'을 부여해야 한다는 입장에 서 있었다.[40] 또 여기에다 혁명 직후인 1917년 11월 20일 신생 소련 정부가 '러시아와 동방의 일체 이슬람 노력자(Ко всем трудящимся мусульманам России и Востока)'라는 호소문을 발표하여 불평등 조약 및 일체 차별 정책의 영구 폐지 등을 천명했다. 하지만, 이와 같은 선언들은 투르키스탄에서의 러시아 계통의 자칭 '볼셰비키'들의 활동에 실제로 거의 반영되지 않았다. 투르키스탄 총독부의 중심지인 타슈켄트에서 그 지역의 러시아인 '볼셰비키'들이 무력 수단에 의해 1917년 11월 1일에 권력을 장악하고 1917년 11월 19일에 투르키스탄의 소비에트 대회를 열었다. '원주민'들을 전혀 대표하지 못했던 이 대회에서 "원주민 사이에 무산계급의 계급적 조직이 전무함으로서 현재로서 이슬람 신도들을 권력 기관에 포함시키는 것이 용납될 수 없다(Включение в настоящее время мусульман в органы высшей краевой революционной власти является неприемлемым, ……ввиду того, что среди туземного населения нет пролетарских классовых организаций)"는 레닌의 공식적인 노선에 전적으로 위반되

---

40) Jeremy Smith, *The Bolsheviks and the National Question, 1917~1923*, London : Macmillan Press, 1999, pp.7~29.

36

는 결의를 채택했다.[41] 조선으로 치면, 재조선 일인들이 일본 내에서의 혁명적 상황을 이용하여 조선에서 총독부의 권력을 탈취하여 "조선인들에게 참정권을 절대로 주지 않겠다"는 선언과 같은 것이었다.

　기득권의 유지에 혈안이 되고 '원주민'에 대한 인종주의적 경멸이 몸에 밴 러시아 정착민 '혁명가'들의 만행은 그 뒤에도 계속 잇따랐다. 1917년 11월 26~29일 코콘에서 '지역내 이슬람 신도의 대회'가 열려 토착민들과 정착민들이 평등한 참정권을 향유할 '투르키스탄 자치공화국'의 구상[42]이 발표되자 타슈켄트의 러시아인 '혁명' 권력자들은 이를 선전포고로 인식하여 당장 코콘에 대한 공격 준비에 나섰다. 1918년 1월 29일 타슈켄트 러시아 세력들이 대포, 비행기까지 동원, 코콘을 공격·점령하여 '원주민 정부'를 타도했을 때에 15만 명의 코콘 '원주민' 인구 중 불과 6만 명만이 살아 남았고 나머지는 몰살당하거나 피난 갔다. 1918년 2월 4~7일에만 약 1만 5천 명의 '원주민'들이 학살당했다.[43]

　이와 같은 '공산주의의 탈을 쓴 대(大)러시아 민족주의'에 대해 레닌이 명시적으로 비판을 했고, 볼셰비키 중앙권력의 간섭에 의해 현지 러시아인 볼셰비키들의 주장이 꺾여 1918년 4~5월부터 토착민들도 소비에트 선거 시에 투표권과 피선권을 갖게 되고 공산당 입당도 허락됐다.[44] 그러나 그럼에도 '공산주의적 식민주의자'의 만행에 이미

---

41) *Наша газета*(Ташкент), 1917. 23 ноября.
42) 정확하게는 '토착민이자 이슬람 신도'들에게 3분의 2의 의석을, '비토착민이자 비이슬림 신도'들에게 3분의 1의 의석을 안배하는 방식이었다. '자치 공화국'의 수반인 무스타파 초카이(Mustafa Chokai : 1890~1941) 선생은 러시아의 '사회주의 혁명당(SR)'과 가까웠고, '자치 공화국'의 러시아 측 활동가들은 온건 사회주의자(소위 멘셰비키)까지 포함했다. Alexander G. Park. *Bolshevism in Turkestan 1917~1927*, New York, 1952, pp.45~55.
43) Хасанов М. "Альтернатива. Из истории Кокандской автономии", *Звезда Востока*, 1990. No. 7, C.105~120.

분노와 생존권 위협을 느끼게 된 수많은 토착민 평민과 하급, 중급 성
직자, 일부의 도심 계몽주의자들이 1918년 초부터 타슈켄트의 권력자
를 상대로 무력 저항을 벌이기 시작했다. 러시아인들이 '바스마치(бас
мачи)' - '폭도'란 의미의 'baskinji'에서 유래됨 - 라고 비칭(卑稱)했던 세
력들이, 초기에는 주로 전통적 재지 지배층(특히 성직자) 일부의 지도
를 받는 농민으로 구성돼 있었으며 반(反)식민주의적 투쟁을 '전통 사
수'라는 복고적인 슬로건, 그리고 '분리 독립', 즉 전통시대 국가들의
국권회복 구호 하에서 전개했다는 면에서는, 구조적으로 구한말 의병
들과 비교될 수 있다.45)

그런데 1921년 이후의 '바스마치'의 지도부 중에서는 처음에 볼셰비
키와 손을 잡았다가 볼셰비키 정책의 '식민주의적 본질'에 실망하여
무장독립운동으로 돌아선 근대적인 '진보적 민족주의자'들도 있었다.
예를 들어서, 1919~1920년간 볼가강 근방의 바슈키르(Bashkir) 지역의
지도자로서 볼셰비키와 '조건부' 협력을 펼치다가 특히 스탈린의 '독재
적 경향'과 당 중앙의 '피압박 민족의 자율성을 무시하는 정책'에 반대
해 중앙아시아로 이주한 뒤에 1921년 12월부터 무장독립운동의 진영
으로 넘어간 제키 벨리디 도간(Zeki Velidi Togan : 1890~1970) 선생이
라는 학자형 정치인과 그의 지도 하 '투르키스탄 민족동맹(Туркостан
Милли Берлеги)'은, 중앙아시아 전체의 독립과 정경 분리, '민중을 위
한 자연 자원 이용'과 '러시아를 통하지 않는 선진 서구문화의 도입',
'민족적 소수자들에 대한 관용'을 요구했다.46) 즉, 후기(1921년 이후)

---

44) Jeremy Smith, Op. sit., pp.131~132.
45) M. Olcott, "The Basmachi or freemen's revolt in Turkestan, 1918~1924", *Soviet studies*, vol. XXXIII, No. 3, 1981, pp.352~369.
46) Hasan B. Paksoy, "Basmachi Movement From Within : Account of Zeki Velidi Togan", Nationalities Papers, Vol. 23, No 2, 1995, pp.373~399 ; Glenda Fraser, "Basmachi", *Central Asian Survey*, No. 1, 1987, pp.1~73. 제키 벨리디 도간은

38

의 '바스마치' 운동은, 전통적인 '종교 사수적', 복벽주의적 요소와 나름
의 진보적인 성향을 가진 근대적 민족주의의 복합적 혼합물이었다.
그러한 측면에서는 '바스마치'에 대한 볼셰비키 측의 탄압책은 근대
지향적인 민족 지식인들의 '자율적 근대'에의 욕망에 타격을 입히기도
했다.

'바스마치'에 대한 '전면적인 소탕전'을 벌인 러시아의 적군(赤軍)은,
'반동적 부르주아 민족주의자'에 대한 탄압책이나 대량학살 등의 '바스
마치 소굴'들에 대한 초토화 작전과 함께 일종의 포섭책도 전개해야
했다. 예컨대 러시아의 보호국이긴 하지만 형식상 독립국가로 남아
있었던 부카라에서는 그 독립을 취소하여 부카라를 러시아에 병합시
키려 했던 볼셰비키들의 최고의 우군은 바로 피트라트 선생을 비롯한
부카라의 민족주의적인 계몽주의자들이었다. 1880년대의 개화당, 189
4~1896년의 유길준과 같은 갑오정권의 주역, 그리고 1900년대의 구한
말 계몽주의 운동의 일부가 일본의 '후원'을 조선에서의 문명개화의
불가피한 조건으로 생각했듯이, '자지드' 운동의 일부는 볼셰비키의 지
원 없이 군주를 중심으로 한 '완고한' 통치층을 타도하여 '근대화 개혁'
－근대 교육 보급, 여성 지위 향상, 초보적인 복지정책 등－을 이룰 수
없다고 판단하였다. 그리하여 그들은 타슈켄트의 세력과 제휴하여 그
도움으로 1920년 9월에 무력혁명으로 옛 군주를 쫓아내 부카라 소비
에트 공화국을 만들었다. 같은 해에 키바에서도 타슈켄트의 후원을
받는 토착 계몽세력과 적군(赤軍)이 연합하여 코레즘(Khorezm) 인민
소비에트 공화국을 수립했다.

1923년 국외 망명 이후에 주로 터키에서 학술적 활동을 하였으며 이스탄불
대학교 교수 등으로 재직했다. 1930년대의 독일, 1950~60년대의 미국 여러
대학에서 임시로 교수직을 맡아 해외 터키 문화 및 역사 연구에 지도적 영향
을 끼쳤다.

러시아인이 다수였던 적군이 부카라, 키바에 진주했을 때에 약탈과 만행이 극심했다는 증언이 있지만, 레닌의 노선에 따랐던 공산당의 대(對)부카라, 대(對)키바 정책은 적어도 처음에 '피압박 민족해방 지상주의'의 색깔을 분명히 띠었다. 중앙 공산당 정치국(Politburo)이 현지 적군 지휘관 프룬제(Mikhail Vasilievich Frunze : 1885~1925)에게 보낸 훈령에서는 "이슬람 세계 전체가 주시하고 있는 부카라에서 그 독립권을 가시적으로 존중해 주어야 한다.······영향력 행사를 오로지 우리 대표자를 통해 현지 지도자를 설득해서 해야 한다"는 내용이 중심이었다.47)

그러나 '민족 계몽주의자'들과 러시아 지배자들의 밀월 관계가 오래 가지 않아 이미 1923년에 피트라트 선생을 비롯한 계몽주의 운동의 여러 지도자들이 모스크바로 '명예로운 유배'를 가는 등 사실상 실권(失權)하고 말았다.48) 그 다음 해에는 부카라, 키바 등의 '독립된 소비에트 공화국'들이 소련에 '자진 합병'되는 바람에 민족 계몽주의자의 이용가치가 떨어졌다. 역시 카자흐스탄에서도 백군(白軍)의 극단적인 대(對)러시아 민족주의가 가증스러워 초기에 볼세비키와의 제휴를 택했던 '알라스 오르다(Alash-Orda)'라는 민족 계몽운동 계통의 여러 지식인들이 1922년에 실각되거나 체포된다.49)

47) Jeremy Smith, Op. sit., pp.99~103, pp.127~128.
48) S. Becker, Op. sit., pp.306~307. 그 뒤에 피트라트 선생은 고등학교, 대학교 등에서 교편을 잡고 학술, 창작 활동에 종사했다가 1938년에 '민족주의자'의 딱지가 붙어 총살형에 처해졌다. 그의 주요 저작들은 '부르주아 민족주의적 경향'으로 분류되어 1980년대 후반까지 금서목록에 있었다.
49) 예컨대 그 때까지 교육부 장관이었던 아스펜디아르 겐진(Асфендиар Кенжин)이 실각을 당하여 언론에서 '마녀사냥'의 대상이 됐다. Нурпеисов К. Н., "Духовное сопротивление национально демократической интеллигенции тоталитарному режиму в Казахстане (на примере 20 х годов)", Современные проблемы истории Казахстана : становление казахской государственности и разв

식민지 조선의 상황과 달리, '피압박 민족해방'의 명분을 가시적으로 포기할 수 없었던 소련 정권이 대개 '원주민'들을 일종의 '간판'으로 고위직에 임명하여 '권력이 토착화됐다'는 인상을 대내외적으로 주어야 했다. 하지만, 진정으로 독립적인 목소리를 낼 수 있었던 '원주민'이 고위직에서 오래 버틸 수 없었던 차원에서는−중앙아시아에서의 소련 지배의 겉이 일제의 조선 지배와 달라도−속사정 상 과연 차이가 있었는지 의문이다. 일제와 달리 소련 당국의 공식적인 구어는 '권력의 토착화'였지만, 그 실정은 기획의 목표에 훨씬 미치지 못했다. 예컨대 1930년에 와서도 우즈베키스탄의 핵심적인 권력 기관에서 우즈벡인의 비율은 22%에 지나지 않았다. 많은 경우에는 포섭정책의 차원에서 기관의 장(長)으로 우즈벡인이 임명되어도 핵심적인 중간 간부들은 여전히 러시아인이었다.[50]

엘리트가 아닌 기층 민중에 대한 포섭정책의 대표적인 경우는 1921년의 토지개혁이었다. 이 개혁의 과정에서는−상당수가 러시아 정착민이었던−부농들에게 몰수되거나 원래 국유지였던 투르키스탄의 경작지 약 23만 헥타르를 주로 '원주민' 빈농, 중농들에게 분배했다.[51] 이 개혁에 의해 '원주민' 사회의 러시아 지배에 대한 극단적인 적대심은 일단 어느 정도 수습되었다. 그러나 경작지가 분배되어도 작물 선택 등에서, 주로 목화 재배가 최우선이었던 러시아 권력자의 지시에 따라야만 하는 것이 기층민들의 상황이었다.

조선의 경우에는, 일제에 의해 강제 병합된 조선국의 대외 경계가 비교적 분명하고 주민들의 종족적 동질성의 수준이 전통 사회치고는

итие нации. *Материалы межвузовской научно теоретической конференции*, Уральск, 1997, С.14〜20.

50) Edward A. Allworth, Op. sit., pp.219〜220.

51) Аминова Р.Х. *Аграрные преобразования в Узбекистане в годы перехода Советского государства к нэпу*, Ташкент, 1965.

상대적으로 높았기에 일제에 의한 식민화가 새로운 민족을 만들었다
기보다는, 기존의 양반과 상한(常漢), 노비들을 획일적으로 '반도인',
'조선인'으로 차별화시켜 분류함으로써 '민족'의 외적 경계선을 보다
명확하게 했을 뿐이다.[52]

　그런데 근대 민족주의가 이미 1880~90년대부터 내부적으로 어느
정도 발전하였고, 근대화된 상당수 엘리트 사이에서 선명한 근대적 민
족의식이 널리 받아들여진 '뒤늦은 식민지' 조선의 상황은 세계 식민
주의 역사에서 독특한 경우이다. 오히려 아시아, 아프리카의 다수 주
민들이 근대 민족의식이 만들어지기 이전에 벌써 유럽인의 식민지 '원
주민'이 되었다. 투르키스탄도 그 중 하나였다. 투르키스탄 '원주민' 사
이에서는 페르시아(이란)어 계통의 다지키(Tajik) 등의 존재는 확실히
구분됐으며 주로 유목민인 카자흐(Kazakh)와 투르크멘(Turkmen)들도
나머지 튀르크 계통의 농경, 도심 인구와 어느 정도 선명하게 구분이
간다. 그러나 그 튀르크 계통의 농경, 도심 주민 사이에서는 근대적
민족 구분은커녕 선명한 종족 구분도 불가능에 가까웠다. 당시 우즈
베키스탄 지역의 튀르크 계통 주민들은 수많은 부족, 지역 공동체에
대한 일차적인 소속감을 갖고 있었으며 서로 이해하기 힘든 여러 튀
르크 언어의 갈래들을 구사했다.

　기층민들의 일차적 아이덴티티(정체성)는 종교적(이슬람 신도), 지
역적이었다. 반면 상당수의 계몽주의적 지식인들은 터키 이스탄불의
터키어를 '모든 튀르크 계통의 지성인들의 공동언어'라고 생각하고 유
라시아의 모든 튀르크 계통 피압박 민족들의 연대와 '유럽 문화를 바
탕으로 하는 제국주의와의 투쟁'을 꿈꾸었다. 다민족 국민국가로서의

---

52) Em, Henry H., "Minjok as a Modern and Democratic Construct : Sin Ch'aeho's
　　Historiography", Gi-Wook Shin and Michael Robinson(eds), *Colonial Modernity in
　　Korea*, Cambridge, MA : Harvard University Asia Center, 1999.

소련에 대한 소속감의 바탕이 되어야 할 근대적 민족의식이 투르키스 탄 '원주민' 사이에서는 결여되었다. 이러한 상황에서 소련 권력자들 은 '두 단계 작전'을 전개했다.

먼저, 그들은 예컨대 우즈베키스탄의 경우에는 '자지드' 계통의 토 착민 계몽주의자들을 동원하여 '우즈벡 민족 만들기'에 박차를 가했 다. 즉, 1924년에 구(舊) 투르키스탄 총독부의 직할지와 키바, 부카라 영토를 바탕으로 해서 우즈베키스탄 소비에트 사회주의 공화국이 만 들어졌다. 그리고 1925년에 피트라트 선생이 타슈켄트, 페르가나 지역 의 차가타이 계통의 언어 갈래를 바탕으로 해서 '우즈벡 언어 형태학' 교과서를 편찬했다.[53] 수많은 다양한 정체성들을 갖고 있었던 기층 주민들이 이제는 획일적으로 '우즈벡인이자 소련의 국민'이라는 정체 성을 가져야 했다. 여태까지 아랍어, 페르시아(이란)어를 '고전 언어' 이자 '종교 언어'로 즐겨 쓰고 터키의 언어를 '모든 튀르크인들의 표준 언어'로 여겨왔던 지식인 집단은 이 모든 '외연'을 포기하고 오로지 새 로 만들어진 우즈벡 언어와 러시아어(내지어)로만 창작해야 했다. 자 지드 계통의 지식인들은 '우즈벡 민족 만들기 프로젝트'를 튀르크 계 통의 여러 종족, 부족 집단들의 통합 및 문화적 근대화 차원에서 어느 정도 긍정할 수 있었다.[54] 그러나 그 지식인들을 이용하고 있었던 소 련 권력자들의 입장에서는 이 '우즈벡 민족 만들기 작전'은 무엇보다

---

53) Baldauf I., "Some Thoughts on the Making of the Uzbek Nation", *Cahiers du monde russe et sovietique*, (Paris), 1991, Vol. XXXII (1), Janvier mars. p.83.

54) 그러면서도 여러 지역의 토착 엘리트들이 '우즈벡 민족 공화국' 설립 계획에 대해 노골적인 불만을 표시하기도 했다. 예컨대 코콘 엘리트의 입장에서는 타슈켄트 중심의 '우즈베키스탄' 만들기는 여러 종족들이 얽혀 사는 전통 문화 중심지인 페르가나에 대한 괄시를 의미했다. 그러나 코콘의 독립운동 전통에 대해 반감을 느꼈던 소련의 당국은, 러시아의 중앙아시아 지배의 전통적 중심지인 타슈켄트를 '우즈베키스탄'의 '당연한' 수도로 생각했다(Edward A. Allworth, Op. sit., pp.196~216).

카자흐, 우즈벡, 다지키 등 중앙아시아 여러 '민족'의 엘리트를 '민족' 별로 분열시켜 '원주민' 지식인들의 러시아 지배에 대한 공동 대응을 일체 불가능하게 만들기 위한 것이었다.[55]

'선량한 소련 국민으로서의 우즈벡 민족' 만들기에 결정적인 '공로'를 세웠던 피트라트 등의 구(舊) '자지드' 계통의 계몽주의자들의 역할을, 어쩌면 최남선(1890~1957)과 이능화(1869~1943), 이광수(1892~1950) 등의 식민지 권력에 대체로 충실했던 '친일적 민족주의자·국학자'와 비교할 수 있지 않을까? 물론 안창호(1878~1938)를 스승으로 모시고 조선인들이 일본인처럼 서양문화를 받아들여 근대 국민이 되어 독립하는 것은 당분간 불가능하다 해도 일단 원론상 이상(理想)으로 여기고[56] 1919년을 전후한 짧은 시기에 독립운동에 관여하기까지 한 이광수도 그랬듯이, 소련 권력 기관에 흡입되어 '원주민의 대표자', 즉 지배의 매개체가 된 구(舊) 투르키스탄 계몽주의 세력들도 정치적 독립에 대한 꿈을 완전히 버리지 못한 것 같기도 한다. 예컨대─비록 조작됐을 가능성이 없지 않지만─부카라의 소비에트화(化)에 중심적 역할을 맡았던 구(舊) '자지드' 지도자 파이줄라 코자예프(Faizulla Khojaev)가 1938년에 '부르주아 민족주의자'로 몰려 숙청됐을 때 그가 1930년대에 들어와서도 투르키스탄 독립의 필요성에 대한 이야기를 같은 지식인 집단에서 나누었다는 증언들이 나왔다.[57] 그러나 이와 같은 꿈이 그들의 마음 한 구석을 차지했다 해도 그들의 '국학·민족

---

55) Donald S. Carlisle, "Soviet Uzbekistan : State and Nation in Historical Perspective", B. F. Manz (ed.), *Central Asia in Historical Perspective*, Boulder San Francisco - Oxford : Westview Press, 1996, pp.111, 114~115.

56) 이광수, 「나의 고백」, 『이광수전집』 7, 우신사, 1979, 273~287쪽.

57) Архив Службы национальнойбезопасности Республики Узбекистан, арх. след. дело No. П 31922, л. 187, 330, 347. См. ; http://www.cac.org/journal/101997/st_04_germanov.shtml.

44

학' 연구는-본인들의 의지와 무관하게-소련 지배를 전제 조건으로 하는 폭압적인 '근대화'에 기여했다.

'우즈벡 민족'의 존재가 1924~25년에 행정적으로, 그리고 언어적으로 공식화된 뒤에 소련 정권은 상당수의 계몽주의적 현지 '원주민' 지식인의 반대를 무릅쓰고 1928년부터 우즈벡인을 비롯한 소련의 여러 튀르크 계통의 민족들에게 '문명적이며 근대적인' 로마자 문자를 강요했다. 아울러 구(舊) 아랍 글자들이 학교 공간으로부터 추방됐기에 극소수 지식인을 제외한 대다수 우즈벡인들은 아랍 문자를 바탕으로 한 과거의 문화와의 일체 연결고리가 상실되어야 했다. 그것도 모자라 1940년에 스탈린주의적 '러시아화(化)'의 일환으로 로마자 대신에 러시아식 키릴 문자의 사용이 의무화됐다.[58] 새로이 만들어진 '우즈벡 민족'은 소련판 '황민화'를 당하고 말았던 것이다.

계몽주의적 경향의 '원주민' 지식인들의 식민지 권력에 대한 '애증'의 내부 갈등적인 관계를, 식민지 조선과 1920~30년대의 우즈베키스탄에서 매우 흡사한 모양으로 추적해 볼 수 있다. 예컨대 식민지 예속적 지식인 집단의 거두 윤치호(1865~1945)와 구자옥, 이상재(1850~1927), 유성준(1860~1935), 유억겸(1896~1947) 등 기호지방 출신의 기독교 계통의 근대적인 명망가들을 총망라한 신흥우(1883~1959) 등의 비밀결사 '흥업구락부'(1925년 3월 창립)나 그들의 지역적인 경쟁자인 안창호, 이광수 지도하의 관서지방 출신 기독교인들의 '수양동우회'(1926년 1월 창립)는, 독립된 부르주아 국가의 설립을 애매한 미래의 이상으로 설정하되 실천적으로는 식민지의 현실을 기존사실로 인정하여 조선인 토착 자본의 장려(물산장려운동), 근대교육 보급, 기업형 소농, 중농의 형성을 목적으로 하는 '농촌근대화' 등을 지향했다. 그들이

58) Edward A. Allworth, *Uzbek Literary Politics*, London : Mouton & Co., 1964, pp.169~178.

식민지 권력에 의해서 유지되는 '질서'를 필요로 했던 자산층에 속하고 거기에다가 이념적으로 식민지 권력에 의한 자본주의적 '근대화'-특히 윤치호나 이광수 등의 경우-를 지지했던 만큼 식민지 통치, 금융 기관과의 긴밀한 협력 관계를 가졌다. 그러나 동시에 식민지 권력자의 횡포와 민족차별에 분노를 했고, 특히 관서 계통의 '수양동우회'의 경우에는 일본자본에 대항할 수 있는 '민족자본'의 형성을 지향했다. 결국 1937, 1938년에 '수양동우회'와 '홍업구락부'가 차례로 일제 경찰에 의해 강제적으로 와해 당하고 비타협적 노선을 택한 극소수(안재홍 등)를 제외하고는 그 구성원의 절대 다수가 일제의 전시체제에 전적으로 흡수되고 말았다.[59] 즉, 그들은 일제에 의한 폭압적인 근대화 과정에서는 민족차별과 억압의 색채를 띠는 폭압을 부정적으로 여기되, 자본주의적 근대화의 프로젝트 그 자체를 긍정하는 만큼 그 프로젝트의 식민주의적 주체에 의해 충분히 이용될 수 있었으며, 이용되는 과정에서는 점차 사상적, 정치적 독립성을 잃어 가야만 했다. 결국-안창호 등 독립운동 정신이 강한 일부 지도자들이 주관적으로는 원하는 바는 아니었겠지만-'민족주의와 근대주의'라고 표현될 수 있는 그들의 성향은 객관적인 시각에서 봤을 때 '민족'의 영역이 계속 '근대'에 예속화되어 결국 식민모국의 '민족'에 용해되고 말았다. 근대의 주체를 자임하려는 자산층의 서벌턴(subaltern : 예속된 자)이 식민지 조선에서는 부단히 강제적 객체화를 당했으며 또 그 객체화를 합리화하는 논리('황인종의 대단결' 등)를 지속적으로 개발해야 했다.

　우즈베키스탄의 경우에는, '자지드' 운동에 의해 최초로 근대적인 정치화 과정을 거친 계몽주의적 '민족 지식인' 그룹은, 원래부터 기층민의 문맹 등의 전근대적인 문화 현상을 우선적으로 문제시했던 만큼

---

59) 장규식, 『일제하 한국 기독교 민족주의 연구』, 혜안, 2001, 137~377쪽.

문맹퇴치를 최우선 과제로 정한 소련 권력의 '근대화' 지향적 의지를 높이 샀다. 문맹퇴치를 기준으로 생각한다면, 소련 권력의 '근대화적' 성향은 일제에 비해 훨씬 강했다고 볼 수도 있다. 일제 지배 36년 이후에도 조선의 문맹률은 78%에 달했다. 반면 우즈베키스탄의 문맹률은 1926년의 96%에서 1939년의 32%로 소련 지배 약 20년 만에 벌써 큰 폭으로 줄었다. 1930년대에 2천만 명이 넘는 인구를 가진 조선에서는 연간 약 1천 종의 도서가 출판됐다. 그런데 같은 시기에 인구 4백만 명 안팎의 우즈베키스탄의 연간 발행도서 종수는 600종에 가까웠다. 우즈베키스탄에서는 이미 1930년에 ─ 남녀 구분 없이 ─ 모든 아동에게 취학의 의무가 부과됐지만, 조선은 같은 해에 남아의 초등학교 취학률이 겨우 30%에 달했다.[60] 그 지배를 '문명화'로 합리화하는 면에서 양쪽 지배자들은 근원적으로 흡사했지만, 그 정도는 일제에 비해 일체의 생산수단을 국유화하여 커다란 자원을 국가에 집중시킨 소련이 훨씬 더 철저했다.

　교육, 출판의 보급은 지식인 집단의 영향력 증가를 의미했으며 식민지 지배에 대한 그 집단의 태도에 큰 영향을 주지 않을 수 없었다. 하지만 앤더슨(Benedict Anderson)이 이야기하는 그 유명한 '출판자본'이 급속히 팽창하여 지식인 집단에 의한 '민족 만들기'가 수월해졌다 해도, 과연 민족주의적 계몽주의의 세례를 받은 지식인 집단이 원했던 방향으로 그 '민족 만들기' 프로젝트를 진행할 수 있었겠는가? 1919년에 피트라트 선생과 그 측근들은 '차가타이 그룽기(Чагатай гурунги : 차가타이의 대화)'라는 문학, 언어 진흥을 위한 단체를 조직하여 튀르크 언어와 문화를 기반으로 하는 근대적 교육의 보급을 시도했다. 그러나 1922년 러시아 관료들은 그 단체를 '반(反)혁명'으로 몰아붙여

---

60) Edward A. Allworth, Op. sit., pp.190~191 ; 오성철, 앞의 책, 133쪽.

해산시켰다. 1926년 사마르칸트(Samarkand) 시에서 소집된 우즈베키스탄의 '제1차 지식인 대회'에 참석한 지식인 대표자 중의 상당수가 러시아인 위주의 공산당의 학교에 대한 상명하달식 '지도' 등 '대(大)러시아 민족주의에 입각한 독재적 방식'에 반발했지만, 관료들은 이와 같은 비판을 전혀 받아들이려 하지 않았다. 오히려 다음 해의 '제2차 지식인 대회'의 페르가나(Fergana) 지역 준비 모임에서 당의 대표자인 러시아인 알렉산드로프(Aleksandrov)가 '아직도 이슬람 신앙으로 자기 자녀의 머리를 오염시키고 아이들을 모스크바와 레닌그라드로 보내는 대신에 이스탄불로 보내 범(汎)튀르크주의에 매혹하게 하는 자지드의 잔당'에 대한 '엄준한 경고'를 보냈다.[61]

러시아 지배자들은 우즈벡 지식인 집단의 성장을 조장하는 동시에 지식인들의 압박적인 '길들이기'에도 늘 힘을 기울였다. 피트라트 선생의 영향 하에 1927년 사마르칸트에서 '튀르크 문화를 기반으로 하는 사회주의적 근대'를 지향하는 '키질 칼람(Кзыл калям : 적색의 만년필)'이라는 문학, 문화 단체가 만들어졌는데, 오래지 않아 1930년 '분리 독립 성향', '부르주아 민족주의', '폭도(무장독립운동 : 필자 주)와의 연결' 등으로 몰려 강제 해산과 탄압을 당했다. 러시아 식민권력이 주체가 되고 우즈벡 '민족 지식인'들이 하나의 매개체가 되어서 러시아(이후 소련)적인 '제국의 근대'가 조선에 비해서 우즈벡인들의 일상에 훨씬 더 강하게 침투, 변화시켰지만 그것은 계몽주의자들이 갈망했던 '튀르크인 본위의 근대'는 결코 아니었다.

그리고 '민족 지식인'의 그룹이 '근대화의 조역(助役)' 역할을 벗어나 식민권력에게 독자적인 요구를 했을 때는 무시 당하거나 처벌을 받아야 했다. 1925년에 '자지드' 지도자이었던 파이줄라 코자예프를 비

---

61) Edward A. Allworth, *The Modern Uzbeks*, pp.220~223.

48

롯한 18명의 우즈벡 계통의 현지 거물 지식인, '원주민 간부'들이 소련 중앙 공산당에 호소문을 보내 권력을 내세운 '제2차 토지개혁', 즉 아직도 독립성을 간직하고 있었던 중농들의 토지몰수 등을 강력히 항의하였지만 그 요구는 무시 당하고 18명의 지식인들은 실각 등의 고초를 겪었다. 1929~30년에 무나바르 카리 아브두라시도프(Мунававар Кари Абдурашидов) 등 수 명의 타슈켄트의 유명 지식인들이 '민족주의', '분리 독립 지향'으로 고소되어 총살형 등의 중형을 받는 등 '계몽주의' 그룹에 대한 경고가 계속되었다. 1937~38년 피트라트 선생을 비롯한 구(舊) '자지드' 계통의 주요 지도자들은 거의 다 '민족주의를 포기하지 못한 죄'로 총살형을 당했다. 그들은 무고(誣告) 당했고 신문에서는 그들을 '마녀사냥' 하였다. 심지어 보안 기관의 고문실에서 그들을 고문 수사한 뒤 총살형에 처하게 한 사람 중 우두머리는 '내지인(즉, 러시아인 파견 근무자)'이었지만 상당수의 조역은 같은 우즈벡인이었다.[62]

이광수나 윤치호와 마찬가지로, 목화 농장에서 '계획량 달성'을 위해 지옥의 나날을 보냈던 다수의 우즈벡 농민에 비해 훨씬 더 특권적인 생활을 누릴 수 있었던 우즈베키스탄의 근대주의적 지식인들은, 식민권력으로부터 차별과 의심의 시선을 받아도 식민권력이라는 '근대화 주체'에의 용해, 즉 '소련화'의 길로 계속 가지 않을 수 없었다. 스탈린주의적 권력 기관들은 그들을 언제나 '민족주의' 혐의로 체포, 고문, 총살할 수 있었던 '공포의 지배자'이기도 했지만 동시에 그 특권의 담보였으며 '근대 프로젝트'의 화신으로서 선망, 흠모의 대상이기도 했다.

제정 러시아 시절과 비교될 수 없을 만큼 강력한 소련 식민권력의

---

62) Edward A. Allworth, *Uzbek Literary Politics*, pp.109~149 ; Шерали Турдиев, "Роль Росси в подавлении джадидского движения", *Центральная Азия*, 13, 1998 ; http://www.cac.org/journal/13 1998/st_15_turdiev.shtml.

침투성, 개입성, '폭압적이며 압축적인 고속도의 근대화 지향'은 무엇
보다도 그 경제정책에서 드러났다. 물론 소련 권력자들이 1920년대부
터 소련의 몰락까지 생각해왔던 우즈베키스탄 경제의 일차적인 목적
은 목화 재배를 통해 소련의 방직 공장에 재료를 공급하는 것이었다.
우즈베키스탄 영토 내에서 1913년에는 농경 경제의 70%의 수확량이
곡물이었지만 1975년에는 곡물이 30%뿐이었다. 우즈베키스탄은 소련
전국의 목화 수확량의 64%를 담당하는 하나의 커다란 목화 농장이 됐
다. '바스마치'의 운동으로 준(準) 전시상황이었던 1928년의 우즈베키
스탄에서는 농업의 전체 물량이 1913년 수준의 76%에 머물러 있어도,
목화의 수확 물량은 이미 1913년의 수준을 능가했다. 그리고 1940년의
목화의 수확 물량은 1913년의 수준에 비해 2.7배나 늘었다.[63] 마찬가
지로, 1920년대 말에 미곡 수확량의 약 50% 정도가 일본으로 수출되
는 등 일본의 '산미(産米) 기지'가 된 식민지 조선에서도 미곡 생산량
은 1913년의 12,010,370석에서 1940년의 21,527,393석으로 거의 2배 가
까이 늘어났다.[64] 우즈베키스탄에서는 품종 개량과 기계, 비료 사용
등의 요인으로 목화 재배의 생산성(경작지 단위당 목화 수확고)은
1913년의 1헥타르 당 1,200킬로에서 1975년의 1헥타르 당 2,800킬로로
60여 년 만에 2배 이상 늘었다. 조선에서도 미작의 토지생산량이 1910
~40년 사이에 약 60% 가까이 늘었다는 통계가 있다.[65]

그런데, 식민모국의 수요를 우선적으로 고려하는 식민지 농업에서
의 국가적 개입에 의한 생산력 증가는, 다수의 개별적인 농민의 자율
성 상실과 생활 수준의 저하 등을 의미했다. 소련 전체는 1929년부터

63) *Экономическая история Советского Узбекистана (1917~1965 гг.)*, Ташкент,
   1966, См. "Узбекистан"; http://www.librarium.ru/article_160366.htm.
64) 박섭, 『한국 근대의 농업변동』, 일조각, 1997, 257쪽.
65) 박섭, 위의 책, 71쪽.

국가의 강제에 의한 농민의 '협동화'가 시작되어 일체의 농업 경제가 국가의 직접적인 통제하에 들어가게 됐지만, 식민권력의 활용이 쉽고 이미 무장독립운동의 토벌 과정에서 큰 손실을 입은 농민들의 저항력이 낮았던 우즈베키스탄에서는 그 '협동화'의 속도는 다른 '소련 공화국'에 비해 가장 빨랐다. 러시아 중앙부에서는 1932년에 콜호즈(협동농장)에 가입한 농민들이 전체의 50%에 미달했지만, 우즈베키스탄에서는 그 비율이 74%에 달했다.

농촌의 폭력적인 재편의 과정에서 농민들의 피해는 극심했다. 예컨대 가축의 '협동화'를 개별 호구 소유 가축의 국가적 몰수로 이해한 농민들이 소 등을 대량으로 도살하는 바람에 소의 두수(頭數)는 1928년의 1,718,600에서 1938년의 1,410,900으로 대폭 줄었다. 결국 농민의 육류 소비는 도시보다 2배나 적은 20kg으로 떨어졌고, 1930년대 다수 농민의 주식은 저질의 빵과 물이었다. 국가의 지시에 따라 다수의 콜호즈들에서는 적어도 3/4의 면적을 목화 재배에 할애하여 목화 수확량 일체를 국가에 매우 낮은 수매가격으로 상납해야 됐으며, 농민들에게 실제로 필요한 작물들을 재배할 자유를 주지 않았다.[66] 우즈베키스탄의 절대 다수 농민들은 1930년대 말에 토지를 잃어 사실상 콜호즈의 하급 고용자가 되었다. 조선도 명목상으로는 '자본주의적 사유재산제'가 유지되었지만, 다수의 농민들은 1930년대 초에 이미 '사유재산'을 거의 갖지 못하여 순수 소작인(52%)이 되거나 소작과 영세한 규모의 자영 농업을 겸비했다(25%). 물론 국가가 농지 전체를 소유, 통제했던 소련과 식민지 국가와 긴밀히 유착되어 있는 상위 2%의 지주가 50% 이상 면적의 농지를 소유했던 식민지 조선 사이의 차이는 있었지만, 1939~40년에 미곡 공출제와 배급제[67]가 도입된 이후에는 그 차이조

---

66) Аминова Р.Х. "Из истории коллективизации в Узбекистане", *История СССР*, 4, 1991, С.42~53.

차 애매해졌다. 양쪽의 경우에는 농업에서의 생산, 분배 과정을 국가가 철저히 통제하여 식민지 백성인 직접 생산자의 몫을 최대한으로 줄였다.

1920년대의 우즈베키스탄과 조선은 각각 식민모국의 목화와 미곡 공급기지였지만 1930년대에 접어들어 양쪽의 상황은 달라졌다. 소련 경제는 농업 '협동화' 과정에서 국가가 농촌에서 수취한 잉여를 축적의 기반으로 삼아 식민지에까지 영향을 미칠 정도로 고속도의 공업화 시기에 들어갔다. 쇼와공황 때 미곡 가격이 하락한 일본에서는 조선과 만주의 시장을 노리는 자본이 공장법 등이 적용되지 않는 '자본의 낙토 조선'에 1930년대 초반부터 유입되는데다가 1936~38년 이후에는 국가 조정에 의한 전시(戰時) 공업화까지 진행되었다. 1913년에는 주로 중소 규모의 525개의 공장만이 있었던 조선[68]과 별반 다르지 않게 지금의 우즈베키스탄 지역에서도 425개의 중소 규모의 공장이 존재했을 뿐이다.[69] 1910년대의 일제 지배자들도, 제정 러시아의 지배자들도 식민지에서의 공업 발전을 계획적으로 억제했다. 그러나 제1차 5개년 계획이 1932년에 완수된 뒤, 우즈베키스탄에서는 192개의 주로 중공업의 대규모 공장들이 건설되어 전체 국민생산에서 광공업의 비율이 무려 42%나 됐다.[70]

식민권력이 이처럼 공장 건설에 대규모 투자하여 전력 발전량을 3배로, 그리고 시멘트 생산량을 3.5배로 각각 늘리고 타슈켄트 농업기기 공장과 쿠바사이 시멘트 공장, 페르가나 방직공장 등을 건립하게

67) 강만길, 『한국현대사』, 창작과 비평, 1984, 93~102쪽.
68) 허수열, 『개발 없는 개발』, 은행나무, 2005, 141쪽.
69) Бедринцев К.Н., Десятчиков Б.А., *Промышленность Узбекистана за 40 лет*, Ташкент, 1957, С.11.
70) А. Таксанов, Т. Абдуллаева, "Краткий курс экономической истории Узбекистана"; http://www.centrasia.ru/newsA.php4?st=1050497640.

52

하는 데 여러 가지 요인이 적용됐다. 농업 '협동화' 과정에서는 농촌부문에서의 대량의 잉여가 도시 공업부문으로 유입됐으며, 이농 현상이 현저히 나타나 신설 공장에서 저임금으로 고용될 대량의 인력이 방출됐다. 거기에다가 다수의 신설 공장들이 농업 기기 생산이나 방직 등의 부문에 속해 '전국의 목화 재배 농장'으로서의 우즈베키스탄의 (식민지적) 경제 특성에 그대로 맞았다. 어쨌든 우즈베키스탄에서의 공업화 과정이 자원을 독차지할 수 있는 국가에 의해 지휘됐던 만큼 1930년대의 조선과 그 방향은 대체로 같아도 조선에 비해 훨씬 비약적이며 급진적이었다. 조선은 전체 부가가치 생산의 구성에서 광공업이 1940년에도 20% 정도밖에 안 됐지만, 공업 생산액 팽창의 속도－1920~40년간 공업 생산액이 8배로 증가됐음[71]－는 우즈베키스탄의 그것－1913~1937년간 공업 총생산액 5.5배 팽창[72]－과 흡사했다. 우즈베키스탄의 직물과 농업 기기, 희소금석과 전력 생산 위주의 공업화 구조는 소련 전국의 분업내에서 '목화 중심'이라는 우즈베키스탄의 위치에 의해서 규정되었지만, 금속・화학과 식료품, 방직물 생산 중심의 1930년대 말 조선의 공업화도 결국 일본의 군수(軍需)와 식민지 초과 이윤을 노리는 대자본의 이해 관계에 맞추어져 있었다. 소련의 '국가 관료자본'과 일본의 국가 지휘 하의 대자본은 '중심부'의 필요성에 맞추어 '주변부'의 고속도의 압축적인, 매우 폭압적이며 불균형한 개발을 주도했다. 다른 식민지들과 비교한다면 개입주의적이며 군국주의적인 식민정권 하의 1930년대의 조선과 우즈베키스탄은 '기이하다'라고 할 정도로 빠른 속도로 공업화됐지만, 그 과정의 폭압성과 불균형성으로 인해 토착 사회 구성원의 다수는 '근대성'의 짐을 지면서 그 혜택을 입지 못하는 처지가 되었다.

---

71) 안병직・中村哲,『근대 조선 공업화의 연구』, 일조각, 1993, 23쪽.
72) А. Таксанов, Т. Абдуллаева, Ук. соч.

3. 맺음말 : '인간의 얼굴을 가진 근대성'을 위하여

역사의 역설이랄까? 1930년대 조선의 민족해방을 지향했던 가장 양심적이며 선량한 지식인들 중의 상당수는 소련을 '사회주의 국가'로 생각했으며, 식민지 폭압으로부터의 해방의 가능성을 바로 1917년 혁명을 모델로 하여 소련의 후원 ─ 내지 소련과의 연대 ─을 조건으로 한 혁명에서 찾으려 했다. 물론 그들이 레닌이 제시한 '새로운 근대'의 지표 ─ 즉 '피압박 민족에게의 자결권 부여'와 '생산수단의 사회화', '근로대중에 의한 생산통제' ─ 에서 '대안적인 근대'의 가능성을 모색했던 것은 당연한 일이었을 것이다. 레닌과 볼셰비키 당이 1917년에 제시한 새로운 사회의 모델만큼 자본주의 사회의 '짓밟힌 이들'에게 더 매력적인 미래 계획은 없었을 것이고, 그러한 의미에서 그 모델은 지금도 유효하다고 볼 수 있다.

문제는, 레닌의 위대한 구상은 수많은 주·객관적인 제한으로 인해서 러시아의 '중심부'에서는 1917년 직후의 아주 짧은 시기에 부분적으로 실천됐을는지 몰라도 그 '주변부'에서는 거의 실천에 옮겨진 적이 없었던 데 있다. '볼셰비키'를 자칭한 러시아 정착민에 의해 1918년 초부터 중앙아시아 '원주민'들에 대한 '민족 자결권 부여'는 좌절되고 말았다. '자지드' 계통의 계몽주의적 지식인들은 포섭과 통제의 대상이 돼도 식민지적 억압이 없는 새로운 근대에 대한 그들의 구상을 실제로 펼치지 못한 채 상당수 형장의 이슬로 희생됐다. 비교적 '자유주의적인' 1920년대에도 일제와 별반 다르지 않는 검열제도에 의한 '민족주의적' 표현의 억압이 횡행하고 '원주민' 농민에 대한 국가폭력이 휘둘러졌다. 1930~1940년대에 들어 어쩌면 식민지 조선에 비해 더 심각하다 할 수 있는 폭압이 우즈베키스탄을 휩쓸었다. 한국은 약 40만 명의 일제 징병 피해자들을 제2차 세계대전 시기의 가장 큰 상처로

54

꼽지만, 조선에 비해 인구가 약 1/3인 6백 50만 명 정도였던 우즈베키스탄에서는 거의 1백만 명의 남성들이 소련군에 징병되어 전쟁에 끌려가거나 역외에서의 강제노역에 동원됐다.

식민지 조선의 공산주의자들이 선망했던 고속도의 공업화는 식민지 조선 자체와 마찬가지로 식민모국의 필요성에 맞추어져 있었으며, '문맹퇴치' 등 근대주의적 캠페인들은 '선량한 소련 국민 만들기'를 그 목적으로 했다. 1920년대 후반부터 명목상 우즈베키스탄의 최고 통치자인 공산당의 지역당 제1서기는 우즈벡인으로 임명됐지만, 실권은 늘 러시아인인 제2서기의 손에 있었다. 식민지 조선과 달리―러시아 정착민의 자녀가 절대로 다니지 않는―'우즈벡 학교'에서는 다수의 과목들이 우즈벡어로 교수됐지만, 러시아어에 능통하지 못한 '원주민'들이 사실상 '출세'의 문턱에 들어설 수는 없었다.

그 예속 지식인, 간부층들이 소련 몰락 후 실권을 잡아 독재정치를 행하는 1991년 이후의 우즈베키스탄은, 많은 측면에서 1948년 이후에 친일 관료와 부르주아들에 의해 실제적 통치를 받았던 남한을 떠올리게 하지 않는가? 결국, 역설적으로도 일제의 폭압적인 근대에 반기를 든 조선 공산주의자들이 일제보다 훨씬 더 철저한 식민주의적 폭압을 휘둘렀던 나라의 '사회주의적' 간판과 근대주의적 '매력'에 끌리게 된 것이다. 인간의 진정한 해방을 갈망하는 사람의 입장에서는 이와 같은 '해방에의 열망의 도착(倒錯)'은 엄청난 비극에 속한다.

제정 러시아가 중앙아시아를 단순히 목화의 공급지와 상품 판매시장으로 이용하고 군사전략적인 점령을 행했다면, 소련 정권은 우즈베키스탄의 '목화 재배 농장'으로서의 식민지적 역할에 알맞게 부분적 공업화를 추진해 그 이용 가치를 훨씬 높인 데다가 교육과 군대에서의 복무, 언론을 통해 식민지 백성에게 소련판 '황민화'를 실시했다. 이것은 '사회주의의 왜곡'이라기보다는 침투성과 인력 등 식민지 자원에 대한 철저한 관리를 특성으로 하는 후발 자본주의 국가의 식민주의적 프로젝트의 완성판이라 해야 할 것이다. 앞으로 한국 사회의 진보 세력들이 사회주의를 진정으로 지향한다면 우즈베키스탄이라는 거울을 통해서라도 스탈린주의와 사회주의가 서로 정반대된다는 사실을 직시했으면 한다.

일본 식민지 정책이
광주학생운동에 미친 영향

데보라 솔로몬(Deborah Solomon)[*]

3·1운동 이후에 벌어진 논의에서 일본 관료들과 조선에 살고 있던 재조(在朝) 일본인들은 한반도에서의 식민지 교육이 실패했으며, 이로 인해 한국 학생들의 동화가 제대로 이뤄지지 않았다는 데 의견이 일치했다. 역사학자인 패트리샤 쓰루미(E. Patricia Tsurumi)는 1919년의 상황에 대해 다음과 같이 말했다. "일본은 (3·1운동) 소요를 무자비하게, 거침없이 진압했고 사립학교 학생들뿐만 아니라 공립학교 학생들까지 반란의 주동 역할을 했음을 인식하게 됐다."[1] 또 정치 사회학자 이정식은 다음과 같이 말했다.

운동의 초기 단계에서는 중등학생과 전문학교 학생만 가담했으나 나중에는 초등학교(보통학교) 학생들까지 가담했다. 일본 정부 통계자료에 따르면 전체 133,557명의 학생 중 11,113명이 3·1운동에 가담했는데, 이들 대부분이 중등학생 이상이었다.[2]

---

* Michigan대 박사과정, 동아시아학.
1) E. Patricia Tsurumi, *The Japanese Colonial Empire, 1895~1945* 중 "Colonial Education in Taiwan and Korea" 뉴저지, 프린스턴 : 프린스턴대학교 출판부, 1984, 302쪽.
2) 이정식, 『한국 민족주의 정치』(Tsurumi 저서, 302쪽, 재인용).

3·1운동에 대응하여 1920년대 초 일본 정부는 광범위한 식민지 교육개혁을 시작했다. 1922년 조선교육령이 개정됨에 따라 일본 학생과 한국 학생을 분리한 기존 학교체계는 고등교육(전문학교 이상)부터 단일 학교체계로 간소화되었으며,3) 일본 정부가 주도한 대대적인 학교 건설 및 확장이 한반도 전역에서 진행되었다.4) 이 글은 광주학생운동의 발단 요인을 분석하고, 3·1운동 이후 한국인의 추가적인 독립운동 행동을 봉쇄하기 위해 일본 식민지 관리들이 내렸던 일련의 정책적 지침들이 뜻하지 않은 불만으로 이어져 결국 광주학생운동을 야기한 경위에 대해 설명하였다. 새롭게 시행된 교육체계의 변화로 인해 일본 학생과 한국 학생들은 이전과는 달리 공공장소에서 자주 함께 자리를 마주하게 되었는데, 이는 긴장이 한 번 폭발하면 걷잡을 수 없게 되리란 것을 의미했다. 한편, 당시 학생운동의 일환으로 학생들이 외쳤던 슬로건과 이들이 배포한 팸플릿을 보면 일본 교육체계와 일본 식민지체제에 대한 한국 학생들의 입장에 모순점이 있었음을 알 수 있다.

광주학생운동은 1929년 10월 30일 오후, 학교가 있던 광주에서 나주로 학생들을 수송하던 기차에서 발생한 한 싸움이 직접적인 발단이 되었다. 정부 내부 보고서에 따르면 조선총독부 학무국장은 당시 사건을 다음과 같이 기술하고 있다.

중등학교 3학년 학생 후쿠다 슈조(福田修三)는 하교 중이었으며, 같은 학교의 다른 학생들과 함께 나주역에서 하차했다. 이들은 모두 같은 지역에 거주했다. 후쿠다가 개찰구를 나오려 할 때, 우연히 통로에

---

3) *Shin chL sen kyL iku rei*(제2차 조선교육령), 1922.
4) Mukugenokai 편저, *Shokuminchika chL sen : kL shyř gakusei undL no kenkyř* (식민지하의 조선 : 광주학생운동 연구), 일본, 고베 : 무쿠게노카이, 1990, 113쪽.

서 한 어린애가 놀고 있어서 이를 피하려 진로를 바꾸어 걸었다. 광주
공립보통여고에 다니던 박기옥 학생도 같은 학교의 다른 두 학생과
함께 같은 기차로 통학을 하고 있었으며, 박기옥의 남동생인 박준채를
포함하여 보통학교에 다니는 몇 명의 학생들은 후쿠다 바로 뒤에서
걷고 있었다. 역을 빠져 나온 직후 박준채는 후쿠다를 막아서며 "왜
여학생 앞에서 왼쪽으로 갔다 오른쪽으로 갔다 해서 모욕적인 태도를
취하느냐?"고 따졌다. 후쿠다와 박준채는 몇 마디 주고받자마자 싸우
기 시작했지만 한 순사의 저지로 싸움이 더 이상 확대되지는 않았
다.[5]

한편 이후 역사학자들은 이 공식 기록을 반박하며 싸움의 실제 발
단은 박기옥 학생이 집중적으로 괴롭힘을 당했기 때문이라고 주장했
다. 한국의 역사학자 박찬승에 따르면, 후쿠다 슈조와 마쓰요시 가쓰
노리라는 두 명의 일본 남자 중학생이 다른 친구들과 함께 기차 안에
서 박기옥이라는 여학생의 댕기머리를 잡아당기면서 괴롭힌 것이 싸
움의 발단이 되었다. 학생들이 기차에서 내리면서 박기옥의 사촌 - 남
동생이 아님 - 인 박준채가 후쿠다에게 항의하자 후쿠다는 식민지 시
대 한국인을 비하하는 호칭이었던 '센진'이라는 말로 박준채를 무시했
다. 후쿠다가 그 말을 내뱉자 박준채가 주먹으로 후쿠다를 쳤다. 그
즉시 하교 길에 나주역을 지나던 30여 명의 한국 학생들과 50여 명의
일본 학생들 간에 싸움이 시작되었다. 순찰을 돌던 한 일본 순사가 싸
움 소리를 듣고 달려왔으며, 박준채가 먼저 주먹을 휘둘렀다는 이야기
를 듣고 닥치는 대로 그를 구타하기 시작했다. 그 자리에 있던 한국
학생들이 항의하자 순사는 학생들을 강제로 해산시켰다.[6]

5) *KŁ shŕ kŁ nichi gakusei jiken shiryŁ* (광주항일학생사건 자료), 1979, 26쪽.
6) 박찬승, 「전남지방의 3·1운동과 광주학생독립운동」, 『전남사학』 9, 1995, 395
~396쪽.

일본 역사학자 가지마 세쓰코는 후쿠다와 그의 친구들은 박기옥의
머리가 아닌 저고리 끈을 잡아당겼고, 센진이라는 욕설은 그녀의 사촌
이 아닌 박기옥을 향한 것이었다고 주장한다. 최근 한국 역사학자인
박찬승, 박만규, 김민영, 고석규 등은 공동저서에서 열차 내 학생들 간
의 싸움이 역으로까지 번졌고, 이 사건이 대규모 학생운동의 발단이
된 것만은 분명하지만 박기옥의 머리를 잡아당긴 것에 대한 이야기는
사건의 초기 기록이나 그 후 간행된 생존자들과의 인터뷰에서는 나타
나지 않았으며 뒤늦게 역사 기록에 추가되었다고 주장한다.7)

경찰 기록, 신문기사, 목격자 증언 등의 역사적 기록에서 명확하게
밝혀진 것은 그 후 며칠 동안 광주 시내 학교 및 역에서 한국 학생과
일본 학생들 간에 매일 싸움이 벌어졌다는 것이다. 이 지역의 학생들
간에 갈등이 폭발했던 것은 당시가 처음은 아니었다. 1924년, 1927년,
그리고 1928년 광주에서는 한국 학생들이 주도한 대규모 수업거부운
동이 있었는데, 대부분 학내 갈등이 계기가 된 것이었다. 이 과정에서
1929년까지 2년 동안 광주고등보통학교를 포함한 몇몇 광주지역 학교
에서 한국 학생들의 비밀 모임이 결성되었다. 이 모임은 3·1운동과
같이 일본 식민지화를 공개적으로 반대하는 시위를 한반도 전역에서
일으킬 기회를 엿보고 있었다.

열차 및 역에서의 싸움에 대해 경찰이 한국 학생만 구속하고 기소
하자 이들 학생 모임은 1929년 11월 3일 광주 전역에 걸친 시위를 일
으키기로 계획했다. 이날은 일본 메이지 천황의 생일인 동시에, 음력
으로 단군신화에서의 건국일인 개천절이기도 했다. 11월 3일, 한국 학
생들은 광주 거리를 행진하면서 일본 학생과 경찰에 맞서 싸웠으며

7) Mukugenokai 편저, *Shokuminchika chī sen : kī shyī gakusei undī no kenkyī* (식민
지 한국 : 광주학생운동 연구) 일본, 고베 : 무쿠게노카이, 1990, 9쪽 ; 박찬승
외, 『광주학생독립운동과 나주』, 경인문화사, 2001, 87쪽.

항일 전단지를 배포하고 일부 공공 기물을 파손하기도 했다. 사태가 확산되는 것을 막으려는 일본 정부의 노력에도 불구하고 이 시위는 광주 인근의 다른 학교들로 번졌고, 마침내 한반도 전역으로 확산돼 이듬해 3월까지 이어졌다. 현재 역사학자들은 그 후 몇 달 동안 한반도 전역의 194개 학교에서 약 54,000명의 학생들이 항일학생시위에 가담했으며, 그 결과 광주시에서만 180명 이상의 학생들이 투옥된 것으로 추정하고 있다.[8]

이러한 시위가 일어나게 된 이유를 완전히 이해하려면 3·1운동 이후 일본 식민지 관리들이 시행한 일부 정책과, 이러한 정책 지침이 어떻게 뜻하지 않은 긴장을 조장함으로써 광주학생운동까지 이어지게 됐는지 살펴볼 필요가 있다.

1922년 제2차 조선교육령은 이론적으로는 '일시동인(一視同仁)' 즉 '평등과 균등한 혜택'[9]을 강조하는 일본 식민지 정책의 일환으로 만들어진 것이지만, 광주학생운동을 통해 명백히 드러난 바와 같이 많은 측면에서 사회적 차별과 불평등을 더욱 심화시켰다. 많은 이들이 새로운 교육령에서 가장 주목을 끄는 부분은 이 법이 '한국 내 교육'을 전부 관할한다는 점이라고 지적하는데, 이는 한국 학생을 위한 학교뿐만 아니라 일본 학생을 위한 학교까지 이 법에 포함되었음을 의미한다. 이는 한국 학생의 교육만 관할했던 식민지 초기 교육령과는 큰 차이를 보이는 부분이다.

마찬가지 맥락으로, 주로 일본 학생을 대상으로 하는 학교와 한국 학생을 대상으로 하는 학교를 구별하는 부분에서도 이 새로운 법은

---

8) 박찬승, 앞의 글, 405쪽.
9) 일본어로는 '잇시 도진'. 번역문은 Mark Peattie 편, *The Japanese Colonial Empire, 1895~1945*, 뉴저지, 프린스턴 : 프린스턴대학교 출판부, 1984에서 인용.

학생의 민족을 따지는 대신 한국인 학교를 '일본어를 정규적으로 사용하지 않는 학생'을 대상으로 교육을 제공하는 학교로 규정했다.[10] 중등 이하의 학교를 민족으로 구분한 것이 아니라 언어에 따라 구분함으로써, 이 교육령은 조선총독부가 한반도에서 학교를 다니는 일본인 학생들에게만 차별적 혜택을 준다는 인상을 줄이려고 했다.

이처럼 한국 학생과 일본 학생 간의 확고히 굳어진 사회적 구분차별을 공식적으로나마 개선하기 위한 명확한 노력에도 불구하고, 이 법은 뜻하지 않게 또 다른 사회적 차별을 심화시켰다. 예를 들어, 새 교육령 아래에서 여학생은 남학생과는 별도로 교육을 받게 되었으며 남학생들과는 달리 특히 '국민으로서의 특성 개발을 위한 교육'의 일환으로 '여성적인 덕성을 개발하는 데 집중하도록' 교육을 받게 되었다.[11] 당시에는 열차가 일반적인 통학수단이었기 때문에 광주 및 인근 지역의 역과 열차는 행정적으로 각기 다른 학교로 분리되어 있던 ─일본인과 한국인, 남학생과 여학생으로─ 많은 수의 학생들이 아무런 관리를 받지 않은 채 반복적으로 마주치는 공간이 되었다.

또한 새 교육령은 장소, 자원의 가용 여부에 따라 교사교육을 필요시 줄일 수 있도록 했으며, 적절한 자격을 갖춘 교사를 채용할 수 없을 때에는 임시 자격을 갖춘 교사도 교단에 설 수 있도록 했다. 이 법은 교사교육을 위한 예산을 각 지방 예산에서 책정하도록 지정했는데, 이로 인해 전남과 같은 빈곤한 지역에서는 교사교육의 질과 기간이 다른 지역에 비해 낮아질 수밖에 없었다. 학생들은 시위 전단지에서 광주학생운동이 일어나기까지 몇 년 동안 종종 수업 거부의 원인을 제공하고, 거리 시위를 진압하거나 이후 더욱 격화시키는 데 핵심적인 역할을 한 교사들은 대부분 자격이 떨어지는 교사였다고 주장했다.[12]

---

10) *Shin chĿ sen kyĿ iku rei*(제2차 조선교육령), 1922.

11) *Shin chĿ sen kyĿ iku rei*(제2차 조선교육령), 1922.

'문화정치'가 광주학생운동 발발에 영향을 끼친 또 다른 요인은 1920년대에 학교 수가 급격히 증가함에 따라 이들 학교로 통학하는 학생의 수도 그만큼 늘어났다는 점이다. 한국 학생을 위한 보통공립 학교의 수만도 1919년 450개에서 1925년 1,189개로 늘어났으며 1931년 에는 1,776개로 불어났다.[13] 그렇지만 역사학자 이기백은 1920년대 이후의 일본 식민지 학교 기록을, 특히 각 교육 단계에서의 일본 학생과 한국 학생의 비율이라는 관점에서 유심히 살펴보면, 일본 학생과 한국 학생 간의 사회적 불평등을 완화하기보다는 오히려 심화시키는 교육 체제 양식을 엿볼 수 있다고 지적한다. 예를 들어 이기백은 다음과 같은 점을 지적한다.

한국인과 일본인 간의 취학연령 아동 수의 현격한 차이에도 불구하고, 초등학교 수준에서조차 학교에 다니는 한국인 어린이의 비율은 일본인 어린이의 1/6에 불과했다. 이러한 차이(한국인 학생과 일본인 학생 간의 비율)는 고등교육으로 올라갈수록 더욱 커졌다. 전문대학에서 이 비율은 1 : 26이었으며, 대학교에서는 1 : 100 이상이었다.[14]

다시 말해, 1920년대 교육을 받는 한국인 학생들의 수는 유례 없이 확대되었으나, 동시에 일본 식민지 교육체계의 불평등은 갈수록 심화되었고 이는 식민지 국민으로서 겪어야 하는 불공평한 차별을 반영하는 것이었다.

---

12) 광주뿐만 아니라 타 지역에서도 실력이 부족한 교원, 무자격 교원의 배척요구가 빈번히 일어나고 있었다.

13) Mukugenokai 편저, *Shokuminchika chī sen : kī shyī gakusei undī no kenkyī* (식민지 한국 : 광주학생운동 연구), 일본, 고베 : 무쿠게노카이, 1990, 113쪽.

14) 이기백, 『A New History of Korea』, 케임브리지, 매사추세츠 : 하버드대학교 출판부, 1984, 367쪽.

특히 일본인의 수가 두드러지게 적었던 광주와 그 인근 지역의 경우[15] 많은 한국인들은 학교를 통해 처음으로 일본 식민통치의 영향을 직접적으로 접했다. 여기서 흥미로운 부분은 일본 정부가 광주지역에서 한국 및 일본 학생들을 교육하기 위해 건립한 학교 외에도, 학생들이 통학에 이용했던 열차 역시 1914년 제정된 식민지 정책에 따라 새로 구축된 시설이었다는 점이다.[16] 이를 통해 한국 학생들은 특히 1920년대 학교 수의 증가에 따라, 인근 일본 학생들과 전에 없이 새로운 방식으로 접촉하기 시작한 것이었다.

1929년 11월 3일 최초의 학생시위로 이어지기 전 나흘 동안 열차, 역, 그리고 거리에서 빈번히 일어난 일본 학생과 한국 학생 간의 싸움을 예로 들면, 한국 학생들은 기록된 모든 사건에서 일본 학생들에게 수적으로 열세에 몰려 있었다. 그럼에도 불구하고 싸움에 연루되어 체포된 학생들, 그리고 곧바로 풀려나지 못한 학생은 대부분 한국 학생들이었다. 이런 불평등 조치가 11월 3일부터 이어진 수업 거부와 거리 시위의 시초가 되었다.[17] 또한 일본 학생과 한국 학생 간의 불평등을 완화할 것을 목적으로 한 '문화정치'의 일환으로 한국 학생들이 일본 학생들과 섞여 학교에 다니게 되었지만, 이들은 수적 열세로 인해 한국인이라는 구분이 오히려 더욱 두드러지게 되었다.

광주학생운동으로 이어진 지속적인 등교 거부운동, 거리 시위, 그리고 이에 공감하여 한반도 전역으로 빠르게 확산된 시위는 한국 학생들이 식민지 교육 행태와 그들 자신의 학교 생활에 매우 큰 불만을 가지고 있었음을 시사한다. 그러나 이와 함께 한국 학생들은 '문화정치'

---

15) 박찬승은 이것이 3·1운동과 관련한 활동이 광주에서 비교적 적었던 이유 중 하나라고 주장한다. 그는 이 시점의 광주지역에서는 일본인과 한국인의 접촉이 드물었기 때문에 큰 충돌이 일어날 계기가 없었다고 말한다.
16) 박찬승 외, 앞의 책.
17) 박찬승, 앞의 글, 401~403쪽.

로 인한 교육정책 변화에 대해 복합적인 감정을 가지고 있었던 것으로 보인다. 1929년부터 1930년까지 몇 개월 동안 계속된 시위에서 학생들이 외친 슬로건과 배포한 팸플릿을 보면 이들은 일본 정부의 정책을 완전하게 반대한다기 보다, 학생들이 다니는 일본 학교에 대해서, 그리고 식민지 상태 자체에 대해서 기본적으로 상충되는 입장을 갖고 있었음을 알 수 있다.

1929년과 1930년, 한반도 전역에서 시위 학생들은 한국의 독립과 일본의 식민통치 중단을 요구했는데, 무엇보다 '일본 식민지 노예교육제도'의 중단을 가장 강력하게 주장했다. 하지만 한편으로 학생들은 전단지와 슬로건에서 당시 일본 교육제도만이 제공할 수 있으리라 믿었던 양질의 근대적 교육에 대한 학생들의 권리를 주장하기도 했는데 이것은 학생들 스스로도 당시에는 오직 일본 교육제도만이 제공할 수 있을 것이라 믿었던 것이었다. 1929년 11월 광주 거리에 뿌려진 첫 전단지에서도 이러한 모순된 요구를 볼 수 있다. 전단지에서 학생들은 "학생들이여, 용감히 싸우자! 우리의 슬로건 아래 일어서자! 우리의 승리는 우리의 단결과 희생적인 투쟁에 달려 있다"고 외쳤다.[18] 학생들은 초기 싸움과 거리 시위에 참여했다는 이유로 투옥된 학생들을 즉시 석방하고, 경찰의 학교 수색을 중단하고, 광주지역에 한국인 중심의 교육제도를 수립할 것을 요구했다. 또한 전단지는 연설과 출판의 자유, 모임을 결성하고 공공 장소에서 결집할 수 있는 자유를 요구했는데, 이는 학생들이 더욱 공개적으로 일본을 비판할 수 있도록 하기 위한 것이었다고 생각된다.

그러나 같은 전단지에서 학생들은 기존 교육제도를 허물기보다는 개선해야 한다는 현실적인 희망사항을 반영하는 요구도 제시했다. 예

---

18) Mukugenokai 편저, *Shokuminchika chL sen : kL shyř gakusei undL no kenkyř* (식민지 한국 : 광주학생운동 연구), 일본, 고베 : 무쿠게노카이, 1990, 12쪽.

를 들면, 학생들은 학생 대표가 교사회의에 참석하게 해 줄 것, 교우회(校友會)에게 자율권을 줄 것, 수업료를 낮출 것을 요구했다.[19] 이러한 분명한 모순성은 광주학생운동을 통해 반복적으로 나타났다. 전단지에는 일본 식민지 체제의 완전한 폐지를 요구하는 내용이 포함된 경우가 많았는데, 기존 학교를 개선하여 보다 질 높은 한국인 중심의 교육을 시행하라는 부분적인 식민지 정책 개선 요구도 함께 포함되었다.

광주학생운동의 발단을 살펴보면 1920년대 초 일본 교육정책의 변경으로 인해 한국에서 학교를 다니는 학생들의 생활이 어떻게 급격하게 변화를 겪게 되었는지 알 수 있다. 식민지 권력이 많은 수의 학교를 세우고 전례 없이 많은 수의 학생들이 열차로 통학하게 되면서 한국 학생과 일본 학생들은 이전에는 겪어보지 못한 방식으로 공공장소에 모이게 되었다. 이렇게 1920년대를 지나면서 식민지 교육은 한국인들의 생활에 점점 더 중심적인 위치를 차지하게 되었다. 일본 식민정권의 입장에서는 한반도의 법제와 교육과정의 개정, 그리고 학교 수의 급격한 증가로 대변되는 새로운 식민지 교육정책은 일본의 우월성을 인정하는 순종적이고 충성하는 신민을 생산하는 하나의 도구로서 기획된 것이었다. 한편, 한국의 학생들은 식민정책이 교육정책에 집중됨에 따라 점차 근대교육에 대한 자신들의 권리를 인식하게 되었다. 이런 권리의식에 기반해서 그들은 저렴한 수업료, 입학 기회의 확대, 학생들의 참여, 수업과 교사의 질, 그리고 한국인이 중심이 된 교육과정을 요구하게 되었다. 이렇게 광주학생운동에서 드러나는 여러 가지점들 중 가장 눈에 띄는 것은 식민 관료들이 예상했던 새로운 교육정책의 결과와 그것이 실제로 식민지의 교실에서 어떻게 경험되었는가

19) Mukugenokai 편저, *Shokuminchika chĿ sen : kĿ shyĭ gakusei undĿ no kenkyĭ* (식민지 한국 : 광주학생운동 연구), 일본, 고베 : 무쿠게노카이, 1990, 12쪽.

라는 점 사이에 엄청난 차이가 있었다는 점이다. 광주학생운동의 확산과 지속의 양상을 보면 한국 학생들이 가지고 있던 교육과 일본의 한반도 통치에 대한 불만이 상당히 컸다는 것이 드러난다. 그와 동시에, 일본 정부에 대한 학생들의 비판을 통해 이들이 근대적인 교육체제, 즉 수업료가 저렴해 쉽게 접할 수 있고, 학생의 의견과 요구를 반영하며, 잘 훈련된 교사들이 지도하는 교육체제를 지지했음을 알 수 있다. 당시 광주학생운동의 화두는 식민지 근대성의 중심적 난제인 "현대적 교육제도의 혜택은 누가 받는가?"였다.

동화와 차이화
-일본의 식민지 지배와 '창씨개명'-

미즈노 나오키(水野直樹)*

1. 머리말

일본의 식민지 지배정책의 기본은 동화였다는 것이 통설적 이해이다. 교육정책 등에서 동화가 기본 원칙으로 되어 있었다는 것은 사실이지만, 식민지 지배 전체에 관해서는 동화 원칙과 더불어 '차이화'의 원칙이 존재하고 있었다는 것 역시 부정할 수 없다. 지배자(=일본인)와 피지배자(=조선인)와의 구별·차별이 식민지 지배질서의 기초에 놓여져 있었다는 것을 생각하면 '차이화'의 원칙은 지배정책의 입안·실시의 과정에 다양한 형태로 나타나고 있었다고 말할 수 있다.

여기서 '차이화'라고 하는 용어를 사용하는 이유를 설명해 두지 않으면 안 된다. 식민지 지배 시기의 문제를 생각한다면 '차별'이라는 용어를 사용하는 것이 타당하지 않느냐는 비판이 당연히 있을 수 있다. 법적·제도적인 측면에서 '차별'이 존재하고 있던 것은 말할 필요도 없지만, 문화적·사회적인 측면도 시야에 넣는다면 '차별'이라는 용어보다 '차이화'라는 용어를 사용하는 것이 적당하다고 생각된다. 지배자와 피지배자와의 사이에 존재하는 차별은 직접적인 권력 작용에 의

* 京都大 교수, 한국사.

하여 유지되어 있던 것뿐만 아니라 문화적·사회적인 차이에 의해서도 유지되고 있었다. 그 때 문화나 생활관습의 차이는 '차별'로서 의식된다고 하기보다 어느 의미에서는 자연스러운 '차이'로서 의식되게 된다. 식민지 권력은 문화·생활관습의 '차이'를 유지·강화하면서 차별적인 식민지 지배질서를 강화했다. 한편으로 피지배자 쪽에서는 문화적·사회적인 '차이'를 민족적인 아이덴티티의 기반으로 간주하는 경향도 있었다고 생각할 수 있다.

식민지 지배정책에는 '동화와 차별'이라는 개념에 의해서는 파악하기 힘든 복잡한 요소들이 있었다고 할 수 있다. 그러한 요소들을 이해하기 위하여는 '동화와 차이화'라는 개념이 필요하다고 생각한다.

본 논문의 목적은 동화정책의 상징으로 생각되고 있는 '창씨개명 (1940)'의 실시 과정에 있어서 '차이화'의 요소가 어떻게 나타나고 있는지를 검토하는 것이다. 창씨개명은 조선인의 이름을 '일본화'하려고 한 정책이기 때문에 일본 식민지 지배의 동화적 측면을 나타내는 것으로 생각되고 있지만, 그 과정에서도 '차이화'의 요소가 있었다고 생각된다. 지금까지는 그러한 시점에서 창씨개명을 분석한 연구는 없었다.[1]

---

1) 保坂祐二, 『日本帝國主義의 民族同化政策分析-朝鮮과 滿州, 臺灣을 中心으로-』, 서울, J&C, 2002는 창씨개명에 있어서의 '차이화' 문제를 지적한 유일한 연구이지만 깊이 분석하지 못했다. 이 책은 본 논문에서도 인용할 松本重彦(京城帝國大學 敎授)의 文章을 인용한 후, "위의 내용은 내지인의 씨를 흉내내어 씨를 설정하면 안 된다는 이야기인데, 그것은 창씨를 한 후에도 씨를 보면, 가능한 한 조선인임을 알기 쉽게 하려고 의도한 내용이다. 예를 들면, 金田, 金村, 金山 등은 그 씨를 보면 조상이 조선인이라고 흔히 말한다. 그런 식으로 총독부는 일본식 씨를 설정한 후에도 조선인은 조선인으로 관리하려고 했던 것이다"(204쪽)고 기술하고 있지만 그것이 총독부의 정책이었다는 것을 증명하지 못했다. 그리고 '개명'에 있어서의 차이화 문제도 다루지 않았다.

2. 창씨개명 연구의 과제

'창씨개명'에 관해서는 1990년대 이후 연구가 진전되어 법적·제도
적인 문제점과 그 의미에 대해서는 거의 해명되었다고 말할 수 있
다.2) 그러나 창씨개명의 구체적인 실시과정이나, 조선총독부를 비롯
한 지배자측의 입장과 인식, 조선인들의 대응 등에 관한 연구는 앞으
로의 과제로서 남아 있다. 특히 실시 과정에 관하여 조선총독부가 씨
설정(창씨)의 신고를 강제한 것을 실증적으로 해명하는 것은 현재 일
본에 있어서 역사수정주의적인 인식-창씨개명은 강제직인 섯이 아니
었다는 인식-을 비판하는 데 있어서 중시해야 할 과제이다. 이러한
문제를 해명한 다음에 창씨개명의 역사적인 의미를 고찰하는 것이 필
요하다.

이러한 문제를 검토할 때 식민지 지배정책에서의 '동화'의 측면뿐만
이 아니라 '차이화'의 측면에도 주의를 기울이지 않으면 안 된다. 창씨
개명은 1940년에 실시되었지만 그 이전 시기에 일본 당국이 조선인의
이름에 대해서 어떠한 정책을 취해 왔는가라는 문제와도 관련시켜서
그 역사적 의미를 고찰하는 것이 필요하다.

이미 발표한 졸고3)에서 해명한 것이지만 '한일합방' 직후 조선총독
부는 조선인과 일본인의 이름에 차이를 마련하는 정책을 취해 조선인

---

2) 宮田節子·金英達·梁泰昊, 『創氏改名』, 明石書店, 1992 ; 金英達, 『創氏改
名の硏究』, 未來社, 1997 ; 金英達, 『創氏改名の法制度と歷史』, 明石書店,
2002 ; 정주수, 『창씨개명 연구』, 도서출판 동문, 2003.
3) 미즈노 나오키, 「조선 식민지 지배와 이름의 '차이화'-'내지인과 혼동하기 쉬
운 이름'의 금지를 중심으로」, 『사회와 역사』 59, 한국사회사학회, 2001 ; 水野
直樹, 「植民地支配と名前-朝鮮支配初期の'名前'政策についての硏究ノート
-」, 『二十世紀硏究』 2, 2001 ; 水野直樹, 「朝鮮人の名前と植民地支配」, 水野
編, 『生活の中の植民地主義』, 京都 : 人文書院, 2004 ; 미즈노 나오키, 「조선
총독부는 왜 '창씨개명'을 실시했을까?」, 『내일을 여는 역사』 15, 2004.

이 일본식의 성명으로 고치는 것을 금지하고 새롭게 태어난 아이에게 일본식의 이름을 지어주는 것도 제한했다. 1930년대 후반까지 계속된 이 정책에 의해서 조선인과 일본인의 사이에는 이름의 측면에서 차이가 구축되게 되었다. 그것은 법적·제도적인 차별의 근거였을 뿐만 아니라 식민지 지배자로서의 일본인의 우월의식을 담보하는 것이기도 했다.

이러한 정책이 창씨개명에 의해서 180도 변화했다고 생각하는 것보다는 창씨개명 정책 속에도 '차이화'의 요소가 존재하고 있었다고 생각하는 것이 적당하다.

이하 창씨개명의 실시과정에 있어서 '차이화'의 요소가 어떻게 나타났는지를 검토하기로 한다.

3. '창씨'에 있어서의 '차이화'

우선 '창씨'에 있어서의 '차이화'를 고찰한다.

일반적으로 '창씨개명'이라고 불리는 정책은 '창씨'와 '개명'으로 나누어 검토할 필요가 있다. 왜냐하면 조선총독부 정책의 가장 큰 목표는 '창씨'에 있었기 때문이다.

조선인의 이름은 '본관+성+명'으로 구성되어 있다. 성은 부계(父系)의 혈연집단인 종족(문중, 종중)의 명칭이지만, 조선총독부는 종족집단의 힘을 약하게 하기 위해서 성 대신에 일본과 같이 씨(집의 명칭)를 법적으로 유효한 이름으로 하려고 하였다. 이 정책은 1920년대부터 검토되고 있었지만 1930년대 후반 전시체제기에 본격적으로 구체적인 계획안 수립이 진행되었다. 조선인의 종족에 대한 귀속의식, 충성심을 약체화하여 천황에의 충성심을 강하게 할 필요가 있었기 때

문이다. 따라서 1940년에 시행된 조선민사령 개정의 제1의 목적은 씨
의 제도화에 있었다. 창씨에 있어서 일본적인 '씨'(주로 두 개의 문자
로 만들어지는 씨)를 붙일 것은 당초 부수적인 문제로 되어 있었던 것
이다.

1940년 1월 미야모토 하지메(宮本元) 총독부 법무국장은 도쿄제국
대학교 법리연구회(法理硏究會) 강연에서 다음과 같이 말했다.

  씨 제도의 설정에 의해 반도인(조선인)에 씨 설정의 의무가 지워졌
  지만, 내지인(일본인)식 씨의 설정에 관하여는 법령상 하등의 의무가
  지워지지 않는다는 것은 말할 필요도 없고 법령의 운용상에 있어서도
  조금이라도 강제 또는 권장 의도를 갖지 않는 것입니다.[4]

법무국장의 말을 그대로 받아들일 수는 없다고 해도 '창씨'의 주요
한 목표가 어디에 있는지를 분명히 한 것이라고 할 수 있다.

이와 같이 '창씨'는 종족집단의 해체를 목표로 하고 있었기 때문에
문중(종중)회의 등에서 일족이 모여 같은 씨를 설정하는 것은 창씨정
책의 취지에 반하는 것으로 간주되었다.

미야모토 법무국장은 1940년 4월 12일 씨 제도에 관한 재판소, 검사
국 감독관 협의회에서 다음과 같이 '씨 제도의 사무 처리상의 희망 사
항'을 설명하고 있다.

  씨는 말씀드릴 필요도 없이 각 집(家)을 표창하는 칭호이기 때문에
  각 집을 구별할 수 있는 것이 필요합니다. 그렇지만 때때로 종중회의

4)『朝鮮』, 1940년 3월. "氏制度の設定に依り半島人は氏の設定を義務附けられ
  た次第でありますが、 內地人式氏の設定に付ては法令上何等義務附けられ
  たるものに非ざるは固より法令の運用上に於ても、聊かたりとも强制的又は
  勸奬的意図を有せざる所であります"

를 열어 종중 회원이 동일한 씨를 설정하려고 하는 사람이 있는 것으로 보입니다만 이와 같은 것은 씨의 성질을 이해하지 못하고 성의 관념과 혼동하는 것이어서 씨 제도 시행의 정신에 반하는 것이기 때문에 이러한 경향은 엄하게 억제하도록 배려를 부탁드리고 싶습니다.[5]

집 마다 다른 씨를 붙여야 한다고 하면서도 실제로 조선총독부는 종중회의에서 씨를 설정하는 것을 억압할 수 없었다. 씨 설정의 신고가 극히 저조했기 때문에 신고 수를 늘리기 위해서는 종중회의에서 결정하는 것을 인정할 수밖에 없었기 때문이다.

많은 조선인은 문중회의에서 씨의 설정을 협의했고 그 결정에 따랐지만 그 경우에는 원래의 성이나 본관 등에 유래하는 씨를 설정하는 사례가 많아졌다는 것은 말할 필요도 없다. 김은 가네모토(金本), 가네다(金田), 박은 아라이(新井), 이는 이노이에(李家), 구니모토(國本) 등등이다. 따라서 그렇게 결정된 씨를 보면 조선인임을 알 수 있는 경우가 많았던 것이다.

이것은 일면, 조선인 측의 '창씨'에 대한 저항이었다고 할 수 있지만[6] 일본 당국이나 일본인 입장에서 보면 일본인과 조선인 사이의 '차이'가 유지되었다고 해도 좋은 것이었다.

조선총독부는 씨의 설정에 관해서 일본인과 같은 씨가 아니라 원래의 성이나 본관에 유래하는 지명을 기초로 하도록 유도했다.

---

5) 『司法協會雜誌』19-5, 1940년 5월. "氏は申す迄もなく各家を表彰する称号でありますが故に各家を區別し得るものたることを要するのであります. 然るに往々にして宗中會議を開き宗中會員が同一の氏を設定せんとする者の存するのを見受けますが, 斯の如きは氏の性質を理解せず之を姓の観念と混同せるものでありまして氏制度施行の精神に反するものでありますが故に, 斯る傾向は嚴に之を抑制する樣御配慮を煩わしたいのであります"
6) 구광모, 「창씨개명 정책과 조선인의 대응」, 『국제정치논총』 45-4, 2005.

신문, 라디오, 팸플릿, 강연, 정신총동원을 통해 내지인 식의 씨, 즉
두 글자의 씨를 마련할 수 있는데 일본 기존의 씨를 따라 쓴다는 취지
가 아니라는 것, 일본에서의 성씨는 지명을 취해 온 것이기 때문에 이
것을 따를 것을 철저히 주지할 것을 도모하여……7)

새롭게 씨를 만드는 데에는 이제까지의 성과는 완전히 다르게 하는
것이 올바릅니다. 그리고 각기 집안과 관계있는 지명을 고르는 것이
가장 좋다고 생각합니다. 竹添町에 살고 있는 자가 다케조에(竹添)씨,
和泉町에 살고 있는 자가 이즈미(和泉)씨, 三角地에 살고 있는 자가
미수미(三角)씨, 松月町에 살고 있는 자가 마쓰즈키(松月)씨를 칭하
는 것이 자연스러운 방식입니다. 이유없이 황국인(일본인의 뜻)의 씨
를 흉내내어 사토(佐藤), 고미(五味), 이노우에(井上), 호리우치(堀內)
등으로 칭하는 것은 가장 우스운 일입니다.8)

성 외에 따로 집의 명칭을 나타내고 일본 식의 씨, 예를 들면 김성을
칭하는 집이라면 이것과 관계가 있는 가네코(金子)라든지 가나이(金
井)라든지 종래의 성을 이용해 씨를 붙이게 하려는 것이다.9)

---

7) 朝鮮總督府法務局民事課, 『朝鮮に氏制度を施行したる理由』, 1940년 2월.
   "新聞, ラヂオ, パンフレット, 講演, 精神總動員を通じ內地人式の氏卽ち二
   字制の氏を設け得るものにして, 日本旣存の氏を踏用せしむる趣旨にあらざ
   ること, 日本に於ける苗字は地名を採り來れるものなるを以て之に倣ふべき
   ことの周知徹底を図り(下略)"

8) 松本重彦, 「氏の話」, 綠旗日本文化硏究所編, 『氏創設の眞精神とその手續』,
   1940, 53쪽. 松本重彦은 당시 京城帝國大學 敎授로 창씨개명에 대한 해설을
   신문 등에 몇 번 발표한 일본문학 연구자였다.
   "新たに氏を作るに當ってはこれまでの姓とは全く離れるのが正しいのです.
   さうして家々にかゝはりのある土地の名を取るのが最も宜いと思ひます. 竹
   添町に住むものが竹添氏, 和泉町に住むものが和泉氏, 三角地に住むものが
   三角氏, 松月町に住むものが松月氏を稱へるのが自然の行き方であります.
   故なく皇國人の氏を眞似て佐藤, 五味, 井上, 堀內などとするのは最も笑ふ
   べきことであります"

게다가 법무국은 창씨를 실시한 뒤에 일본 의회에서의 설명을 위해서 작성한 자료에서 다음과 같이 평가하고 있다.

되도록 성, 본관, 주소 등에 연유한 씨를 설정하도록 지도하면서 (일본인의) 씨가 가지는 존엄성을 모독하지 않게 하도록 세심한 주의를 기울였던 것인데 지금 설정된 씨를 보면 그 지도 방침에 잘 따라서 황국신민으로서 적절한 씨를 설정하고 있다.

즉 그 종류는 지금 열심히 조사 중이며 정확한 숫자는 판명되지 않지만 수만에 이를 것으로 추정되며 종래 250여 개의 성이었을 때보다 동성동명의 불편은 일소되어 집의 칭호로서의 사명을 잘 완수하고, 또 씨의 명칭에 대하여도 본부(총독부)의 지도 방침에 따라서 가네모토(金本), 야나야마(梁山), 히라야마(平山) 등 성 또는 본관 등에 연유된 것을 정하고 있어 내지인의 성씨를 혼란하게 한다는 비난은 기우에 지나지 않음을 입증했던 것이다.[10)]

이러한 자료를 보면 조선총독부 측은 '창씨'에 있어서도 '차이'를 유

---

9) 『京城日報』 1939년 11월 9일. "姓の他に別に家の名稱を現はし, 日本式の氏, 例へば金姓を名乗る家ならこれと關係のある金子とか金井とか從來の姓を利用して氏を名乗らせようといふのである"(「內地式の氏を名乗る/日本古來の家族制度の美風/ 半島にも確立されん」)

10) 『朝鮮總督府帝國議會說明資料』, 不二出版, 復刻版 第5卷, "成るべく姓, 本貫, 住所等に因みたる氏を設くる樣指導し以て氏の有する尊嚴性を冒瀆せしめざる樣細心の注意を拂ったのであるが今設定されたる氏を見ると能く其の指導方針に副ひ皇國臣民として相応しき氏を設定してゐるのである. 卽ち其の種類は目下銳意調査中であって正確なる數字は判明しないが數万に達するものと推定され從來の二百五十余姓より生ずる同姓同名の不便は一掃せられ能く家の稱号としての使命を果し又氏の名稱に付ても本府の指導方針に從ひ金本, 梁山, 平山等姓又は本貫等に緣由せるものを定めて居り內地人の姓氏を混亂せしめるとの非難は杞憂に過ぎざりしことを立証したのである"

지하려는 의도를 가지고 있었던 것이 분명하다.

4. '개명'에 있어서의 '차이화'

둘째로 '개명'에 있어서의 '차이화'의 문제를 고찰한다.

조선총독부가 강제적 수단을 사용해 조선인들에게 씨의 설정(신고)을 하도록 한 것은 여러 자료들로부터 부정할 수 없는 사실이다. 그러면 총독부는 '개명'에 관해서 어떤 자세였을까?

결론부터 말하자면 조선총독부는 '개명'에 대해서 적극적인 자세가 아니었다고 생각할 수 있다. 앞서 말한 바와 같이 정책의 제일 목표는 씨의 설정에 의한 일본적인 이에(家)제도의 도입에 있었지만 명(개인이름)을 고치는 것은 그러한 목표와는 관계가 없는 것이었다. 물론 '황국신민'으로서의 의식을 갖게 하기 위해서 일본적인 이름을 붙이게 해야만 한다고 하는 당국자도 있었지만 조선총독부 전체로서는 개명에 대한 적극적인 자세를 보여주지 않았다.

법무국의 담당 과장인 이와시마 하지메(岩島肇) 민사과장은 신문 담화에서 "내지인 식 씨를 정했을 경우에 반드시 이름을 변경할 필요는 없고 오히려 개인의 개성을 나타내는 의미에서는 가능한 한 종래의 이름을 사용하는 것이 적당……"하다고 말했다.[11] 총독부의 황민화정책을 이데올로기적으로 지지하고 있던 녹기연맹(綠旗聯盟)의 팸플릿『누구나 알기 쉬운 씨의 해설』도 "이름은 가능한 한 그대로 유지하여 국어(일본어를 뜻함)의 훈(訓)으로 읽는" 것이 좋다고 선전하고

---

11) 『京城日報』 1940년 4월 5일. "內地人式の氏を定めた場合に必ずしも名を変更するの必要はなく、寧ろ個人の個性を現す意味合からはなるべく從來の名を使用した方が適當(下略)"

78

있다.12)

　다음과 같이 개명 불필요론을 쓰고 있는 문헌도 있다.

　　다음으로는 이름을 붙일 방법에 대해서인데 씨와 이름과의 조화를
　이루도록 붙일 것이 좋다고 생각합니다. 그리고 가능한 한 구명은 유
　지하고 국어(일본어)로 읽도록 하고 싶은 것입니다. (중략) 요컨대 이
　름은 부모로부터 명명(命名)되었다는 것이나 또는 연고자 혹은 윗사
　람으로부터 붙여 받은 것이기 때문에 애써 그대로 하든지 아니면 한
　자는 반드시 유지하게 하는 편이 좋다고 생각합니다. 씨로서나, 이름
　으로서나 훌륭하게 내지인 이름으로서 좋은 것이 많이 있습니다. 이
　런 이름들은 군이 고칠 필요는 없을 것입니다.13)

　면사무소 등의 호적 사무를 감독하는 지방법원의 문서14)는 씨 설정
의 신고는 100% 완료하도록 지시하는 한편으로 "명의 변경은 후일 하
도록 취급해 주시기를 바랍니다"라고 개명 신고는 뒤로 돌릴 것을 지
시하고 있다.
　'창씨'를 강제하면서 "개인의 개성을 나타내는 의미에서는 가능한

---

12) 綠旗聯盟, 『誰にもわかる氏の解說』, "名は出來るだけそのまゝにして國語の
　　訓で讀む"
13) 笠原敏二, 『半島に於ける氏設定・改名の手續』, 半島時論社, 1940년 1월, "次に
　　は名の附け方ですが,　氏と名との調和するやうに附けるのが好いと考へます.
　　而して出來るだけ旧名は存置して國語で讀むやうにしたいものと思ひます.
　　(中略) 要するに名は親から命名せられたか, 又は緣故者或は目上の方から附
　　けて頂いたのでありますから, 努めて其のまゝにするか, 或は一字を必ず存置
　　せしめる方が良いと思ひます. 氏にしても, 名にしても立派に內地人氏名とし
　　て良いのが多數あります. これ等は殊更に改める必要はありますまい"
14) 「氏設定督勵に關する件」, 1940년 6월 12일(管內府尹邑面長 앞으로 釜山地
　　方法院長이 보낸 문서), 韓國國家記錄院所藏. "名の変更は後日爲す様取扱
　　ひ相成りたし"

한 종래의 이름을 사용하는 것이 적당하다"고 말하는 총독부 관료나 일본인 식민자의 말에서 식민지 지배자로서의 우월의식을 읽어내는 것은 어렵지 않다.

이와 같이 개명은 그만큼 적극적으로 장려되지 않았기 때문에 개명한 사람의 비율(총인구에 대한 비율)은 약 10%에 머물렀던 것이다. 창씨(씨의 설정)의 비율(총호수에 대한 신고 호수의 비율)이 약 80%에 오른 것과는 큰 차이를 보이는 것은 창씨가 신고제였고 개명은 허가제였다는 것도 한 이유이지만, 이상과 같은 총독부의 자세 또한 큰 이유였다.

5. 맺음말 : '차이화'의 벡터를 낳은 것

위에 논한 바와 같이 창씨개명의 실시 과정에 있어서는 '차이화'의 벡터(vector)가 작용했다는 것을 확인할 수 있다.

그러면 조선총독부 등 일본인 측이 '차이'를 남겨야 한다는 견해를 어떻게 나타내고 있었는지, 왜 '차이'를 유지해야 한다고 생각하고 있었는지 등 문제들에 대하여 고찰해 보자.

첫 번째로 단속을 담당하는 경찰 당국이 창씨개명에 대해서 취한 자세이다. 당시 조선총독부 경무국장이였던 미쓰하시 고우이치로(三橋孝一郎)은 후일(1967) 다음과 같이 말하였다.

그리고 이름을 바꾸는 문제에 대해서입니다. 경찰로서는 실은 이런 일은 서투릅니다. 누가 누구인지 모르게 되어 버리니까 곤란해집니다. 그러나 위에서 한다면 어쩔 수 없다고 하더군요. 제가 의견을 물어 봤거든요. 경찰은 곤란하다고 했지요. 그래도 총독이 위에서 방침으로

80

하는 것이라면 어쩔 수 없다고 대답했어요. 문제가 일어나지 않게 본
인의 자유의사로 하게끔 하세요 라고. 자유의사가 아닌 것이 되면 경
찰도 어느 정도 협력하지 않으면 안 된다. 그러나 경찰은 협력을 거절
하겠다고 분명히 말했습니다. 그러면 된다, 경찰은 절대로 협력하지
않아도 좋다고. 그러면 협력하지 않는다는 것을 확실히 해도 됩니까
하니 좋다고 하였기 때문에 정무총감의 의명통첩(依命通牒)으로 경찰
은 일체 협력해선 안 되고 이것은 본인의 자유의사에 위한 것이라고
명확하게 했습니다. 그러니까 경찰은 실제로 지방의 작은 곳에서는
했을지도 모릅니다만 경찰 방침으로서는 전혀 협력하지 않았습니
다.[15]

　이 회상담에서 '정무총감의 의명통첩'에 의해서 경찰은 협력하지 않
는 것을 방침으로 했다고 되어 있지만 그러한 통첩이 나왔는지 확인
할 수 없다. 또 미쓰하시가 경찰은 일체 협력하지 않았다고 말하고 있
는 것도 잘못이다. 경찰은 창씨개명을 비판하는 언동을 엄하게 단속
했기 때문이다. 또 경찰을 통해서 창씨개명의 선전도 행해졌으므로
경찰이 비협력의 태도였다고는 생각할 수 없다.

　그러나 미쓰하시의 회상에서 중요한 것은 "경찰로서는 실은 이런
일은 서투릅니다. 누가 누구인지 모르게 되어 버리니까 곤란해집니다"
고 말하고 있는 부분이다. 단속 당국의 입장에서는 이름에 의해서 일
본인과 조선인의 구별을 하기 쉽게 해 둘 필요가 있었음을 나타내고
있다. 창씨개명의 실시 과정에서 이러한 경찰 당국의 인식, 자세가 '차
이'를 유지할 방향으로 작용했다고 생각할 수 있다.

　두 번째로 일본인, 특히 조선 거주 일본인의 우월의식의 문제이다.

15) 「(未公開資料) 朝鮮總督府關係者錄音記錄(4)」, 『東洋文化硏究』 5, 學習院
　　大學東洋文化硏究所, 2003년 3월, 387쪽, 1967년에 열린 연구회에서의 회상
　　담.

지배자와 피지배자의 불평등한 역학관계를 기초로 해 구축되어 온 식
민지 지배질서 안에서 많은 일본인은 '지배자'로서의 우월의식을 안고
있었다. 그러한 우월의식은 언어, 생활양식, 직업 등의 틀림에 의하여
유지되고 있었지만, 이름에 의한 구별도 우월의식을 유지하는데 중요
한 역할을 했다. 창씨개명에 의해서 이름의 구별을 할 수 없게 되는
것은 일본인의 우월의식을 흔드는 것이라고 생각되었던 것이다.

창씨개명 실시 직전에 조선총독부에 한 일본인으로부터 건의서가
제출되었다. 그 건의서는 일본의 고귀한 '전통'인 씨(名字, 苗字)를 조
선인들에게 허락하는 것에 반대하는 내용이었다.16) 이것은 일본 '내
지' 거주의 일본인이 제출한 건의서였지만 조선 거주 일본인의 의식을
대변한 것이기도 할 것이다. '내선일체'를 슬로건으로 내걸어 조선인
의 '황국신민화'를 도모하고 있었지만 일본인과 조선인은 어디까지나
다른 민족이며 조선인이 일본인과 동등의 지위에 오르는 것은 용서할
수 없다고 생각하는 일본인이 많았던 것이다. 표면화된 주장은 아니
었지만 그러한 일본인의 우월의식이 창씨개명에 있어서의 차이화의
또 하나의 벡터로서 작용했다고 말할 수 있다.

게다가 조선총독부가 추진한 창씨개명 정책에 대해서 일본 정부 쪽
이 적극적인 자세가 아니었던 것도 '동화'정책의 철저를 방해한 요인
이었을지도 모른다. 이 점에 대해서는, 향후의 검토 과제로 해두고 싶
다.

'창씨개명'은, 일본적인 이에(家)제도를 도입하여 조선의 종족 집단
을 해체시키려고 한 점에서 동화정책의 일환이었다는 것은 부정할 수
없다. 그러나 또 한편으로 식민지 지배질서를 유지하기 위해서는 일

---

16) 古谷榮一, 「朝鮮同胞に日本伝來の名字を濫許す可きか—拓務省及び朝鮮總
督府當局の反省を促す」, 『大野綠一郎文書』 1275-8, 日本國會図書館憲政資
料室.

본인과 조선인 사이의 '차이'도 유지할 필요가 있었다. '창씨개명'은 법적·제도적으로는 '동화'를 목표로 하면서, 그 실시 과정에서는 '차이화'를 도모하는 측면을 가지는 복잡한 정책이었다고 파악할 수 있다. 거기에 일본의 식민지 지배의 특징이 나타나 있다고 말할 수 있다.

조선총독부 학무국 편집과와 교과서 편찬

장 신*

1. 머리말

1910년 한국을 강점한 뒤 일제는 통치의 원리로 동화주의를 내걸었다. 동화주의가 집중적으로 강조된 곳은 교육현장이었다. 교육정책은 일제의 조선통치의 기조를 가장 잘 반영하는 곳이었다. 이 교육정책과 이념을 구체적으로 발현하고 관철시키는 매개체는 교실에서 일상적으로 사용되는 교과서였다.[1) 따라서 일제의 조선지배 방식과 그 실상을 교육현장에서 확인하려는 목적으로 조선총독부에서 편찬한 교과서를 분석하려는 시도는 오래 전부터 행해졌으며 이미 과목별로 상당한 성과를 거두었다. 특히 국어(일본어)[2)와 역사[3) 교과서가 집중적으

---

* 역사문제연구소 연구원, 한국사.
1) 大槻芳廣,「敎科書編纂事業の變遷」,『文敎の朝鮮』222, 1944. 5, 34쪽 ; 小田省吾,「朝鮮敎育の回顧」, 和田八千穗・藤原喜藏 編,『朝鮮の回顧』, 1945, 113쪽.
2) 吉田文彦,「朝鮮總督府編纂による日本語敎科書 : 人物, 文脈, 価値, 文体から見た內容の基本構造(その1)」,『紀要 文學部』56, 東海大學, 1991 ; 吉田文彦,「朝鮮總督府編纂による日本語敎科書 : 人物, 文脈, 価値, 文体から見た內容の基本構造(その2)」,『紀要 文學部』57, 東海大學, 1992 ; 박영숙,「植民地時代'普通學校國語讀本'の硏究」, 久留米大學 博士學位論文, 2002 ; 久保田優子, 『植民地朝鮮の日本語敎育-日本語による'同化'敎育の成立過程』, 九州大學出版會, 2006.
3) 金興洙,『韓國近代歷史敎育史硏究』, 삼영사, 1990 ; 최양호,「일제하 조선총

로 분석되었으며 그 외 조선어,4) 수신,5) 지리6) 등의 국책과목과 이과,7) 음악,8) 미술,9) 체육,10) 가정11) 등에 관한 연구 성과도 꾸준히 제

독부 편찬 초등용 국정 국사교과서 편찬」, 『교과서연구』 6, 1990 ; 磯田一雄, 「第三次第四次朝鮮敎育令下の國史敎科書の改訂狀況 : 「內地」及び「滿洲」の國史敎科書との比較硏究のための覺書」, 『成城文藝』 130, 成城大學, 1990 ; 磯田一雄, 「植民地敎育と新敎育 : 「滿洲」, 「朝鮮」における國史と地理の統合と作業敎育化を中心に」, 『成城文藝』 137, 成城大學, 1991 ; 권오현, 『朝鮮總督府における歷史敎育內容史硏究 : 國民意識形成の論理を中心に』, 廣島大學 박사학위논문, 1999 ; 장신, 「한말・일제강점기의 교과서 발행제도와 역사교과서」, 『역사교육』 91, 2004 ; 문동석, 「일제시대 초등학교 역사교육과정의 변천과 교과서」, 『사회과교육』 43-4, 한국사회과교육연구학회, 2004.

4) 洪在烋, 「日帝期의 '朝鮮語科' 敎科書-初等敎科를 中心한」, 『大邱敎大論文集』 5 ; 柳年錫, 「日帝時代 朝鮮語科 敎育課程의 變遷攷」, 『順天大學論文集』 4, 1985 ; 朴鵬培, 「日帝期의 우리 國語(朝鮮語)科 敎材 分析硏究」, 『論文集』 18, 서울교대, 1985 ; 金奎昌, 『金奎昌敎授論文集-朝鮮語科 始末과 日語敎育의 歷史的 背景-』, 金奎昌敎授遺稿論文集刊行委員會, 1985.

5) 이치현, 「1920년대 普通學校修身교과서 분석」, 서울대학교 국사학과 석사학위논문, 2002 ; 佐野通夫, 「植民地朝鮮における修身敎育の展開」, 『日本植民地敎育の展開と朝鮮民衆の對應』, 社會評論社, 2006.

6) 張保雄, 「일본통치 시대의 지리교육」, 『論文集』 4, 군산교육대학, 1971 ; 남상준, 「일제의 대한 식민지 교육정책과 지리교육-한국지리를 중심으로」, 『地理敎育論集』 17-1, 서울대학교 지리교육과, 1986.

7) 송민영・에지 나카타, 「조선총독부편찬 『초등이과서』(1931)의 편집형식과 교재의 선택이념을 계승한 문부성편찬 『초등이과서』(1942)」, 『초등과학교육』 12-2, 1993 ; 송민영・에지 나카타, 「일제시대의 조선총독부편찬 이과교과서」, 『한국과학교육학회지』 13-3, 1993 ; 송민영, 「조선총독부하 초기의 우리나라 초등과학교육의 상황-조선총독부편찬 『普通學校理科書』(1913)」, 『한국초등과학교육학회』 17-2, 1998.

8) 김혜정, 「총독부시기의 음악교육정책 연구」, 『음악과 민족』 16, 민족음악학회, 1998 ; 박은경, 「일제시대의 음악교과서 연구」, 『한국음악사학보』 22, 1999 ; 신계휴, 「日帝下 國民學校令期의 音樂敎育에 관한 硏究-우타노홍(ウタノホン)의 분석을 중심으로」, 『敎育論叢』 18, 仁川敎育大學校 初等敎育硏究所, 2000 ; 신계휴, 「朝鮮總督府 編纂 初等音樂敎科書 分析 硏究」, 『敎育論叢』 19, 仁川敎育大學校 初等敎育硏究所, 2002.

출되었다.

그런데 일제하에 사용된 교과서는 중등학교용이 대부분 검정 또는
인가교과서였다. 검정·인가교과서는 전 시기의 목록을 만들기도 힘
들 뿐 아니라 해당 교과서의 입수조차 여의치 않은 실정이다. 그런 까
닭에 기존의 연구는 입수하기 쉬운 보통학교의 교과서만을 주된 분석
의 대상으로 삼았다. 또 조선총독부의 정책 의도를 직접적으로 파악
할 수 있는 국정교과서만을 대상으로 삼았기 때문에 검정이나 인가과
정에서 '배제'하고자 한 내용이 무엇인지 알기 어렵다.

여기에 더하여 기존 연구에서는 분석대상의 교과서가 제작되고 사
용되는 과정에 주목하지 않았다. 달리 말해 교과서의 국정 및 검정,
인가 과정을 이해할 필요가 있다. 나아가 교과서 편찬의 주체인 학무
국 편집과를 주목해야 한다. 최근 식민지 관료 연구에서 개별 관료의
정책 구상이나 그들이 실제의 정책에 미친 영향 등을 분석하는 흐름
이 대두하고 있다. 교과서의 편찬과 검정·인가의 주체는 학무국 편
집과의 관료였다. 통치구상과 시세, 최신의 교육사조 및 학설 등을 판
단하고 반영하는 주체도 학무국 편집과의 관료였음은 말할 것도 없다.

이러한 점에서 이 글에서는 본격적인 교과서 분석의 전제로서 교과
서 편찬의 담당자인 학무국 편집과와 그 주요 업무를 분석하고자 한
다. 이를 위해 우선 학무국 편집과의 분장업무와 직원, 특히 편수관과
편수서기의 구성과 역할을 살펴본다. 또 편집과 구성원의 학력을 비
롯한 주요 경력을 토대로 각 과목별 담당자를 추정한다. 마지막으로
조선총독부의 교과서 정책 및 국정교과서 편찬의 현황, 검정·인가 과

9) 朴徵洛, 「美術科 敎科用圖書의 變遷에 관한 硏究」, 『大邱敎大論文集』 26,
1990 ; 朴徵洛, 「'普通學校圖畵帖'考」, 『大邱敎大論文集』 28, 1993.
10) 西尾達雄, 『日本植民地下朝鮮における學校體育政策』, 明石書店, 2003.
11) 鄭德姬, 「우리나라 初等家政科 敎育의 變遷에 關한 硏究」, 『論文集』 10, 서
울교대, 1977.

정의 실태를 밝히고자 한다.

2. 조선총독부 학무국 편집과

1) 편집과의 분장업무와 직원

조선총독부 기구는 내외의 사정에 따라 여러 차례 개편되었는데 학무국도 과의 신설과 통폐합 등 수차례의 변화를 거쳤다.[12] 편집과라는 명칭은 대한제국 때인 학부 편집과 시절부터 시작하여 1942년 11월 편수과로 개칭되기 전까지 사용되었다. 이후 1945년 4월 교과서 편찬업무가 학무과에 통합되면서 편집과(편수과)는 사라졌다.

〈표 1〉에서 보듯이 편집과는 전시체제기에 들어가기 전까지 과의 구성과 업무에 큰 변화가 없을 정도로 업무의 고유성과 전문성을 인정받았다. 편집과의 분장업무는 교과용 도서의 편집·반포·검정·인가와 민력(民曆) 편찬 등이 중심이었다. 1942년 11월 편집과가 편수과로 개칭될 때 초등보통교육에 관한 교원용 참고도서의 인정 및 추천, 국어의 조사(調査), 국민학교 방송 및 국민학교 교과용 영화, 제 학교용 가사 및 악보 등이 편수과의 업무로 추가되었다.[13]

---

12) 이명화, 「조선총독부 학무국의 기구변천과 기능」, 『한국독립운동사연구』6, 1992 ; 노영종, 「총설」, 『政府記錄保存所 日帝文書解題-學務·社會敎育篇』, 行政自治部 政府記錄保存所, 2003.

13) 1942년 11월의 조선총독부 관제개정은 일본 정부의 행정간소화 방침에 따른 것으로서 조선총독부 내에서도 대규모의 기구통폐합이 단행되었다. 학무국 개편의 골자는 사회교육과를 폐지하는 대신 연성과의 신설이었다. 연성과는 사회교육과의 대부분, 학무과, 후생국 보건과, 노무과의 일부를 통합하여 신설되었다. 이로 볼 때 편집과가 편수과로 개칭되고 일부 업무가 추가되었지만 본질적인 변화는 없었다고 볼 수 있다. 朝鮮總督府情報課, 「總督府の機構改正」, 『通報』128, 1942. 11, 9〜11쪽.

<표 1> 학무국 편집과의 명칭 및 분장업무 변천표

명칭	업 무	관련법령
내무부 학무국 편집과	1) 교과용도서의 편집, 반포, 검정 및 인가 2) 민력(民曆)	1910년 10월 1일 조선총독부훈령 제2호
학무국 편집과	1) 교과용도서 2) 민력의 출판 및 반포	1919년 8월 20일 조선총독부훈령 제30호
학무국 편수과	1) 교과용도서의 편집, 발행 2) 교과용도서의 조사, 검정 및 인가 3) 초등보통교육에 관한 교원용 참고도서의 인정 및 추천 4) 국어의 조사 5) 국민학교 방송 및 국민학교 교과용 영화 6) 제학교용 가사 및 악보 7) 약력(略曆)의 출판 및 반포	1942년 11월 1일 조선총독부훈령 제54호
학무국 편수과	1) 교과용도서 2) 초등보통교육에 관한 교원용 참고도서의 인정 및 추천 3) 국어의 조사 4) 제학교용 방송 영화 및 음반 5) 약력의 출판 및 반포	1943년 12월 1일 조선총독부훈령 제88호
학무국 학무과	1) 교육 2) 기상대 3) 교직원공제조합 4) 교과용도서 5) 제학교용 가사, 악보, 방송, 영화 및 음반 6) 국내 타과의 주관에 속하지 않은 사항	1945년 4월 17일 조선총독부훈령 제18호

전 시기를 통틀어 볼 때 편집국의 직원은 크게 편수관, 편수서기, 속, 기사, 통역관, 그리고 촉탁과 고원으로 구성되었다. 각 직급별 담당업무를 보면 편수관은 "상관의 명을 받아 교과용 도서의 편수 및 검정에 관한 사무를 담당"하고, 편수서기[14)는 "상관의 지휘를 받아 교과

---

14) 1942년 11월 9일부로 조선총독부관제에 규정된 편수서기는 편수관보(編修官補)로 명칭이 바뀌었다(『조선총독부관보』 제4733호, 1942. 11. 9). 1942년 1월 8일 이후 편집과에는 총 11인의 편수서기가 있었다. 이 중 7명은 조선총독부 관제에 규정된 정원이었고, 4명은 조선총독부내임시직원설치제(칙령 제1208

용 도서의 편수 및 검정에 관한 사무에 종사"하도록 규정되었다. 곧 교과서 편찬업무는 편수관과 편수서기의 몫이었다. 속관은 "상관의 지휘를 받아 서무를 담당"한다고 규정되어 편집과의 일반 행정을 담당했다.[15] 한편 기사는 1910년과 1911년의 두 해 동안 2명이 배치되어 민력 편찬업무에 종사했다.[16]

편집과의 정원과 현원은 아래의 〈표 2〉에서 보듯이 교과서 편찬의 업무량에 따라 오르내렸다. 대체로 교과서 편찬이 집중되었던 1911~13년, 1922~24년, 1930~35년에 인원이 급증하였다가 교과서 편찬이 끝나면 다시 감소하는 패턴을 반복했다.

1911년 5월부터 편집과 내에 편수관의 정원이 주어졌는데 1910년대 내내 1인이었다. 편수서기는 조선총독부 내의 속, 시학, 기수, 통역생 등과 함께 통합 처리되었다. 편수서기는 1921년 2월 16일의 관제개정 때부터 전임 3인으로 규정되었다. 3·1운동의 여파로 조선교육령이 개정되고 학제가 변경되면서 교과서 개편과 편찬의 수요가 높아졌다. 보통학교가 4년제에서 6년제로 바뀌었으며, 고등보통학교와 여자고등보통학교도 각각 5년과 4년제로 되었다. 이에 따라 1919년 8월 20일에 편수관 1인을 증원하여 고등보통학교와 여자고등보통학교의 교과서를 편찬하도록 맡겼다.

호, 1941. 12. 26)에 규정된 정원이었다. 따라서 1942년 11월 9일 이후 편집과는 이사관(1), 편수관(8), 편수관보(7), 편수서기(4)로 구성되었다.

15) 『조선총독부관보』 제205호, 1911년 5월 3일 칙령 제136호.

16) 그들은 대한제국 학부 시절부터 民曆 편찬 업무에 종사한 李敦修와 劉漢鳳이었다. 1912년부터 이름을 볼 수 없는 것으로 보아 이들은 역본을 제작하기 위해 한시적으로 고용되었으며, 이후부터는 편집과 내의 다른 직원이 전수받아 담당한 것으로 보인다. 立柄教俊(朝鮮總督府 編修官), 「朝鮮に於ける教科書編纂事業に就きて」, 『教育時論』 966, 1912. 2(近代アジア教育史研究會 編, 『近代日本のアジア教育認識 資料篇 第1卷-明治後期教育雜誌所收中國·韓國·台灣關係記事』 第一部, 韓國の部(1), 龍溪書舍, 1999, 257쪽).

<표 2> 학무국 편집과의 정원과 현원[17]

연도	사무관 시학관 이사관	편수관		편수서기		속	기사	통역관	촉탁	계	증감원 기준일
		정원	현원	정원	현원						
1910	1	0	0	—	0	3	2			6	10. 1
1911	1	1	2(1)	—	3(1)	6(1)	2	1(1)		15(4)	5. 9
1912	1	1	3(2)	—	4(2)	5		1(1)		14(5)	
1913	1	1	3(2)	—	4(2)	4				12(4)	
1914	1	1	3(2)	—	3(1)	4				11(3)	
1915	1	1	3(2)	—	3(1)	4				11(3)	
1916	1	1	3(2)	—	3(1)	4				11(3)	
1917	1	1	1	—	3(1)	4				9(1)	
1918	1	1	1	—	4(2)	4				10(2)	
1919	1	1/2	2(1)	—	5(2)	4				12(3)	8.20
1920	1	2	2	—	4(1)	4				11(1)	
1921	1	2/5	2	3/6	5(2)	4				12(2)	2.16/8.2
1922	1	5	5(1)	6	7(2)	5				18(3)	
1923	1	5	8(3)	6	4	3				16(3)	
1924	1	5	9(4)	6	5	4(1)				19(5)	
1925		5/4	9(4)	6/5	3(1)	3				15(5)	1. 4
1926		4	6(3)	5	4	2				12(3)	
1927		4	8(5)	5	4(1)	2(1)				14(7)	
1928		4	7(3)	5	4(1)	1				12(4)	
1929		4	7(3)	5	3	2			5	17(3)	
1930		4/5	6(2)	5	4	3(1)		2(2)	4	19(5)	5.10
1931		5	7(2)	5	4	3(1)		2(2)	9	25(5)	
1932		5/4	6(2)	5	4	3(1)			5	18(3)	7.30
1933		4	6(2)	5	4	3(1)			4	17(3)	
1934		4	6(2)	5	4	2(1)			5	17(3)	
1935		4	6(2)	5	4	1			5	16(2)	
1936		4	5(2)	5	5	1			4	15(2)	
1937		4/6	5(1)	5	5	1			3	14(1)	8. 6
1938		6	7(1)	5	4	1			5	17(1)	
1939		6	6	5	4	1			6	17	
1940		6	6	5	4	1			6	17	
1941		6	6	5/7	7(1)	3(1)			4	20(2)	1. 8
1942	1	6/8	8	7/11		—			—	—	1. 8
1943	1	8	7	11		—			—	—	

---

17) 대개 '직원록'은 매해 4월에서 7월을 기준으로 제작했다. 따라서 증원신청 및 허용 시점과 달리 정원의 변동은 그 다음해 직원록에서 반영되었다.

출전 : 조선총독부,『조선총독부급소속관서직원록』및『조선총독부관보』각
연도판.
비고 : ① 굵은 글씨는 정원의 변화를 나타냄. ② ( )의 숫자는 겸임자.
③ 증감원 기준일은 관보 게재일을 나타냄.

또 제2기 교과서 편찬사업이 본 궤도에 오르게 됨에 따라서 1921년
7월에는 편수관 및 편수서기를 각 3인씩 증원 신청하여 8월 2일부터
전임 편수관 5인, 전임 편수서기 6인으로 증가하였다. 이후 1925년 1월
에 편수관·편수서기가 1인씩 감원되었다. 이후 편수서기는 1930년대
후반까지 정원 5인으로 고정되었다. 다만 편수관은 4인과 5인을 오르
내렸는데 정원의 증감 시기는 교과서 편찬이 시작되거나 일단락되는
때와 일치했다. 곧 1921년, 1930년, 1937년, 1941년, 1942년은 조선교육
령 개정에 따른 교과서 편찬업무가 폭주하던 때였고, 반대로 1925년과
1932년은 대부분의 교과서 편찬이 마무리되던 시점이었다.

1910년대에는 편수관·편수서기와 속관의 비율이 50 : 50이었다.
1920년대 이후 속관의 정원이 줄고, 편수관과 편수서기가 늘면서 편수
담당자 중심의 조직운영으로 전환하였음을 알 수 있다. 속관은 조선
총독부 전체 정원에서 조정·배치되었다. 편수관이 항상 정원을 초과
하는데 비해 대체로 편수서기는 미달이었다.

교과서 업무의 핵심을 담당한 편수관은 〈부록 1〉에서 보듯이 높은
학력과 풍부한 교직경험을 보유하였다. 전직(前職)을 보면 대부분의
편수관이 중등학교 이상의 교육기관에서 교직을 경험하였다. 관직만
을 역임한 이들도 학무국 관련 업무에 종사했다. 편수관을 역임한 이
후에는 대다수가 대학과 전문학교, 중등학교 등의 교수요원으로 보임
되었다. 중등학교의 경우 대개 학교장으로 발령을 받았다. 경성제국대
학의 교수로 전직(轉職)한 편수관은 5인인데, 모두가 도쿄제국대학 출
신이었다. 관직의 경우에도 시학관이나 교학관 등 학무 관련 업무에

종사하였으며, 이후에 다시 학교장으로 영전하기도 하였다.

같은 편수관을 역임했지만 조선인들의 이후 행로는 달랐다. 편수관을 역임한 조선인 4인 중 현헌은 중추원 참의, 이능화는 조선사편수회 위원으로 전직했다. 또 각각 히로시마고등사범학교와 경성제국대학을 졸업한 박영빈과 김창균은 강원도 울진군수와 충청남도 대덕군수로 근무했다. 조선인 관리는 극히 일부만 총독부 사무관으로 승진할 뿐 대개 군수를 끝으로 관직생활을 마감하였는데,[18] 박영빈과 김창균도 더 이상의 전문성을 살리지 못했다.

학력을 보면 도쿄제국대학을 비롯한 제국대학 출신, 도쿄와 히로시마의 고등사범학교 출신이 편수관의 주류를 이루었다. 5명의 편집과장은 도쿄제대(2인), 도쿄고등사범학교(2인), 히로시마고등사범학교 출신이 차례로 역임했다. 일반적으로 조선총독부 본부 내의 과장은 주로 도쿄제대 출신이 차지하지만 고등사범 출신이 많은 데에는 편집과의 특성이 반영되었다.

<표 3> 편수관의 최종출신 학교별 분류

帝國大學					高等師範學校			기타			총계
東京	京都	北海島	京城	계	東京	廣島	계	기타	미확인	계	
9	1	1	3	14	8	6	14	3	5	8	36

비고 : 장응진은 도쿄고등사범학교를 중퇴하였지만[19] 졸업자에 포함시켜 계산

---

18) 안용식, 『한국관료연구』, 大永文化社, 2001, 286쪽.
19) 장응진은 1905년에 도쿄고등사범학교 수리과에 입학하여(張膺震, 「20年前 韓國學界 이야기」, 『別乾坤』 5, 1927. 3, 18쪽) 1909년에 도쿄고등사범학교를 졸업한 것으로 나오지만(朝鮮新聞社 編, 『朝鮮人事興信錄』, 1935, 299쪽) 졸업생 명부에서 이름을 확인할 수 없다(秋元正親 編, 『茗溪會會員會員名簿』, 茗溪會, 1931·1934). '茗溪會'는 도쿄고등사범학교 동문회의 별칭이다.

편수서기의 전직도 교직과 관직으로 나뉜다. 교직은 다시 중등학교 교유와 보통학교 훈도 출신으로 나눌 수 있고, 관직 경험자는 대개 속관으로서 편수서기를 겸직한 경험을 가지고 있다. 1930년대 들어서면서 경성제국대학 졸업자들이 촉탁을 거쳐 편수서기로 되었고,[20] 이들 중의 일부가 편수관으로 승진했다.

수시로 보충되던 촉탁은 1930년대에 집중적으로 충원되었다. 편찬 사무를 맡다가 촉탁으로 되거나 대학을 졸업한 뒤 촉탁으로 활동하다가 편수서기로 임명되는 등 촉탁은 다양한 경력자들로 이루어졌다. 1929년부터 1941년까지 촉탁을 역임한 가토(加藤灌覺)처럼 편집과뿐 아니라 총독관방 문서과, 외사과, 내무국, 학무국 학무과, 사회과, 전매국 등의 촉탁을 겸임한 인물도 있었다. 그는 독일어 등 4개 국어에 능통했으며 1914년부터 한국역사 편찬, 고도서 조사, 경성부사 편찬위원 등 다양한 경력을 보유하였다.[21] 한편 통역관은 겸임이었다.

2) 교과별 담당자

교과서 편찬은 전문성을 요하는 작업이므로 교과서 제작에 관한 기술뿐 아니라 교과의 내용도 책임을 질 수 있어야 했다. 그런데 당시 편찬해야 할 교과서에 비해 편집과의 정원은 항상 부족했으므로 한 사람이 여러 과목을 맡지 않을 수 없었다. 비교적 인원이 많았던 1941년의 상황을 보아도 일부 과목의 편찬은 포기한 채 검정이나 인가로 돌리고 있음을 알 수 있다.

아래의 〈표 4〉는 국민학교령의 공포에 따른 교과서의 전면개정을 앞두고 학무국이 교과서 편수에 종사하는 직원의 증원을 요구하면서

---

20) 안용백, 김영기 등이 그 예이다.
21) 『朝鮮人事興信錄』, 1935, 100쪽.

제시한 근거자료이다.[22] 각각 1941년 현재의 정원과 각 과목별 현황,
그리고 증원될 인력의 배치계획을 보이고 있다.[23]

<표 4-1> 1941년 현재 편집과 교과별 정원표

구분		과장	서무계	국민과				이수과		예능과						직업과	계
				수신	국어	국사	지리	이과	산수	공작	가사	재봉	음악	습자	도화	직업	
편수관	정원	1		1	1	1	1	1									6
	현원	1		1	1	1	1	1									6
속	정원		2														2
	현원		2														2
편수서기	정원			2	2	1		1				1					7
	현원			2	2	1		1				1					7

<표 4-2> 증원 후의 교과별 예상 정원표

구분	과장	서무계	국민과				이수과		예능과						직업과	계
			수신	국어	국사	지리	이과	산수	공작	가사	재봉	음악	습자	도화	직업	
편수관	1		1	2	1	1	1				1					8
이사관		1														1
속		2														2
편수서기			2	2	1	1	1	1			2				1	11

22) 菅行 제122호, 1941. 11. 15, 「朝鮮總督府內臨時職員設置制中改正ノ件」, 『公
文類聚』 제65편, 昭和 16年, 제50권, 官職47, 官制47(조선총독부 11). 자료의
원소장처는 일본국립공문서관이며 아시아역사자료센터(www.jacar.go. jp)에서
출력하였다.
23) 이사관 1인, 편수관 2인, 편수서기 4인을 증원해 달라는 편집과의 요청은 '칙
령 제1208호 조선총독부임시직원설치제 중 개정의 건(1941. 12. 26)'으로 원안
대로 받아 들여졌다. 『조선총독부관보』 제4182호, 1942. 1. 8.

이 표를 통해 알 수 있는 사실은, 첫째로 과목별 인원 배치의 우선
순위는 국어와 수신이라는 점이다. 다른 교과와 달리 보통학교, 고등
보통학교, 여자고등보통학교, 실업학교 등 학교별 및 전학년의 교과서
를 직접 편찬했기 때문에 많은 인력이 필요했다. 다음으로 국사와 지
리, 이과와 산술(수학)은 여력이 있지 않는 한 통합해서 다루었다.[24)]
예능과는 조선총독부 편찬 교과서가 있기는 해도 일본과 거의 차이가
없었으므로 편수담당자의 전문성에 크게 의존하지 않았던 듯하다.

이처럼 교과서를 집필할 능력을 가진 편수관은 수신, 국어, 국사, 지
리, 이과 등의 과목에 우선적으로 또 집중적으로 배치되었다. 곧 교과
서 편찬의 중점은 수신, 국어, 국사, 지리 등에 두어지고 다음으로 이
과나 산수과목에 두어졌음을 알 수 있다. 이 과목들은 '국민과'라는 특
성 외에 조선적 상황을 가미해야 하는 교과였다. 나머지 교과목은 문
부성 편찬의 교과서를 거의 그대로 준용하거나 검인정 교과서로 대체
해도 무방했다. 예능과에 편수서기 1인만 배치된 것도 편찬이 아니라
검인정 사무를 담당하는 의미였을 것이다.

이러한 교과서 편찬인력 배분의 원칙을 토대로 만든 것이 아래의
〈표 5〉이다. 조선총독부 교과서 편찬을 시기구분하고 교과목을 수신,
국어, 역사지리, 이과 등으로 나누었다. 편수담당자와 과목의 배열을
우선적으로 대학의 전공에서 유추하고(〈부록〉 참조), 근무했던 학교
의 교사(校史)와 각자의 저술을 통해 추적하였다.

전공을 확인하지 못한 경우는 다음의 두 가지에 해당한다. 첫째는
보통학교(소학교) 훈도 출신이다. 보통학교 훈도는 일반 사범학교 출신
이라서 전공을 따로 갖지 않았다. 한성사범학교를 졸업한 뒤 수하동·
경성여자·다동 보통학교 등의 훈도를 역임한 신현정(申鉉鼎)을 대표

---

24) 고등사범학교의 학과도 지리역사과 또는 역사지리과였다.

<표 5> 학무국 편집과 직원의 편수담당 교과25)

		1기	2기	3기	4기
국어	관	立柄敎俊1)	小倉進平 芦田惠之助2) 大內猪之介 近藤時司 高田邦彦 稻垣茂一 李能和3) 玄櫶4)	朴永斌	森田梧朗
	서기	小倉進平 高田邦彦5) 山口喜一朗6) 磯部百三 大內猪之介7) 中村一衛8)	磯部百三 麻生磯次 李源圭 田島泰秀9)	田島泰秀 森田梧朗 石橋一朗	安龍伯 廣瀨續
수신	관		長根禪提 白紳壽吉 藤谷宗順10) 福島燿三	鎌塚扶 佐藤得二11)	鎌塚扶
	서기				
역사 지리	관	上田俊一朗12)	木藤重德 江頭六郎 藤田亮策 柏木三朗	柏木三朗	金昌鈞 中村榮孝
	서기	高木善人	上原千馬太	金昌鈞	李鳳秀
이과	관		岩村俊雄 井上智	井上智	井上智
	서기				
미확인	관	佐藤重治			
	서기	黑田茂次朗 本庄正雄 申鉉鼎	本庄正雄 水山祐定 下田伊賀八 習澤勁四朗 林田早苗 江口早苗	江口早苗	吉田泰造

---

25) 국어 과목은 일본어 외에 조선어와 한문 전공자를 포함한 것이다.

비고 : 과장인 小田省吾(역사), 岩佐重一(국어), 稻垣茂一(국어), 岩下雄三
      (이과)은 제외함.
1) 학교, 사범학교 교육과용 교과서도 집필하였다. 大瀨甚太郞·立柄敎俊,
   『修訂 敎授法敎科書』, 金港堂書籍株式會社(東京), 1911.
2) 古田擴 등의 편집으로 『芦田惠之助國語敎育全集』(전25권)이 1987년에
   明治圖書出版에서 간행되었다.
3) 편수서기 이원규, 田島泰秀와 함께 1929년 3월에 검정출원된 李完應·
   伊藤韓堂의 『中等學校 朝鮮語敎科書』 등의 검정출원본을 검정하였다.
4) 1928년 9월에 현헌은 이원규, 田島泰秀와 함께 『보통학교조선어독본』
   개정을 위한 기초안의 작성을 담당하였다. 金允經, 「最近의 한글運動,
   朝鮮文字의 歷史的 考察(18)」, 『東光』 40, 1933. 1, 15쪽.
5) 高田邦彦, 『自我に芽ぐむ綴方敎授原理』, 目黑書店, 東京, 1922 ; 高田
   邦彦, 『人間味を根柢としたる國語敎育』, 目黑書店, 東京, 1922.
6) 山口喜一郞, 『外國語としての我が國語敎授法』, 大阪屋號書店, 旅順,
   1933 ; 山口喜一郞, 『日本語敎授法原論』, 新紀元社, 東京, 1943.
7) 경성의전에서 국어를 교수하였다. 京城醫學專門學校, 『京城醫學專門學
   校一覽』, 1924, 97쪽.
8) 中村一衛, 「尋常小學國語讀本及修訂尋常小學讀本」, 『朝鮮敎育硏究會
   雜誌』 29, 1918.
9) 朝鮮新聞社 編, 『朝鮮人事興信錄』, 1935, 262쪽. 田島泰秀는 조선어에
   능통했지만 학문적 권위를 인정받진 못했던 듯하다. 「개정된 교과서 難
   澁에 妄發까지」, 『동아일보』 1930. 11. 22(2).
10) 京城法學專門學校, 『京城法學專門學校一覽』, 1923, 53쪽.
11) 그의 저술로는 다음과 같은 책이 있다. 『佛敎の日本的展開』, 岩波書店,
    1936 ; 『日本的敎養の根據』, 刀江書院, 1936 ; 『國民的敎養の出發-日本
    地人論』, 那珂書店, 1942.
12) 1911년 8월에 열린 공립보통학교교감강습회에서 조선총독부 촉탁의 자
    격으로 '조선지리'를 강연하였다. 朝鮮總督府 內部 學務局, 『公立普通
    學校校監講習會講演集』, 1911, 180쪽.

적인 예로 들 수 있다. 둘째로 속관과 편수서기를 겸한 경우로서 전공
뿐 아니라 출신학교조차 알기 힘들다. 이 경우 편수직보다 행정직으
로 보는 게 타당하다. 黑田茂次郞, 習澤勁四郞 등은 학무국 속과 편
수서기를 겸임한 후 군수로 관직생활을 마무리했다.

3. 학무국 편집과의 주요 활동

1) 교과서 편찬과 편찬 교과서

전시체제기에 들어서면서 일부 항목이 추가되었지만 편집과의 주요 업무는 조선총독부의 각급 학교에서 사용될 교과서의 편찬이었다. 조선총독부는 합병 직후부터 교과서의 '국정'화를 목표로 삼았지만 현실적으로 교과서를 편찬할 사정이 허락되지 않았다. 따라서 초등학교의 교과서만 겨우 편찬했을 뿐 수신, 국어, 조선어 등을 제외한 중등학교 교과서는 검정제와 인가제를 병행하였다.[26] 따라서 학무국 편집과의 교과서 관련 업무는 교과서 편찬과 검정 및 인가였다.

조선총독부의 교과서 편찬은 조선교육령의 제정 및 개정, 교육목표의 변화 등에 따라 〈표 6〉처럼 크게 5기로 나뉜다.

종수는 과목을 의미하며 책수는 낱권의 수이다. 예를 들면 제2기의 고등보통학교수신서 권1~6은 1종 6책으로 분류된다. 담당자가 '여책'으로 표시한 만큼 1945년까지 조선총독부가 편찬한 국정교과서의 정확한 목록과 종수를 알 수 없다.[27] 위의 표에 따르면 어림잡아 초등교과서가 254종 700여 책, 중등교과서가 134종 398책으로서 합계 1,100여 책이었다.

---

26) 張信, 「韓末·日帝强占期의 敎科書 發行制度와 歷史敎科書」, 『歷史敎育』 91, 2004, 10~21쪽.
27) 조선총독부에서 편찬한 교과서의 정확한 종수와 책수는 아직 밝혀지지 않았다. 현재까지 확보된 최선의 목록은 『日本植民地敎科書大系』 복각사업을 위해 日本植民地敎育史硏究會에서 조사한 「朝鮮總督府編纂 敎科用圖書刊行目錄稿」(『植民地敎育史硏究年報 3-言語と植民地支配』, 皓星社, 2000, 169~219쪽)이다. 이 목록은 『朝鮮總督府官報』의 광고란에 실린 각종 '교과용도서' 소식을 근거로 한 것으로서 상당히 신뢰할 만하다. 이 목록은 皓星社의 홈페이지(www.libro-koseisha.co.jp)에서도 열람할 수 있다.

<표 6> 조선총독부 교과서 편찬의 시기 구분과 발간 종수

구분	기간	발간종수		비고
		초등	중등	
1기	1911.10~ 1922.3	29종 95책	38종 79책	1911년 조선교육령 1911년 각 학교관제 및 규칙
2기	1922.4~ 1928.3	30종 80여책	15종 51책	1920년 보통학교령 개정(4년제→6년제) 1920년 임시교육조사위원회, 교과서조사위원회 규정 1922년 2월 제2차 조선교육령 공포
3기	1928.4~ 1938.3	87종 2백여책	38종 160책	1927년 보통학교규정 개정, 勤勞愛護, 興業治産 정신 강조 1928년 임시교육심의위원회규정 및 임시교과서 조사위원회규정
4기	1938.4~ 1941.3	68종 171책	27종 55책	1935년 초등교육조사위원회 규정 발포 1937년 7월 중일전쟁의 발포 1938년 3월 제3차 조선교육령 공포
5기	1941.4~ 1945.8	40종 155책	16종 53책	1941년 4월 국민학교령

출전 : 大槻芳廣, 「敎科書編纂事業の變遷」, 『文敎の朝鮮』 222, 1944
비고 : 제5기의 발간종수는 1944년 현재의 것임

저작자를 기준으로 할 때 교과서 편찬의 방식은 대략 4가지였다. 첫째로 조선총독부의 편수관이나 편수서기가 직접 집필하는 경우였다. 문부성 교과서를 참고할 수 없는 조선어독본이 대표적이다. 芦田惠之助가 주도한 제2기의 보통학교국어독본도 전적으로 편집과 주관으로 편찬된 교과서였다.[28] 둘째로 '문부성 저작, 조선총독부 편찬'으로 발행한 교과서, 문부성이 저작권을 가진 교과서를 조선총독부가 발행만한 것이다. 주로 제4기의 교과서들이 여기에 해당하는데, 산술처럼 조선의 특성을 반영하지 않아도 되는 과목이 여기에 해당한다. 셋째로

---

28) 梁永厚, 「芦田惠之助と『朝鮮國語讀本』」, 『季刊 三千里』 35, 1983. 5 ; 北川知子, 「國語敎育と植民地 : 芦田惠之助と『朝鮮讀本』」, 『植民地敎育史研究年報 8-植民地國家の國語と地理』, 日本植民地敎育史研究會, 2006.

문부성의 교과서를 저본으로 하되 식민지 상황을 고려하여 일부 조선
적 특징을 가미한 교과서들이다. 제2기의 보통학교국사, 보통학교지리
와 농업 등의 교과서이다. 넷째로 처음부터 외부 인사에 집필을 의뢰
하거나 개인이 집필한 교과서를 조선총독부의 명의로 발행한 교과서
이다. 제3기의 초등지리서는 일본인 지지학자(地誌學者) 田中啓爾,
보통학교역사는 中村孝也가 집필하였다.29) 제1기에 고등보통학교·
전문학교 등에서 사용된 고등수신서는 도쿄고등사범학교장 嘉納治五
郎의『중등수신서(中等修身書)』를 수정·출판한 것이었다.30)

　조선총독부에서 편찬한 교과서는 여러 방식으로 구분되었다. 그 사
용하는 대상에 따라서 생도용(또는 아동용)과 교사용으로 나뉘었다.
사용하는 학교에 따라서 보통학교용, 소학교용, 고등보통학교용, 여자
고등보통학교용, 사범학교용, 전문학교용, 실업학교용으로 구분되었
다. 편찬 주체에 따라서 국정, 검정(조선총독부 또는 문부성), 인가 교
과서로 나눌 수 있다.

　〈표 7〉과 〈표 8〉은 그 중에서 초등학교와 중등학교에서 사용된 교
과서 중 조선총독부 명의로 발행된 교과서를 표지의 제목으로 나타낸
것이다.

　〈표 7〉에서 보듯이 조선총독부는 전시기에 걸쳐 일부 교과만을 예
외로 한 채 초등학교(보통학교·소학교·국민학교)에서 사용하는 교
과서를 직접 편찬했다. 인가교과서를 사용하던 수공과 가사(재봉)도
제5기에는 직접 편찬했다. 오직 체조만 문부성 편찬 소학교과서를 사
용하였고 조선총독부는 교사용 교수서만 두 차례(1917, 1924년) 편찬

---

29)「조선 중심의 교재수집 地歷敎科書 개편」,『매일신보』, 1930. 11. 13(2) ; 慶尙
　　北道敎育會,『地理敎育の硏究』, 1933, 권두언 ; 張保雄,「일본통치시대의 지
　　리교육」,『(군산교육대학)논문집』 4, 1971, 101쪽.
30) 朝鮮總督府,「緖言」,『高等修身書』권1, 1917.

하였다.

<표 7> 조선총독부 발행 시기별 초등학교 학생용 교과서

과목	제1기	제2기	제3기	제4기	제5기
수신	普通學校修身書 普通學校修身掛圖	普通學校修身書 普通學校修身掛圖	普通學校修身書	普通學校修身書 初等修身 初等修身書	ヨイコドモ 初等修身
국어	普通學校國語讀本	普通學校國語讀本	普通學校國語讀本	普通學校國語讀本 初等國語讀本 小學國語讀本	ヨミカタ 初等國語讀本
습자	普通學校習字帖	普通學校書キ方手本		普通學校書方手本 小學書方手本	初等習字
조선어	普通學校朝鮮語及漢文讀本	普通學校朝鮮語讀本	普通學校朝鮮語讀本	初等朝鮮語讀本 朝鮮語讀本	×
한문		普通學校漢文讀本		×	×
산술	普通學校算術書	普通學校算術書		普通學校算術 初等算術 尋常小學算術	カズノホン 初等科算數
이과	普通學校理科書	普通學校理科書	初等理科書	初等理科	初等理科
국사	×	尋常小學國史 補充教材 普通學校國史	普通學校國史	普通學校國史 初等國史	初等國史
지리	×	普通學校地理 補充教材	初等地理書 初等地理書附圖	初等地理 初等地圖	初等地理
창가	新編唱歌集 羅馬字新編唱歌集	普通學校唱歌書 普通學校補充唱歌集		みくにのうた 初等唱歌	ウタノホン 初等音樂
체조	–	–	–	–	–
도화	訂正普通學校學徒用圖畫臨本	普通學校圖畫帖		初等圖畫 尋常小學圖畫	エノホン 初等圖畫
수공	–	–	–	初等手工	初等工作
가사재봉	–	–	–		初等家事 初等裁縫
농업	普通學校農業書	初等農業書		×	×
상업	×	×	×	×	×
직업	×	×	×		初等職業

비고 : 1) ×는 교육과정에서 교과목 배정을 받지 못했음을 나타냄.
　　 2) –는 교과목은 있으나 조선총독부 편 교과서가 없음을 나타냄.

<표 8> 조선총독부 발행 시기별 중등학교 학생용 교과서

과목	제1기	제2기	제3기	제4기	제5기
수신	高等修身書 高等普通學校修身教科書	高等普通學校修身書	中等敎育修身書		中等敎育修身書
	女子高等普通學校修身書		中等敎育女子修身書		
공민	×	×	中等敎育公民科敎科書 中等敎育女子公民科敎科書	中等敎育公民敎科書 中等敎育女子公民敎科書	中等公民
국어	高等國語讀本 改修高等國語讀本 女子高等國語讀本	新編高等國語讀本 新編女子高等國語讀本	中等敎育國文讀本 中等敎育女子國文讀本		中等國語
문법	日本口語法及文法教科書	新編日本口語法及文法教科書	中等敎育國文法敎科書		中等國文法
한문	–	–	中等敎育漢文讀本	中等漢文讀本	中等漢文
조선어한문	高等朝鮮語及漢文讀本	新編高等朝鮮語及漢文讀本	中等敎育朝鮮語及漢文讀本	–	–
조선어		女子高等朝鮮語讀本		中等敎育女子朝鮮語讀本	×
역사	外國歷史敎科書	–	–	–	中等國史
지리	地文學敎科書 日本地理敎科書 日本地理敎科書附圖 日本地理掛圖 外國地理掛圖	–	–	–	
가사	–	–	–	–	中等家事
법제경제	法制經濟敎科書	×	×	×	×
습자	高等習字帖	–	–	–	–

비고 : <표 7>과 같음

1기와 2기의 표제명이 같지만 1기에는 생도용, 2기에는 아동용으로 구분하였다. 2기의 심상소학국사 보충교재와 지리 보충교재는 1920년부터 1921년까지 한시적으로 사용되었다. 조선교육령의 개정으로 학제가 4년에서 6년으로 늘어 국사와 지리과목이 추가되었지만 미처 교과서를 편찬하지 못한 까닭이다.

4기는 3기 교과서의 부분 개정판이 대부분이었는데 조선교육령의 개정과 곧이은 국민학교령의 공포로 인해 한시적으로 사용되었다. 이 시기의 경우 교과서명이 다양하다. 제3차 조선교육령의 개정으로 내선공학(內鮮共學)이 시행됨에 따라 기존에 소학교와 보통학교에서 각기 사용하던 교과서를 통일하였다. 1938년 3월 15일에 공포된 소학교 규정 중 제64조는 "소학교의 교과용도서는 문부성에서 저작권을 가진다"고 규정하였다. 이 규정에 따르면 기존에 조선총독부에서 편찬한 모든 교과서를 폐기하고 오직 문부성 편찬의 교과서만 조선에서 사용할 수 있었다.

조선총독부는 1938년 신학기엔 종래 사용하던 총독부 교과서를 그대로 쓰고 1939년부터 문부성 교과서를 사용하기로 결정하였다.[31] 이에 따라 1937년부터 개정 사용된 '보통학교국사'는 표지만 '초등국사'로 바뀌었다.[32] 또 문부성 저작의 교과서를 사용하게 되어 문부성에서 저작권을 가진 심상소학산술 또는 소학국어독본 등이 사용되었다.[33] 〈표 7〉의 제4기에 교과서명 앞에 '보통학교', '초등', '심상'이 들어간 것은 위와 같은 사정을 반영한 까닭이었다. 곧 이 시기에는 학년

---

31) 이 경우 조선의 독특한 情調를 교과서에 반영할 수 없으므로 이 문제를 연구하는 한편으로 일부 특수과목에 한해 조선만의 독특한 교과서의 편찬을 고려 중이라고 밝혔다. 「명년부터 전조선 각교 국정교과서를 사용」, 『동아일보』 1938. 1. 23(2).
32) 이러한 이유로 현재 남아 있는 제4기의 교과서 표지는 '보통학교(과목)', '초등(과목)' 외에도 '보통학교' 글자 위에 '초등'을 덧댄 교과서까지 세 종류를 확인할 수 있다.
33) 이 경우 표지와 판권지에 '문부성 저작 조선총독부 편찬'으로 표기하였다.

과 과목에 따라 조선총독부 편찬 교과서와 문부성 편찬 교과서가 혼
용되었다.

그러나 1939년이 되었어도 조선총독부 편찬 교과서는 여전히 사용
되었다.[34] 조선통치라는 특수한 상황을 반영할 수밖에 없는 조선총독
부의 입장 외에도 아동의 생활이 일본과 달라 교육적 효과를 얻기 어
렵다는 점도 학무국의 교과서 통일을 반대하는 주요한 논리였다.[35]
여기에다 문부성 교과서 판매권을 지닌 도쿄와 오사카의 국정교과서
판매업자들이 교과서 통일운동을 일으킨다는 풍문이 돌면서 조선총독
부 국정교과서 판매권을 지닌 조선내 서적업자들의 격렬한 반대와 항
의가 있었다.[36] 조선의 특수사정을 강조하는 조선총독부의 입장은 제
5기에 국민학교령(國民學校令)이 공포되었을 때도 관철되어 조선 독
자의 새 교과서를 편찬하기로 결정하였다.[37]

법령에도 나온 것처럼 조선총독부는 가능한 범위에서 중등학교의
교과서도 직접 편찬하려고 했다. 중등교과서의 경우 전 시기에 걸쳐
조선총독부는 수신, 국어(일본어), 조선어, 공민 등을 직접 편찬하였

34) 1939년 4월부터 새로 사용되는 교과서는 수신(총독부 편찬), 국어(1~3학년은
총독부, 4~6학년은 문부성), 산술(1~4학년 총독부, 5~6학년 문부성), 국사
(총독부), 지리(총독부), 이과(총독부), 수공(총독부), 창가(1~2학년 총독부)
등이었다. 「새 학년부터 새교과서 사용」, 『동아일보』 1939. 1. 25(2).
35) 「특수사정이 잇슴으로 조선 것을 사용하겟다-井上 編修官談」, 『동아일보』
1938. 11. 19(2) ; 「소학교교과서 통일문제-鹽原學務局長談」, 『조선일보』
1938. 12. 2(2). 그런데 鹽原 학무국장은 불과 열흘 전만 해도 도쿄 출장 후
가진 기자회견에서 "(교과서 통일이) 좋다면 문부성 교과서를 사용하는 것도
조흘 것"이라는 입장을 보인바 있었다. 「교육시설의 신전개」, 『동아일보』
1938. 11. 23(2) ; 「소학교교과서는 통일도 무방」, 『조선일보』 1938. 11. 24(2).
36) 「조선의 서적업자가 궐기-소학교의 교과서통일을 반대」, 『동아일보』 1938.
11. 19(2).
37) 「국민학교제와 교과서내용문제-조선특수사정을 강조」, 『조선일보』 1940. 5.
26(2).

다. 또 역사와 지리, 법제경제, 가사 등의 과목도 일부이지만 교과서가 편찬되었다. 제1기의 경우 일본과 학제가 다를 뿐 아니라 문부성의 검정을 통과한 교과서가 조선의 특수한 사정을 반영하지 않은 관계로 직접 편찬에 착수했다. 또 제5기의 경우 전쟁의 장기화로 인한 물자부족을 해소하고 황민화 교육의 목표를 달성하기 위해 모든 중등교과서의 국정제를 추진했다.[38]

그러나 한정된 정원으로 다양한 학교와 과목의 교과서를 일일이 편찬할 수는 없었다. 따라서 수학, 이과, 박물, 물리·화학, 재봉·수예, 실업, 도화, 수공, 음악, 체조, 외국어(영어·독어·불어·중국어) 등의 교과서는 편찬되지 않았다. 따라서 이 과목은 시기에 따라 조선총독부 또는 문부성의 검정을 거친 교과서를 조선총독의 인가를 받아 사용하였다.

2) 교과서의 검정 및 인가 업무

교과서 편찬 이외에 학무국 편집과의 주요한 업무는 교과서의 검정 및 인가였다. 고등보통학교를 비롯한 대부분의 중등학교에서 사용하는 교과서가 이에 해당되었지만, 〈표 9〉에서 보듯이 각 시기마다 검정교과서의 위상은 조금씩 달랐다.

제1차 교육령기에는 총독부 편찬 교과서와 총독부 검정교과서는 동일한 취급을 받았고, 인가교과서는 앞의 조항에 해당하는 것이 없을 때 사용을 허락받았다. 이 시기에는 사용가능한 교과서가 부족했는데도 수학이나 이과 등을 제외하면 조선의 학제나 현실에 적당한 교과

---

38) 「교과서를 통일방침-금후 중등용은 전부 조선서 편찬토록」, 『매일신보』 1943. 7. 25(2) ; 「중등교도 국정교과서 사용」, 『매일신보』 1944. 7. 14(3) ; 「교과서 자급자족-총독부에서 중초등용 인쇄를 준비」, 『매일신보』 1945. 2. 16(2).

<표 9> 중등학교 교과용도서 관련 규정

교육령		중등
제 1 차	규정	고등보통학교규칙 제30조(1911년 10월 20일 조선총독부령 제111호)
	조문	고등보통학교의 교과용도서는 **조선총독부가 편찬한 것 또는 조선총독의 검정을 거친 것을 사용**한다. 전항의 교과용도서가 없을 때는 조선총독의 인가를 받아 전항 이외의 도서를 사용할 수 있다.
제 2 차	규정	고등보통학교규정 제25조(1922년 2월 20일 조선총독부령 제16호)
	조문	고등보통학교의 교과서는 **조선총독 또는 문부대신의 검정을 거친 고등보통학교 또는 중학교의 교과서에 대해 조선총독의 인가를 받아 학교장이 이를 정**한다. 조선총독부에서 편찬한 교과서가 있을 때는 전항의 규정에도 불구하고 이를 사용한다.
제 3 차	규정	중학교규정 제28조(1938년 3월 15일 조선총독부령 제25호)
	조문	중학교의 교과서는 **조선총독이나 문부대신의 검정을 거친 것 또는 조선총독부에서 편찬한 것에 대해 조선총독의 인가를 받아 학교장이 이를 정**한다.

서가 매우 적다는 이유로 일본 문부대신의 검정을 거친 교과서를 사용할 수 없었다.[39] 1910년 10월 이후 1915년까지 조선총독부의 검정을 통과한 교과서는 국어 5부, 조선어 1부, 역사 2부, 지리 2부, 이과 5부, 농업 1부 등 총 17부였다.[40] 앞의 〈표 8〉에서 보았듯이 이 시기 조선총독부 편찬 교과서는 수신, 국어, 외국역사 등 매우 제한적인 데다가 검정교과서마저 얼마 되지 않았으므로 대부분의 과목은 인가교과서를 사용하였다.

제2차 교육령기의 각 학교 사용 교과서는 조선총독이나 문부대신의 검정을 거친 교과서 중에서 선택을 한 뒤 다시 조선총독의 인가를 받도록 했다. 학제가 일본과 같아졌을 뿐 아니라 조선의 특수사정을 반영할 교과목에 대해 조선총독부가 우선적으로 교과서를 편찬할 방침

---

39) 小田省吾, 『朝鮮總督府編纂敎科書槪要』, 1917, 20~21쪽.
40) 朝鮮總督府 內部 學務局, 『朝鮮敎育要覽』, 1915, 75쪽.

을 세웠기 때문이었다. 제1차 교육령 때와 달리 수신, 국어, 조선어, 한문 등 조선총독부 편찬 교과서는 우선적으로 사용되었다. 이 시기는 검정·인가제를 골자로 하면서도 부칙조항을 통해 여건만 된다면 국정제를 지향하는 데 특징이 있었다.[41]

제3차 교육령기는 조선총독부보다 일본 정부의 의향이 반영되었기 때문에 조선총독부 국정교과서도 조선총독부 또는 문부성의 검정교과서와 함께 동일한 선상에서 각 학교의 채택을 기다려야 했다. 특히 아래의 〈표 10〉에서 보듯이 1930년대 후반 들어 일본의 교과서출판업자들이 조선총독부에 검정을 출원하는 사례가 증가하였다.[42] 이처럼 1940년 무렵에는 조선총독부 및 문부성 검정교과서는 무려 1천여 종을 넘어섰다. 이에 조선총독부는 전쟁의 장기화에 따른 종이부족을 이유로 중등교과서 통제에 돌입하여 1941년부터 1과목당 5종으로 제한하였다.[43]

법규정에 따라 교과서의 위상에 차이가 있지만 조선총독부의 기본 입장은 직접 편찬한 교과서의 우선 채택·사용이었다. 그러나 학제의 개편, 일본측 출판시장의 과잉 경쟁, 전쟁의 장기화에 따른 물자부족 등의 사정으로 인해서 교과서의 검정 및 인가 업무는 변하였다. 국정

---

41) 장신, 앞의 글, 19쪽.
42) 이는 일본의 소학교교과서 통일문제와 함께 학무국의 교과서 편찬사업의 존폐 여부를 가늠하는 중요한 문제였다. 이에 대해 岾下 편집과장은 "교육자의 양심과 조선의 문화사정상 일정한 교과서의 레벨을 유지하는 의미"에서 편찬을 계속할 것이라면서 '조선의 특수사정'의 철폐에 대해 현명하지 못한 일이라고 평가했다. 「中等校 敎科書 使用은 各學校 當局에 一任」, 『동아일보』 1939. 2. 9(2).
43) 「용지절약에 박차!-중등교과서통일」, 『매일신보』 1940. 6. 28 ; 「중등교과서통제」, 『매일신보』 1940. 12. 5 ; 「중등교과서통제-교학쇄신운동에 박차」, 『매일신보』 1940. 11. 12(3) ; 「중등교과서도 통일-학무국서 정리하야 不遠에 지시」, 『매일신보』 1941. 3. 17 ; 「중등교과서를 통제」, 『매일신보』 1941. 9. 23.

교과서와 마찬가지로 조선총독부 검정교과서와 인가교과서의 총수를
정확히 알 수 없지만 아래의 〈표 10〉을 통해 대략의 추이를 살필 수
있다.

<표 10> 교과용도서 검정출원 및 인가신청 책수

연도	조사기간	검정출원책수	인가신청책수	인가책수	불인가책수
1926	1926.4~1927.3	5	1,986	1,876	110
1927	1927.4~1928.3	1	1,670	1,567	103
1928	1928.4~1929.3	3	2,204	2,100	104
1929	1929.4~1930.3	0	1,490	1,435	55
1930	1930.4~1931.3	3	1,647	1,571	76
1931	1931.4~1932.3	7	1,823	1,756	67
1932	1932.4~1933.3	5	1,462	1,376	86
1933	1933.4~1934.3	2	2,260	2,089	173
1934	1934.4~1935.3	46	2,080	1,748	332
1935	1935.4~1936.3	70	1,492	1,376	116
1936	1936.4~1937.3	75	1,653	1,500	153
1937	1937.4~1938.3	69	2,489	2,314	175
1938	1938.4~1939.3	104	3,879	3,680	199
1939	1939.4~1940.3	196	3,908	3,732	176

출전 : 菅行 第122號(1941. 11. 15), 「朝鮮總督府內臨時職員設置制中改正
　　　ノ件」『公文類聚』第65篇, 昭和 16年, 第50卷, 官職47, 官制47(朝鮮
　　　總督府 11).
비고 : 검정출원의 주체는 출판사(발행자)이며 인가신청의 주체는 각 학교
　　　장임.

〈표 10〉을 보면 1934년부터 검정출원이 급격히 증가하였음을 알 수
있다. 이는 일본에 근거지를 둔 교과서 출판사의 조선 진출에 따른 결
과였다. 그 대표적인 출판사가 제국서원(帝國書院)이었다. 1929년부
터 1935년까지 제국서원은 총 37종 57책의 검정을 신청했는데 이는 같
은 기간에 검정출원된 68종 124책의 절반에 해당하는 규모였다. 이 외
에도 일본도서주식회사(日本圖書株式會社), 부산방(富山房), 명치서

원(明治書院)(이상 4종 4책), 삼성당(三省堂)(2종 6책) 등이 검정출원을 하였다.[44] 1930년대 하반기 검정출원의 대폭 증가는 이러한 교과서 출판사들의 적극 참여로 인한 것이었는데, 아래의 인용은 이에 대한 학무당국자의 말이다.

중등학교 교과서의 검정제도는 전부터 제정되어 잇섯스나 지금까지 검정출원이 업섯스므로 자연 제도는 유야무야의 상태에 빠저 잇섯다. 그런데 최근 일본 내지의 교과서의 홍수로 그것이 식민지에 넘처 나오기 때문에 검정출원이 살도(殺到-쇄도 : 필자 주)하게 된 것이다. 따라서 압흐로는 문부성 검정교과서보담도 총독부 검정교과서가 단연 우세할 것이요. 따라서 검정의 진용도 현재로는 부족하니까 점차 확장하게 될 터이라 한다.[45]

곧 일본의 교과서 출판시장이 과포화 상태에 이르면서 비로소 조선을 새로운 시장으로 물색하기 시작했다는 것이다. 이미 일본에서는 1933년 초부터 중등학교 교과서의 국정제설이 흘러 나오기 시작했다. 검정교과서의 채택을 둘러싼 각 출판업자의 판매전이 가열되면서 폐해가 많이 발생하였다. 출판업자와 학교당국자 간의 좋지 못한 거래, 또 비싼 정가 등이 문제가 되어 문부성에서 1935년부터 국정제로의 전환을 고려한다는 내용이었다.[46] 이러한 방안에는 귀족원도 원칙적으로 동감하는 분위기였다.[47] 여기에 법적으로는 조건이 동등하지만

44) 『自昭和4年至昭和10年 教科用圖書檢定의 件』(국가기록원 CJA0004907).
45) 「中等學校教科書 總督府에서 檢定-文部省과는 별도로」, 『조선일보』1934. 12. 25(2).
46) 「中學敎科書 國定制度乎」, 『조선일보』1933. 1. 8(1) ; 「高價의 檢定敎科書 中等校 使用을 禁止?」, 『동아일보』1933. 1. 10(2).
47) 「中等敎科書 國定은 全然同感-貴族院本會議」, 『조선일보』1934. 2. 7(1) ; 「中等敎科書의 國定制實施」, 『조선일보』1934. 2. 8(2).

조선총독부 검정교과서가 인가 과정에서 문부성 검정교과서보다 우대를 받는 상황도[48) 조선으로의 진출에 적지 않은 영향을 주었을 것이다.[49)

한편 〈표 10〉의 인가신청책수와 인가책수의 기준은 각 학교와 과목 단위였다. 가령 A 교과서를 23개 학교에서 신청하면 1책이 아니라

<표 11> 과목별 인가교과서 종수

	수신	국어	습자	한문	수학	지리	역사	외국어
①시기	19	60	39	19	156	131	118	217
②시기	11	15	6	2	52	52	26	47
③시기	8	22	10	3	48	50	30	54
계	38	97	55	24	256	233	174	318
	물리화학	박물	법제경제	농업	임업	상업	도화	음악
①시기	88	126	44	113	36	35	47	20
②시기	15	31	7	50	3	25	14	6
③시기	17	26	1	27	4	17	14	12
계	120	183	52	190	43	77	75	38
	교육	공민	부기	공업	가사	재봉	체조	수공
①시기	30	—	27	3	7	3	2	3
②시기	9	20	12	4	4	2	0	1
③시기	8	19	19	1	6	0	5	1
계	47	39	58	8	17	5	7	5

비고 : ① 1925년 4월~1927년 9월, ② 1931년 10월~1932년 9월, ③ 1932년 10월~1933년 9월

출전 : 이승구 외, 『한말 및 일제강점기의 교과서 목록 수집 조사』, 교과서 연구재단, 2001, 291~543쪽.

---

48) 조선총독부 검정교과서는 인가신청과 동시에 사용할 수 있지만 문부성 검정 교과서는 조선총독부의 검열(인가과정)을 거친 뒤에 사용여부가 결정되었다. 「學務當局의 愚를 笑하노라-교과용도서의 몰상식한 검열에 대하야」, 『동아일보』 1924. 1. 22(1).

49) 「문부성 검정의 중등교과서 조선서도 재검정, 실시 후엔 우선권은 갓게 된다, 학무국서 실행방침」, 『조선중앙일보』 1934. 12. 21(2).

23책으로 계산된다. 조선총독부 인가교과서의 실제 숫자는 아래 〈표
11〉에서 보듯이 1시기 1,343종, 2시기 414종, 3시기 402종이었다. 덧붙
여 수신과 국어 등 조선총독부 편찬 교과서가 있음에도 별도로 인가
를 받은 교과서는 고등보통학교나 여자고등보통학교용이 아닌 실업학
교나 사범학교용이었다.

그런데 이 많은 종류의 교과서를 조선총독부가 매년 일일이 검정하
지는 않았다. 해마다 각 학교는 일정한 양식에 따라 그 해에 사용할
교과서의 인가신청을 하였다. 대부분의 학교는 일부 과목을 제외하면
전년도에 사용한 교과서를 그대로 신청하였다. 따라서 개정되거나 검

<표 12> 1929~1935년 교과서 검정 담당자

과목	편집과		위촉(위탁)	
	이름	직급	이름	소속(전공)
조선어	李能和 田島泰秀・李源圭	편수관 편수서기		
국문학사	石橋一郎	편수서기	近藤時司	경성제국대학
공민	鎌塚扶	편수관		
역사	金昌均	편수서기	今子光介 大谷勝眞 松本重彦	경성제국대학(서양사) 경성제국대학(동양사) 경성제국대학(일본사)
지리			大内武次 日笠護	경성제국대학 경성사범학교
수학			平賀良藏	경성제국대학
이과			永島治夫 山邊曉之 森爲三 津田榮	경성제국대학(위생) 경성제국대학(물리) 경성제국대학(박물) 경성제국대학(화학)
실업	井上智	편수관	柴山昇	경성고등상업학교(상업)
외국어	井上智	편수관	寺井邦男	경성제국대학(영어)
창가	石橋一郎・三田吾郎	편수서기	大場勇之助	경성제일고등여학교
도화			日吉守	경성중학교

출전 : 『自昭和四年 至昭和十年 敎科用圖書檢定의 件』(국가기록원 CJA
0004907)

정을 새로 통과한 교과서가 아니라면 전례에 따라 인가를 받았다. 때때로 조건부로 기한을 정한 뒤 인가를 받는 경우도 있었다.[50]

교과서의 검정은 외부에 위촉을 하거나 편수관 또는 편수서기가 직접 담당하였다. 〈표 12〉는 1929년부터 1935년까지 학무국 편집과에서 검정한 교과서의 담당자를 정리한 것이다. 내부의 담당자는 주로 전공을 안배하였고 외부의 위촉대상은 경성제국대학 교수나 관립전문학교의 교유 등이었다. 역사처럼 내부에 전공자가 있더라도 편수관급이 아니라면 외부에 위탁을 주었다. 실업과 외국어 과목은 편수관급임에도 불구하고 외부에 위탁하였는데, 井上智의 전공이 농업으로서 대상 과목인 상업과 영어를 다룰 수 없었기 때문이었다. 또 창가의 담당자인 石橋一郎·三田吾郎는 국어(일본어) 전공자로서 가사 내용만 검정하였다.

4. 맺음말

이상으로 조선총독부 학무국 편집과의 분장사무와 직원, 그리고 주요 활동인 국정교과서의 편찬과 교과서의 검정·인가 사무의 실제를 살펴보았다.

일제하 전기간 동안 조선총독부 학무국 편집과의 주요 분장사무는 교과서의 편집·반포·검정·인가 및 민력의 편찬이었다. 1942년 11월 편집과가 편수과로 개칭될 때 일부 사무가 추가되었지만 핵심은 교과서에 관련된 업무였다.

편집과에는 편수관, 편수서기, 속, 촉탁 등의 다양한 직원이 있었다. 그 중에서도 편수관과 편수서기가 교과서 업무의 핵심이었다. 대체로

---

50) 『교과용도서 사용인가의 건』(국가기록원 CJA0004905).

편수관은 높은 학력과 풍부한 교직 경험을 바탕으로 교과서 편찬을 담당했다. 편수관의 학력은 도쿄제국대학을 비롯한 제국대학 출신과 도쿄 및 히로시마고등사범학교 출신이 주류를 이루었다. 또 대부분의 편수관이 중등학교 이상의 교육기관에서 교직을 경험하거나 학무 관련 업무에 종사했다. 편수관을 역임한 이후에는 대다수가 경성제국대학 등 대학과 전문학교, 중등학교 등의 교수요원으로 전직했다. 그러나 조선인 편수관의 경우에는 전문성을 살리지 못한 채 지방행정의 장인 군수로 영전했다. 편수서기의 전직도 교직과 관직으로 나뉜다. 다만 보통학교 훈도 출신이거나 속관으로서 편수서기를 경험한 이들보다 제국대학 출신자들이 편수관으로 승진하는 데 유리했다. 촉탁은 1930년대에 집중적으로 충원되었는데, 교과서 편찬을 비롯한 다양한 활동의 경험자들이 중용되었다.

편집과의 정원은 교과서 편찬의 업무량에 따라 오르내렸다. 교과서 편찬이 집중되었던 1911~13년, 1922~24년, 1930~34년에 인원이 급증했다가 교과서 편찬이 끝나면 감소하는 패턴을 반복했다. 현원도 이와 비슷했다. 1910년대에 편수관·편수서기의 비율이 1:1이었는데, 1920년대 이후 속관의 정원이 줄면서 편수담당자 중심의 조직으로 변하였다.

교과서를 편찬할 때 조선총독부가 가장 중요하게 생각한 과목은 국어(일본어), 수신이었다. 국책과목이라는 점 외에도 보통학교를 위시하여 각급 학교에서 사용되는 모든 교과서를 직접 편찬한 까닭이었다. 다음으로 국사와 지리, 이과(및 산술)이었다. 이들 과목은 인원이 부족할 경우 국사지리와 이수과 등으로 통합하여 담당자를 두었다. 예능과 등 기타 과목은 일본의 교과서와 크게 차이를 둘 필요가 없었기 때문에 편수담당자의 필요성을 크게 느끼지 않았다.

교과서 편찬 및 개정은 조선교육령의 제정 및 개정, 교육목표의 변화 등에 따라 이루어졌는데, 일제하 전시기를 볼 때 대략 1911~22, 1922~28, 1928~38, 1938~1941, 1941~45년 등 5시기로 나뉜다. 이 기간 동안 조선총독부가 직접 편찬한 교과서는 대략 초등교과서 24종 700여 책, 중등교과서 134종 398책 등 합계 1,100여 책에 이른다.

저작자를 기준으로 할 때 교과서 편찬의 방식은 대략 4가지 였다. 그 방식으로서 첫째로 조선총독부의 편수관이나 편수서기가 직접 편찬하는 경우, 둘째로 문부성 저작, 조선총독부 편찬으로 발행하는 경우, 셋째로 문부성의 교과서를 저본으로 하되 식민지 상황을 고려해 일부 조선적 특성을 가미해 조선총독부에서 편집하는 경우, 넷째로 처음부터 외부 인사에 집필을 의뢰하거나 개인이 집필한 교과서를 조선총독부 명의로 발행하는 경우 등이 있었다.

편집과는 체조나 실업 계통을 제외하고 초등학교에서 사용되는 모든 교과서를 편찬했다. 반면에 중등학교의 경우 전 시기에 걸쳐 수신, 국어, 조선어, 공민 등만을 직접 편찬했다. 한두 권이라도 편찬된 역사, 지리, 법제경제 등을 제외한 나머지 과목은 검정을 통과한 교과서를 인가를 받아 사용했다.

검정교과서는 총독부 검정이냐 문부성 검정이냐에 따라서 그 위상이 달랐다. 1910년대에는 총독부 검정교과서만 학교현장에서 사용될 수 있었다. 학제가 같아지면서 법적으로는 동일한 자격을 갖추었던 1920년대 이후에도 인가과정에서 문부성 검정교과서는 총독부의 그것보다 열세였다. 이러한 현상은 교과서 채택제도의 변화에도 불구하고 총독부가 자신이 직접 관계한 교과서를 우선시 한다는 방침을 고수하고 있었기 때문이다. 결과적으로 총독부는 인원의 부족이라는 현실 앞에서 검정이나 인가제도를 병행했지만, 조선통치라는 특수사정을 강조하면서 국정과 총독부 검정교과서의 사용을 조장하였다.

<부록 1> 편수관의 주요 경력

이름 (출생연도)	재직기간	출신학교 및 전공(졸업년도)	주요 경력	비고
小田省吾 (1871년)	1910.10.1~ 1924.10.13	東京帝大 史學 科(1899)	長野縣師範學校 교유, 德島縣 師範學校 교장 / 경성제대 예과 교수	사무관 편집과장
立柄敎俊 (1866)	1911.5.16~ 1922.3.14	東京高師 硏究科(1899)	한성사범학교 교수사무취급(촉 탁), 경성고보 교유 / 京城專修 學校 교수	
上田駿一郎 (1873)	1911.11.1~ 1919.10.8	東京帝大 佛文科(1900)	경성고보 교유(겸) / 조선총독부 시학관, 大阪外國語學校 교수	
佐藤重治	1912.5.10~ 1916.7.18		島根縣立杵築中學 교유, 경성전 수학교 교유(겸) / 철도국 촉탁 (辭書편찬)	
小倉進平 (1882)	1921.1.6~ 1926.4.1	東京帝大 文科 (1906)	편수서기 / 경성제대 법문학부 교수	
玄櫶 (1880)	1921.7.6~ 1931.9.23	日語學校 (1905)	경성고보, 경성여고보 교유, 학무 국 시학관(겸) / 중추원 참의	
李能和	1921.11.2~ 1931.12.11	英語學校, 法 語學校 漢語學敎	한성외국어학교 학감, 중추원 촉 탁 / 조선사편수회, 고적조사위 원회 위원	
芦田惠之助 (1873)	1921.9.21~ 1924.4.18	國學院 選科 1년 수료	동경고등사범학교 훈도 / 사직	
岩村俊雄	1922.3.13~ 1930.11.1	東京高師 博物 學科(1910)	부산중학, 경성제이고보 교유 / 총독부 시학관, 경기중학 교장	
大內猪之介 (1875)	1922.3.13~ 1925.4.23	奈良中學敎員 心得	奈良縣畝傍中學 교유, 1913년 渡鮮 / 경성의전 교수, 광주여고 보 교장	
木藤重德	1922.5.2~ 1928.5.24	東京高師 地理 歷史部(1914)	愛知縣立여자사범학교 교유 / 대구중학교, 부산여고보 교장 『新國史詳說(고1용)』(1925)	1921년 전공과
江頭六郎 (1887)	1922.5.30~ 1924.5.21	東京高師 地理 歷史部(1915)	경성사범학교 교유(겸) / 공주고 보, 경성제이고보, 경성중학교 교 장	
近藤時司 (1890)	1923.4.19~ 1924.5.2	東京帝大 文科 (1916)	대구고보 교유 / 경성제대 예과 교수	
長根禪堤 (1878)	1924.5.21~ 1929.5.16	東京帝大 哲學部	부산중학 교유 / 경성제일고녀 (겸) 교유, 신의주고녀 교장	

白紳壽吉 (1880)	1924.6.10~ 1926.4.1	廣島高師 教育科(1917)	평양공립여학교장, 경성사범학교 교유 / 대구여고보 교장	
岩佐重一 (1874)	1924.10.13 ~1928.3.30	東京帝大 國文科(1911)	松本高等學校 교수 / 京城高商 교장	시학관 편집과장
藤田亮策 (1892)	1924.12.6~ 1925.6.25	東京帝大 史學科(1918)	고적조사위원(촉탁), 총독부 鑑査官 / 경성제대 법문학부 조교수	
藤谷宗順 (1892)	1925.6.30~ 1927.8.30	廣島高師 京都帝大 哲學科	경성여고보 교유, 경성의전 교수 / 동래고보 교장, 대전중학교 교장	
井上智 (1892)	1926.7.7~ 1941.3.31	北海道帝大 農科(1918)	대만총독부 기수, 경성농업학교 교유 / 사직	
高田邦彦	1926.8.30~ 1928.5.24	廣島高師 國語漢文科(1915)	京城高商 교수 / 원산상업학교 교장	
稻垣茂一 (1883)	1928.5.24~ 1935.8.23	東京高師 國語漢文部(1908)	神奈川縣立女子師範學校 교장 / 사직, 만주 문교부 편찬관	시학관 편집과장
柏木三朗	1928.5.24~ 1929.8.30	廣島高師 地理歷史部(1907)	경성제이고녀 교원촉탁 / 대구고보 교장	
福島燿三 (1889)	1929.7.30~ 1932.3.29	東京高師 專攻科(1920) 修身教育部	동경여자사범학교 교유, 경성고상 교유(겸) / 도시학관, 함흥사범학교 교장	1915국어 한문부
鎌塚扶 (1896)	1930.7.10~ 1941.4.1	廣島高師 德育專攻科(1925)	경성사범학교 교유, 경성제대 조수. 청주사범학교 교장	
佐藤得二 (1899)	1931.1.23~ 1936.9.1	東京帝大 哲學科(1924)	수원고농 조교수 / 경성제대 예과 교수	
張膺震 (1880)	1931.9.23~ 1938.9.23	東京高師 중퇴(1909)	경성여고보 교유 / 光州旭高等女學校 교장	
朴永斌 (1896)	1932.3.29~ 1936.5.21	廣島高師 文科第一部(1921)	경성제이고보 교유 / 강원도 울진군수	국어한문
岩下雄三 (1896)	1935.8.24~ 1940.3.30	東京高師 數物化學科(1913)	총독부 시학관, 학무국 근무 / 경성사범학교 교장	편집과장
金昌鈞	1937.6.12~ 1943.1.23	京城帝大 史學科(1929)	총독부 편수서기 / 충남 대덕군수	金子昌鈞
森田梧朗 (1896)	1937.8.2~ 1945.8.15	京城帝大	편집과 촉탁, 편수서기	
中村榮孝 (1902)	1937.10.1~ 1945.3.7	東京帝大 史學科(1926)	조선사편수회 수사관 / 교학관	

116

島田牛雉	1940.3.30~ 1944.3.31	廣島高師 德育 專攻科(1925)	경성덕수상업학교장 사무취급 / 경기중학교 교장	편집과장
吉田正男	1941.4.11~ 1944.7.31		경성사범학교부속소학교 주사 (교유) / 전라남도 시학관	
木下好治	1941.4.11~ 1944.7.6		경성무학고녀 교유, 안악중학교 교유 / 사망	
廣瀨續	1942.2.23~ 1945.8.15	京城帝大	경성상업학교 교유, 편집과 촉탁, 편수서기	
富山民藏	1942.1.13~ 1944.3.31		旅順고등공립학교, 경성공립중 학교 교유 / 경성제3공립고등여 학교장	

비고 : / 의 앞은 편수관 이전의 경력, 뒤는 이후의 경력이다.

출전 : 安龍植 편, 『韓國行政史研究』 Ⅰ·Ⅱ, 대영문화사, 1993·1994 ; 秋元正親 編, 『茗溪會客員會員名簿』, 茗溪會, 1931·1934 ; 東京文理科大學, 『東京文理科大學·東京高等師範學校一覽』, 1937 ; 廣島文理科大學, 『廣島文理科大學·廣島高等師範學校·元第二臨時敎員養成所一覽』, 1935 ; 京城帝國大學, 『京城帝國大學一覽』, 1931 ; 朝鮮總督府, 『朝鮮總督府及所屬官署職員錄』, 각년도판 ; 한국역사정보통합시스템(www.koreanhistory.or.kr) 등

<부록 2> 편수서기의 주요 경력

이름	재직기간	출신학교 및 전공	주요 경력	비고
高木善人	1911~12	東京帝大 史學科	학부 편집국 촉탁 /경성중학 교유, 전주고보, 대구중학, 신의주고보 교장 등 역임	
中村一衛	1911~18		경성고보 교유(겸) /경성여고보 교유	
小倉進平	1911~19	東京帝大 文科(1906)	편수관 참조	
山口喜一朗	1912~13		/ 경성(제일)고보 교유	
大內猪之介	1913~22		편수관 참조	
黑田茂次朗	1918~22		학무국 편집과 속(1912~18) / 충남 공주군수	
高田邦彦	1919~19	廣島高師 國語漢文科	편수관 참조	
磯部百三	1919~23	神宮皇學舘	경성고보 교원촉탁 /경성여고보 교유(겸)	
本庄正雄	1920~25		측후소 촉탁(임시교과용도서편집사무) /경성농업학교, 이리농림학교 교유	
麻生磯次	1921~22	東京帝大 文學科	/愛知縣第一高女 교유, 경성제대 법문학부 교수	
申鉉鼎	1922~22	한성사범학교	수하동보통학교, 경성여자보통학교, 다동보통학교 등 훈도 / 송전보통학교 훈도	
水山祐定	1922~23			
長根禪提	1923~24		편수관 참조	
下田伊賀八	1924~25		전남 군서기, 도서기, 전매국 속, 학무국 편집과 속(겸) / 전남 도이사관	
李源圭	1924~29	경성고등보통학교 임시교원양성소	양주보통학교 훈도, 이리농림학교 교유 / 평북 후창군수, 태천군수	
摺澤勁四朗	1926~26		학무과 속 / 충북 청주군수, 영동군수	
上原千馬太	1926~27		/ '문교의 조선' 기자	

118

田島泰秀	1926~34		경성공립보통학교 훈도, 학무과 속, 편집과 속(겸) / 평북 선천군수, 정주군수	
林田早苗	1927~27			
江口早苗	1928~35			
金昌鈞	1930~36	京城帝大 사학과(1929)	편수관 참조	金子昌鈞
石橋一朗	1930~36	경성제대 문학과(1929)	(국어국문학전공) / 함흥사범학교 교유	
三田伍朗	1935~37	경성제대	편수관 참조	
安龍伯	1936~40	경성제대 철학과(1930)	편집과 촉탁 /	
吉田泰造	1936~41		경성남대문심상소학교 훈도 /	
廣瀬續	1937~41	경성제대 문학과	편수관 참조	
李鳳秀	1937~41	동경고사 지리역사부	1930년 졸업 / 해방후 문교부 편수관(지리)	竹田鳳秀
金永起	1941~?	경성제대 문학과	편집과 촉탁 /	金光永起
大谷稔明	1941~?		강원도 시학, 춘천본정심상소학교 훈도 /	
大槻芳廣	1941~?	茨城師範學校	『小學校に於ける文章教育』(1939)	
桶口巖	1941~?	廣島高師 교육학	경성제일고보 교유 / 경복중학교 교유	

식민지 신사와 학교의 관계
-권학제의 분석-

히우라 사토코(樋浦鄕子)[*]

1. 머리말

본고는 식민지의 학교에서 실시된 신사참배 문제를 다루었다. 구체적으로는 조선신궁의 아동참배 강제의 양태에 대하여 검토하려고 한다.

한석의(韓晳曦)는 저서 『일본의 조선 지배와 종교 정책』에서, "신사참배 강요는 학교에서부터 시작되었다"라고 지적한다.[1] 이러한 견해는 일반적으로 지적되고 있는 사항이지만, 왜, 어떻게 '학교에서'인가라는 문제는 지금까지도 충분히 분석, 검토가 되었다고 말하기 어렵다. 본고가 아동 동원에 착안하는 것은, 이 문제를 좀더 구체적으로 밝힐 필요가 있다고 생각하기 때문이다.

그러면, 어떠한 방식으로 '학교에서' 시작되었는지의 문제를 검토해보자. 본고에서는 조선신궁의 창립 당시부터 매년 진행되고 있었던 '권학제(勸學祭 : 1931년까지는 '수신교과서 수여봉고제')'라는 제례에 주목하여 그 양태를 밝히고 싶다.

---

* 京都大 박사과정, 교육학.
1) 韓晳曦, 『日本の朝鮮支配と宗敎政策』, 未來社, 1988, 180쪽.

120

조선신궁이 있었던 '경성부'의 보통학교, 초등학교 신입학 아동에게 수신서가 배포된 이 제례의 존재는, 학계에서도 널리 알려진 사항이었다.[2] 그러나 누가 어떤 의도로 이 제례를 추진했는가, 그것은 시기에 따라서 어떻게 변화되고, 어느 정도의 아동 학생을 동원했는가라는 문제에 대한 연구는 거의 찾아볼 수 없다. 본고에서는, 조선신궁의 신직(神職)의 역할에 착안하면서 수신서 배포의 사례를 분석하여, 식민지기 조선에서의 신사참배 강제의 문제를, 장기적이고도 중층적인 것으로 파악하려 한다.

조선신궁에서의 신사참배 문제를 논한 기존의 연구는, 총독부에 의한 강제와 기독교측의 저항이라는 도식을 전제로 이루어졌다.[3] 이러한 연구는 강제하는 쪽과 저항하는 쪽으로 초점을 맞추어 그 과정에서 발생하는 미묘한 차이점까지 포함한 식민지 신사참배 문제 연구의 중요한 성과이다. 그러나 기독교도에 대한 참배 강제가 가장 상징적으로 나타난 것이 1935~36년에 걸쳐 일어난 평양의 장로교파 학교 교장 파면 사건인 점을 감안하면, 1930년대 중반 이후('황민화 정책'기)의 상황에 논급(論及)이 치우치는 경향이 있다. 또한 이들 연구는, 종종 총독부 대 기독교도라는 틀을 전제로 하고 있기 때문에, 신직의

2) 並木眞人,「植民地後半期朝鮮における民衆統合の一斷面-ソウルの事例を中心に-」, 武田幸男 編,『朝鮮社會の史的展開と東アジア』, 山川出版社, 1997, 547~556쪽 ; 山口公一,「戰時敎期朝鮮總督府の神社政策-「國民運動」を中心に」,『朝鮮史研究會論文集』36, 1998, 209쪽 ; 金大鎬,「1910~20년대 조선총독부의 朝鮮神宮 건립과 운영」『韓國史論』50, 서울大學校 國史學科, 2004, 348쪽.

3) 예를 들어 櫟木壽男,「朝鮮總督府の神社政策」, 朝鮮問題研究會編,『海峽』4, 1976 ; 韓晳曦, 앞의 책, 1988 ; 平山洋,「朝鮮總督府の宗敎政策」, 源了圓·玉懸博之 編,『國家と宗敎』, 思文閣出版, 1992 ; 駒込武「1930年代台湾·朝鮮內地における神社參拜問題-キリスト敎系學校の變質·解体をめぐる連鎖構造-」,『立敎學院史研究』3, 2005.

구체적인 활동에 대한 언급은 핵심 문제의 주변에서 논의되는 경향이
있다.

한편으로, 스가(菅浩二)는 '황민화 정책'기에 '관공리(官公吏)'의 참
배 강요-예를 들면 조선신궁의 전주(主典)였던 하야마(早山靜夫)가
회상록에서 기록한 것처럼 "기독교 신자를 강제적으로 신사 앞에 공
손히 절하게 하면서, 그 태도를 후방에서 몇 명의 형사가 무서운 눈으
로 감시를 한다"라고 하는 것4)-의 '음울한 이미지'가 식민지 신사의
평가를 일면적인 것으로 만들고 있다고 하면서, 지금까지의 식민지 신
사 연구의 기본 자세를 비판하고, 참배 강제를 '관공리'가 행한 것으로
신직을 옹호한다. 거기에는 신사참배 문제를 '황민화 정책'기의 폭력
적인 강제로 명확하게 한정한 다음, 나아가 강제를 한 '관공리'와 신직
을 구별하는 인식틀이 존재하고 있다. 이러한 인식은, 신직 연구 이전
부터 존재했다.5) 그러나 신사참배 문제를 시기적·인적으로 한정하
여, 신직을 '관공리'의 횡포에 의한 피해자라고 하는 인식은 역시 신사
참배 촉진을 위해서 신직이 해낸 적극적 역할을 주변부에 위치시켜,
신직의 책임을 전가시키는 측면이 존재한다.

본고의 목적은 권학제의 분석을 통해서 신직이 식민지에서 행한 활
동을 자세하게 분석하여 누가 어떤 식으로 신사참배를 강제했는지를
분명히 하는 데 있다.

---

4) 早山靜夫,「江原神社を回顧して」, 小笠原省三編述,『海外神社史』(復刻), ゆ
   まに書房, 2005, 535쪽.
5) 菅浩二,『日本統治下の海外神社・朝鮮神宮・台灣神社と祭神』, 弘文堂, 2004,
   11쪽.

2. 조선신궁 완성 직후의 수신교과서 수여봉고제
(修身敎科書授與奉告祭) 개시

관폐 대사(官幣大社)인 조선신궁은 1919년에 창건을 고시하고 1925
년 남산에 건립되었다. 완성 후 6개월 뒤인 1926년 3월에 조선신궁은
제1회 수신교과서 수여봉고제를 실시했다. 이 행사는 '경성부'의 신입
생인 아동에게 수신교과서를 배포하는 제례이다. 교과서는 유료였기
때문에 조선신궁이 학교로 교과서를 보내는 형태를 취했다. 각 학교
의 교장이 참배하여 신전에서 수신교과서 수여봉고제를 실시한 뒤, 교
장에게 교과서가 수여되며, 사무소에서 간담을 나눈 뒤에 해산하는 방
식이었다. 학교에서 아동들에게 교과서를 배포하고는, 후에 담당교원
의 인솔 아래 학교마다 '감사참배'를 강요했다.

조선신궁 완성 무렵의 조선신궁과 총독부와의 관계, 특히 신직과는
그다지 밀착된 관계는 아니었다.[6] 총독부는 장대한 신사를 만들었지
만, 총독을 비롯한 고관들의 참배자가 적다고 초대 궁사였던 다카마쓰
시로(高松四郞)는 야마나시(山梨) 총독에게 호소하였다.[7] 그러나 총
독부가 소극적인 자세를 취하는 가운데, 일본 내지에서도 일부의 신사
밖에 시행하지 않던 제례인 신입학 아동에 대한 교과서 배포 제례를
조선신궁에서는 완성 직후부터 시작했다. 그 배경에는 총독부의 소극
성에 분개하고 있던 초대 신관 다카마쓰의 강한 주도성이 발휘되었다
고 생각된다. 다카마쓰는 다른 식민지 신사나 일본 내지 신사에서는
볼 수 없는 특징적인 『조선신궁연보』를 발행하는 등 초기의 조선신궁

---

6) 樋浦鄕子,「植民地期朝鮮における神社と學校-朝鮮神宮の事例を中心に-」, 京
   都大學大學院敎育學硏究科 碩士論文, 2006. 1 ; 樋浦鄕子,「朝鮮神宮と學校-勸
   學祭を中心に-」,『日本の敎育史學』49, 敎育史學會, 2006. 9.
7)「山梨朝鮮總督に呈する書」, 高松忠淸編,『松迺舍遺稿』, 高松忠淸發行(非賣
   品), 1960, 308쪽.

의 실태에 큰 영향력을 미친 인물이었다. 그는 1925년부터 31년까지 재임하였으며, 일본으로 귀국한 뒤에는 신사계의 중진이 되었다.

지금부터는 다카마쓰와 수신교육과의 강한 연대에 대하여 고찰하기로 한다. 수신교과서 수여봉고제는 '신상제(新嘗祭, 니이나메사이 : 11월 23일 천황이 햇곡식을 천지의 신에게 바치고 이것을 먹기도 하는 궁중 제사 : 필자주)' 등 각지(일본 內地)의 신사에 공통된 제식이 아니라, 궁사의 제문이나 제례의 순서까지도 독자적으로 결정했다고 보인다. 다카마쓰 시로의 유문을 보면, 그가 젊었을 때부터 학교와의 연대, 특히 소학교 아동의 신사참배를 중시했던 점을 알 수 있다. 조선신궁 궁사 취임 이전의 발언부터 보도록 하자.

먼저, 니가타현(新潟縣) 야히코(弥彦)신사 궁사 시절인 1910년, 일본인에게는 '공덕'이 없다고 하여, 그것을 자라게 하기에는 소학생을 신사로 불러들이는 것이 좋다고 주장하였다. 기차 안에서의 예절 등 기본적으로 신사와는 관계없는 장면의 '공덕'까지도 포함하여 다카마쓰는 "첫째로 소학생도를 기본으로, 그리하여 신사에 의지하여 공부하는 것이 확실한 하나의 방법일 것이라 사려됩니다"라고 서술하고는 한 예로서 신사에서의 식수(植樹)를 들고 있다.[8] 마찬가지로 야히코 시절, '국가적 정신'을 함양하는 것은 수신이나 역사 수업만으로는 불충분하여, 실제로 신사에 참배하는 것으로 함양된다고까지 주장하였다. 학교에서 배우는 것만으로는 이론을 이해하기만 할 뿐이지만, 실제 신사에 가면 "신들의 신령이, 지금 여기에 계십니다"라는 '감사 발분의 심정'이 넘쳐나, 그것이 '국가적 정신'을 함양한다고 말한다.[9] 또 야히코 이후에 부임한 도치기현(栃木縣) 닛코도쇼궁(日光東照宮)에서는 여타 신사와는 다른 배관료를 징수하였는데, 다카마쓰는 학생 단

---

8) 高松四郎 講演, 「神社と公德」, 高松忠清 編, 앞의 책, 470~487쪽.
9) 高松忠清 編, 위의 책, 484~485쪽.

124

체의 배관료 징수를 폐지했다. 도쿄궁은 일부 린노지(輪王寺), 후타라
산신사(二荒山神社)와 공동 관리를 실시하고 있었던 점에서 신사측의
맹렬한 반대를 무릅쓰고 폐지한 것이다.[10] 다카마쓰는 학생 단체의
배관료를 폐지한 이유로, 신사는 신령에 배례하는 장소이기 때문에
'아름다움을 감상하는' 장소와는 다르다는 것을 들고 있다.[11]

이상의 점에서 다카마쓰에게서 학생의 신사참배는 '공덕' 함양 면에
서도 '국가적 정신'의 함양 면에서도 대단히 중요한 것이라고 인식하
고 있었던 점을 살펴보았다. 또한 다카마쓰가 조선신궁 궁사를 이임
한 후 기록한 『조선신궁회구록(朝鮮神宮懷舊錄)』에서 열거한 16항목
중의 하나는 '제신론', '어진좌(御鎭座) 직후 당국과의 충돌' 등과 함께
'수신교과서 수여식'을 들고 있다.[12] 다카마쓰의 유문집(『松迺舍遺稿』)
에는 제8항목부터 제16항목까지는 본문 없이 항목만이 열거되어 있
다. 실제로 쓰지 않았는지, 편자가 게재하지 않았는지에 대하여는 확
인하지 못했다.[13] 총독부가 신사를 '사상 선도'에 이용하는 데 소극적
인 상황이라 수신서 배포가 진좌제 직후부터 실시되었다는 것은, 다카

---

10) 高松忠淸 編, 위의 책, 548쪽 ; 『皇國』 296, 1923년 10월, 99~100쪽 ; 『皇國』
   299, 1923년 11월, 63쪽.
11) 「齋藤前首相に送る」, 高松忠淸 編, 위의 책, 349~350쪽.
12) 다카마쓰가 기록한 16항목은 아래와 같다.

第一. 朝鮮神社宮司交渉	第二. 準備打合
第三. 祭神論	第四. 社号御改称
第五. 宮司勅待發令	第六. 当局一変
第七. 朝鮮神宮御鎭座	第八. 御鎭座直後当局と衝突
<u>第九. 修身敎科書授与</u>	第十. 京城神社問題
第十一. 春畝山博文寺問題	第十二. 御大典講演放送
第十三. 總督の新年訓示に抗議	第十四. 權宮司發令
第十五. 橿原神宮に轉任	第十六. 結論

   (밑줄은 필자)

13) 高松忠淸 編, 앞의 책, 297~307쪽.

마쓰의 이러한 자세를 반영한 것으로 생각할 수 있다.

총독부가 조선신궁 완성 당시에는 신직의 눈에 소극적이었다고는 하지만, 1929년의 수신교과서 수여봉고제에는 '경성부' 학무과장이 참석하고 있었다. 때문에 이 제례에 대해서 총독부가 소극적이기는 했지만, 다카마쓰 재임기부터는 동의했다는 사실을 알 수 있다.14) 다카마쓰 이임 후 이 제례는 점차 대상을 확대하고, 조선신궁 참배의 아동 동원에 좀 더 큰 역할을 맡게 된다.

3. 권학제(勸學祭)로의 개칭과 대규모화

다카마쓰는 1931년 5월 가시하라 신궁으로 옮기고, 2대 신직인 아치와 야스히코(阿知和安彦)가 취임했다(재임은 1940년 8월까지).15) 아치와의 재임 기간 중 조선신궁에서는 계속해서 새로운 제의의 창출과 기존 제의의 대규모화가 이루어졌다. 아치와가 취임한 후, 특히 우가키(宇垣) 총독이 제창한 '심전 개발 운동'이나 일본 '내지'와 동일한 사격제도(社格制度 : 신사의 격에 따라 국고가 보조금을 보장하는 제도)

---

14) 『昭和四年の朝鮮神宮』, 朝鮮神宮社務所, 1930, 7쪽 및 9쪽.
15) 『神道人名辭典』(神社新報社, 1986)에 의하면, 아치와 야스히코는 1873년 출생으로, 高松보다 1년 먼저 신궁 황학관 본과를 졸업하였고, 이세신궁(伊勢神宮) 宮掌 겸 신궁 황학관 교수, 교토 건훈신사(建勳神社) 궁사겸 황전 연구소(皇典硏究所) 교토분소 전무이사, 1906년 요시다신사(吉田神社) 궁사, 同在職 중에 세이카여자학교(精華女子學校) 창설. 그 후 도쇼궁(東照宮) 궁사, 이세신궁 예의(禰宜), 스와신사(諏訪神社) 궁사를 거쳐 1931년 조선신궁에 취임했다. 이후의 경력은 현재로는 알 수 없다. 아치와의 경력에 교육 관련 사적이 많은 점이 주목을 끄는데, 이 일과 그의 사상이나, 조선신궁에 대한 영향에 관해서는 이후의 연구과제로 하겠다. 또한 1940년에 취임한 3대 궁사 누카가(額賀大直, 1872~1961)도 신궁 황학관 본과 졸업생이며, 도쿄궁 궁사 경력자였다. 신궁 황학관의 졸업생의 네트워크도 주목된다.

의 도입16) 등을 통하여, 총독부와의 연대를 강화해 갔다. 구체적으로, 총독을 시작으로 고관의 제식 참여가 현저히 증가하기 시작한 것이 이 시기였다.17) 여기서 관료(국장급)의 참여 상황을 확인해 두자.

<표 1> 각 국장의 참여 횟수(출전 :『조선신궁연보』각 연판)

	내무	통신	학무	철도	식산	농림	경무	법무	전매	재무	계
1929	3	1	0	4	4		0	3	2	1	18
1930	4	1	1	2	4		2	4	4	1	23
1931	8	1	4	2	3		3	2	2	1	26
1932	8	3	5	1	5	2	3	5	3	1	36
1933	8	3	2	0	6	2	3	2	5	0	31
1934	8	5	4	1	3	2	5	5	1	2	36
1935	8	6	3	1	2	3	4	4	3	2	36
1936	9	5	5	2	4	3	3	1	0	0	32

* 농림국장은 1932년 7월부터 배치되었다.

각 국장 중에서, 조선신궁의 주관(主管)이었던 내무국장이 우선 주목을 끈다. 내무국장의 참여는 1931년(昭和 6)에는 전년의 2배인 8회로, 이후 대부분의 제식에 안정적으로 참여했다. 학무국장의 참여도

---

16) 일본 내지와 대만에서는 이세신궁을 정점으로 관폐사(官幣社), 국폐사(國幣社), 부현사(府縣社) 이하와 같이 전국의 신사를 서열화하는 사격제도가 이미 정비되었다. 한반도에서는 부현제가 아니었기 때문에, 내지의 부사(府社)가 도공진사(道供進社), 현사(縣社)가 부공진사(府供進社)에 해당된다. 제례시에는 '신찬폐백료(神饌幣帛料)'라는 이름의 보조금이 지급되었는데, 관폐는 황실에서, 국폐는 국고에서, 이하의 신사는 각 자치체에서 지급되었다.

17) 總督·政務總監의 大祭·祭, 恒例式 참여 횟수(출전 :『朝鮮神宮年報』)

年	總督	政務總監	計
1929	1	0	1
1930	3	1	4
1931	2	4	6
1932	2	1	3
1933	1	4	5

마찬가지로 1931년부터 증가한다. 이러한 현상은 31년에 내무국장(今村武志에서 牛島省三으로)과 학무국장(武部欽一에서 牛島의 겸임을 거쳐 林茂樹로)이 모두 교체되었던 점과 연관이 있다고 생각된다.

또한 한반도 전체의 신사에서 근무하는 사람들이 작성한 조선신직회의 회장이나 이사에 총독부의 내무국장, 경무국장, 학무국장이 취임하고, 각 종의 신사법령 정비도 이 시기부터 시작되었다. 이렇게 하여 견고해져가는 이 둘의 밀착이 '황민화 정책'기의 참배자 급증으로 이어졌다고 생각된다.

그리고 수신교과서 수여봉고제와 교과서 배포도 새로운 단계에 접어들었다. 먼저 수신교과서 봉고제(권학제)에 참여한 학교 수의 추이를 표로 작성하면 아래와 같다.

<표 2> 권학제 참여 학교 수의 추이

年	참여학교/경성부내 소학교수	참여학교/경성부내 보통학교수	관련사항
1929	官公立11/11校	公立20/20校 私立 0/10校 그외1校	
1930	官公立11/11校	公立20/20校 私立0/10校 그외1校	
1931	官公立12/12校	公立20/20校 私立0/10校 그외1校	
1932	官公立12/12校	公立20/20校 私立1/10校 그외2校	권학제로 개칭 公式祭化, 총독부 학무국장 참여 시작
1933	官公立12/12校	公立20/20校 私立2/10校 그외1校	조선 서적으로 조선인 아동분교과서 기증 개시
1934	官公立12/12校	公立20/20校 私立2/12校 그외1校	「어예참열」복수화. 「誓詞」제출 개시
1935	官公立12/12校	公立19/20校※1 私立11/12校 그외1校	사립학교 참여 대폭 증가
1936	官公立12/13校※2	公立26/26校 私立12/14校	경성부역 확대에 따른 참여학교 증가

출전 : 참여 교수는 『조선신궁연보』 각 연도판, 부내 학교수는 『조선 제학

교 일람』각 연도판)

*『朝鮮神宮年報』, 昭和十年版, 21쪽에는 '竹添공립 보통학교'가 빠져 있기 때문에 19개 학교가 되었다. 전후에는 기재되어 있기 때문에 신사측의 오기 가능성이 있다.

* 소학교는 35년까지 모든 학교가 참여하고 있는데, 36년의 소학교 수와 참여 소학교 수는 일치하지 않는다. 이것은 이 두해 모두 그때까지는 기재되어 있었던 '남산심상소학교' 교장명이 빠져 있었기 때문인데, 그 원인은 분명하지 않다.

〈표 2〉를 통해 1931년까지의 참여 학교는 거의 관공립 학교였음을 알 수 있다. 1925년 10월의 진좌제에 학교 아동 학생동원에 관계하고 있었기에 총독부는 특히 「학생 아동의 신사참배에 관한 건」을 발표하여, "도덕적 시설인 신사는 '종교'를 강요하는 것이 아니다"라고 말한 경우도 있었으며,[18] 진좌 직후의 단계에는 사립학교의 불참에 관해서는 묵인하고 있었다고 보인다. 사립보통학교의 참여가 대폭 증가한 것은 1935년이다. 평양의 장로교계 학교의 신사참배 거부가 문제화된 것은 1935년 11월부터였다. 더욱이 1936년의 권학제에서도 학교 수, 배포인원 수 모두 대폭적으로 증가했다. 이것은 '경성부' 구역의 확대에 따라 확대 해당 지구의 공사립 학교 전부가 참배를 시작했기 때문이다.

동원이 대규모화된 데에는 총독부와의 깊은 관계를 배경으로 한 제례 자세에 관한 커다란 변화가 있었다. 첫째는, 1932년의 공식제(公式祭, 소제)로의 개칭, 총독부 학무국장의 참배 개시이다. 공식제는 복장, 식순서 등이 법령에 의해서 정해지는 것을 말한다. 이러한 사실들로부터 총독부가 이전의 소극적 승인에서 적극적 관여로 자세를 바꾸었다는 것을 알 수 있다.

둘째는, 1933년부터 총독부 편찬 교과서를 인쇄하고 있었던 조선서

18) 韓晳曦, 앞의 책, 166~167쪽.

적인쇄주식회사에서 신궁에 보통학교 아동용 교과서를 기증하게 되고, 이 회사의 대표이사인 이노우에(井上主計)가 제례에 참여하기 시작한 것이다.[19] 이노우에는 조선신궁의 지원 단체인 '천청회(天晴會)'의 총무 간사였다.[20] 조선서적에서 교과서를 기증함으로써 조선신궁의 경제적 부담은 경감되고, 조선인 아동이 이후 다소 늘어나더라도 신궁의 재정에 영향을 주지 않게 되었다. '천청회'가 간접적이기는 하지만, 조선신궁의 제례에 관계하기 시작한 점, 조선신궁의 아동 동원을 '민간'회사(내지 출신자)가 재정적으로 유지하는 역할을 떠맡게 된 것이 주목된다.

셋째는, 1934년부터 교원 인솔 하에 학교 단체 별 '감사참배' 외에도, 정해진 기간 내에 개인 단위로 '부모·형제자매'와 함께 재차 '감사참배'를 하도록 하였으며, 학교명과 학생 성명을 기입한 '서사(誓詞)'를 제출케 했다는 점이다. 즉 '감사참배'를 여러 차례 하도록 한 것과 참여한 개인을 파악하는 것이 엄밀화되었다.[21]

같은 시기, 조선신궁에서는 권학제에 이어 다양한 아동 동원의 방법을 창출하게 되었다. 예를 들면 1932년 '대발식(大祓式, 6월)'에 학생 참배 개시를 비롯하여, 34년에는 '상무제(尙武祭, 5월)' 개시로 남자아동 참배를, 35년에는 '도화제(桃花祭, 3월)' 개시로 여자아동 참배를 장려하고, 36년에는 아동 학생의 하계 아침참배(7, 8월)를 '참배증' 제출에 의해 사실상 의무화하여, 매일 참배한 아동의 학교명과 인원 수, 성명을 『조선신궁연보』에 발표하기 시작했다.[22]

---

19) 『朝鮮神宮年報』(昭和八年版), 朝鮮神宮社務所, 1934, 13쪽.
20) 『鳥居』 16, 1934. 1, 11쪽 ; 『鳥居』 4-2, 1935. 2, 7~8쪽.
21) 『朝鮮神宮年報』(昭和九年版), 朝鮮神宮社務所, 1935, 20쪽.
22) 『朝鮮神宮年報』(昭和十一年版), 朝鮮神宮社務所, 1937, 5~73쪽.

4. '감사참배'의 역할

1930년대에는 제례가 대규모화되어 가면서, 조선인의 참배의 '질'에 대한 신직의 요구도 강해져 갔다. 1934년부터는 권학제에서 교과서를 받은 아동이 개인 단위로 진행하는 '감사참배'의 권장과 '서사(誓詞)' 기명 제출이 시작되었다. 이하 본절과 다음 절에서는 이 부분을 신직의 의도에 착안하면서 더욱 구체적으로 검토하기로 하겠다.

조선인 참배자의 '참배' 모습에 대하여, 1925년 10월의 조선신궁 진좌에 부임한 신도가인 오가사와라 쇼죠(小笠原省三)는 "우리들의 상식으로는, '참배'는 배례를 하면서 기원하는 것이다. 조선인은 '참배'가 아니라 '참관'이다"라고 적고 있다.[23] 이 기술을 통해 그때까지 있었던 한반도 내의 신사가 일본 내지 출신의 거류민을 위한 것이며, 조선신궁이 완성될 때까지 조선인은 '참배'의 방법을 몰랐다는 것을 알 수 있다. 또한 김근희의 연구에 의하면, 1929년에 이르러서도 조선인의 개인 참배자가 배례하는 경우는 극히 적었다.[24]

더욱 아치와 궁사 밑에서 일한 하야마는 전후, "외지의 신사에 봉사하면서 가장 싫었던 점은 성역을 주민의 배설물로 더럽히는 것이었다"라고 당시(조선에서의 재직은 1932~1943년)를 회고하였다.[25] 권학제의 '감사참배' 권장이나 다른 제례에 의한 아동 동원이 대규모화 된 배경에는, 조선인 참배자들을 증가시키고 싶었지만, 애당초 조선인들이 '참배'를 이해하지 못한다는 점 뿐만 아니라 "배설물로 더럽혀진다"는 현실이 있었다.

---

23) 小笠原, 앞의 책, 73쪽.
24) 金根熙, 「『皇民化政策期』の神社政策について」, 姜德相先生古希退職記念論文集刊行委員會編, 『姜德相先生古希退職記念 日朝關係史論集』, 新幹社, 2003, 401쪽.
25) 小笠原, 앞의 책, 535~536쪽.

보호자 동반이 요청된 '감사참배'에는 '특별 취급기간'이 매년 1주일 가량 되었다. 아래 〈표 3〉에서 확인해 보자.

<표 3> '감사참배[御禮參拜]' 특별 취급기간

연도	권학제 실시일	'감사참배' 특별 취급기간
1934	4월 2일(월)	4월 5일(목)에서 8일(일)
1935	4월 2일(화)	4월 5일(금)에서 8일(월)
1936	4월 2일(목)	4월 6일(월)에서 12일(일)
1937	4월 2일(금)	4월 6일(화)에서 12일(월)
1938	4월 2일(토)	4월 5일(화)에서 11일(월)
1939	4월 1일(토)	4월 5일(수)에서 10일(월)
1940	4월 1일(월)	4월 5일(금)에서 11일(목)
1941	4월 1일(화)	4월 6일(일)에서 9일(수)

출전 : 『조선신궁연보』 각 연판

〈표 3〉을 통해 이 기간에는 매년 일요일이 들어 있었다는 것을 확인할 수 있다. 이 사실로부터 어떻게 하든지 성인의 참배를 이끌어 내고 싶어 했던 조선신궁 측의 의도를 엿볼 수 있다.

또한 종래의 교원 인솔에 의한 학교 단위의 '감사참배'는 『조선신궁연보』 중의 '단체참배수조(団体參拜數調)'에 포함되어 있는데, 보호자와의 '감사참배'를 창출함에 따라 두 번째의 '감사참배'는 개인 참배로 취급되어 개인 참배자의 '통계'에까지 반영시킬 수 있었다. 그렇다면 이후 '감사참배'가 조선인 참배자 수의 증가에 얼마만큼 영향을 끼쳤는지를 확인해 두도록 하자.

우선 학교 단위의 '감사참배(단체 참배)'의 영향에 대하여, 〈표 4〉를 참고하고자 한다.

가령 교과서 배포 수를 아동 수로 하고 결석 없이 '감사참배'를 실시한 것으로 계산해보면, 일본인 아동은 예년 4월의 일본인 참배자 전체 중[26]에서 평균 6.2%의 비율을 차지한 것으로 집계되었다. 그러나 조선인 아동은 4월의 조선인 참배자 전체 속에서 최저로 13.5%, 최고 28.6%의 비율(평균 21.1%)을 차지하고 있다.

<표 4> 배포된 교과서 수와 일본인 아동, 조선인 아동 수가
4월 참배자에서 차지하는 비율

연도	일본인 아동배포수	일본인참배 자수(人)	아동수가 차지하는 비율(%)	조선인 아동배포수	조선인참배 자수(人)	아동수가 차지하는 비율(%)
1929	2,345	34,671	6.8	2,966	19,207	15.4
1930	2,450	34,381	7.1	3,206	16,594	19.3
1931	2,575	28,905	8.9	3,469	15,576	22.3
1932	2,650	48,997	5.4	4,392	18,839	23.3
1933	2,631	41,490	6.3	4,354	15,209	28.6
1934	2,804	48,810	5.7	5,279	20,002	26.4
1935	2,891	58,750	4.9	5,605	41,670	13.5※
1936	3,140	70,526	4.5	6,920	37,093	18.7

＊ 배포수와 참배자수는 『조선신궁연보』 각 연판에 의거함. 비율은 필자의 계산

＊ 1935년의 조선인 아동 비율이 급격히 낮아진 것은 동년 10월의 진좌 10 주년제에 대규모로 동원된 영향을 생각해 볼 수 있다.

그러면 실제의 '감사참배'에는 어느 정도의 학생이 참가했을까? 『조선신궁연보』 쇼와 5~6년 판부터 알려져 있는 실제 학교 단위의 '감사참배' 수에 따르면, 교과서 배포 수에 대한 보통학교의 '감사참배' 비율은 1930년 99%, 31년 98%로[27] 결석이 아주 적었던 것을 알 수 있다. 아동의 결석이 적었던 것은 우선 신직에 의한 '감사참배일'이 학교 단위로 각각 지정되고, 더욱 교원이 인솔하는 형식에 의한 감시가 존재

---

26) '참배자 전체'란 단체, 개인의 구별 없이 참배한 사람 수 전체를 말한다. 『조선신궁연보』에는 쇼와 11년까지 '내지인', '조선인' '기타'라는 항목별로 참배자 수가 기록되었다. 쇼와 11년 이후에는 '內鮮人', '滿支人', '歐米人'이라는 항목으로 되어 있다.

27) 『昭和五年の朝鮮神宮』, 25쪽 ; 『昭和六年の朝鮮神宮』, 22쪽.

했기 때문이라고 생각된다.

　다음으로 1934년 이후 요청된 개인 단위의 '감사참배'의 영향을 알아보기 위해 4월 참배자 수가 연간 참배자 수에서 차지하는 비율을 확인해 보자. 34년 4월의 조선인 참배자 수(20,002명)가 같은 해 1년간 조선인 참배자 수(116,812명) 중에서 차지하는 비율은 18.5%이다. 이 통계를 통해 4월이 높은 비율을 차지한다고 말할 수 있지만, 전년도가 17.1%였다는 점에서 볼 때 '감사참배'가 여러 차례 이루어진 것에 의한 영향은 미약했다고 생각된다. 조선인 아동의 동원이 과연 보호자 동원으로 이어졌는지 판단하기는 곤란하지만, 1939년의 자료에서는 전주공립소학교(38년 교육령 개정에 따라 '보통학교'는 '소학교'로 개칭되었다)의 조선인 가정의 '신사참배' 형태가 백분율로 "아버지 15, 어머니 2, 조부 3, 조모 1"로 표시되어 있다.[28] 이것으로 유추해 보면, 개인 단위의 '감사참배'가 조선인 보호자들에게 반드시 침투된 것은 아니라고 생각된다.

　조선인 보호자들에 대한 '감사참배' 침투는 이루어지지 않았다. 그만큼 조선인 아동의 '감사참배'는 조선인 '참배자'의 '통계' 숫자를 증가시키기 위해서 중요한 의미를 갖는다. 아동이 학교명, 성명을 기입한 '서사'를 제출하는 것은, 교원의 인솔을 벗어나 개인화된 아동들의 참배 결석을 방지하는 새로운 '위력'으로 기능했다고 생각된다. 아래에서는 '자발'성을 가장한 수단으로서의 '서사'의 또 다른 의미를 짚어보도록 하겠다.

---

28) 榊原昇,「皇國臣民育成の現狀(我が校の皇國臣民教育)」,『朝鮮』284, 朝鮮總督府, 1939. 4, 45쪽.

5. '서사'의 역할과 '자발성'

조선신궁의 신직은, 학생 단체를 중심으로 하는 단체 참배자의 태도에 만족하는 것 없이, 더욱 '자발'적 참배의 증가를 기대하고 있었다. 아치와 신직은 "많은 신궁 참배자가 반드시 자발적으로 375개의 돌층계를 올라가는 것이 아니라, 개인 참배 이외는 통솔자의 의지에 따라 기계적으로 따라가지 않는가? 소에게 이끌려 선광사(善光寺) 가기와 같은 참배가 대부분이 아닌가"라고 말하였다.[29] '감사참배'가 개인 단위로 요구되고 '서사' 제출이 시작된 것의 배경에는 교원이라는 '통솔자의 의지 아래' 놓여진 '감사참배'로는 아동이 '기계처럼 붙어서 갈' 뿐이라는 것이 명백했기 때문에 '통솔자'를 불가시화(不可視化)시키고, '자발'적으로 보이는 방법을 창안했다는 측면도 있다고 생각된다. 신직들은 단체 참배자에게 많이 볼 수 있는 '타율적 참배'를 개인 참배자에게 많다고 예상되는 '자발적 참배'로 변경할 것을 기대하였다.[30] 그러나 거기서 출현한 것은 '자발적 참배'를 '타율적'으로 연출하는 사태였다.

같은 1930년대 중반, 일본 내지의 신사에서도 각각 아동 동원이 진행되었다.[31] 예를 들어 후쿠이현(福井縣)의 후지시마신사(藤島神社,

---

29) 阿知和安彦, 「神社と信仰」, 『朝鮮』 262, 朝鮮總督府, 1937. 3, 28쪽.

30) '자발적 참배', '타율적 참배'라는 말에 관하여는 앞의 並木 논문 주2)에서 많은 시사점을 얻었다.

31) 『皇國時報』에 연재된 「神社中心兒童敎化事業の實際」(1935년 4~8월호)에 내지에 있는 몇 곳의 신사(官國幣社)가 신입학 아동에게 수신교과서 배포를 시행하고 있었다고 나와 있다. 그 기사에 의하면, 官幣大社 廣田신사(兵庫縣)에서는 배포된 수신교과서에 '紙片'을 첨부했다. 廣田신사는 '天照大神의 荒魂'을 제신으로 했는데, '天照大神'의 이름 대신에 '紙片'의 서두는 "매일 아침 가미사마를 배례할 것"이라는 글이 있었다(『皇國時報』 53, 1935. 5. 11, 6쪽).

別格官幣社, 祭神은 新田義貞)에서도 권학제가 실시되었지만, 34년의 기록에 의하면 "시 및 인접 군의 각 소학교가 연합해서……일대 집단을 형성해서 참배"한 뒤 권학제를 집행, 신직의 훈화 후 '카드를 첨부'한 수신교과서를 배포했다는 것이다.[32] 그 '카드'에는 다음과 같이 씌어져 있었다.

社頭全景 신사부근 전경	후지시마신사	チユウシンニツタヨシサダコウ. 忠臣 니타요시사다公 カミサマヲウヤマヒマセウ. 하느님을 공경합시다 リツパナヒトニナリマセウ. 훌륭한 사람이 됩시다

한편 조선신궁 권학제에서 '서사'는 수신서 안에 끼워 넣었다. '서사'에 학교명 · 성명을 기입하고, 보호자 동반이 요청된 '감사참배' 때에 신전 배례 위에 있는 함에 제출하게 하기 위해 '첨부'하지 않았다. '서사' 기명 제출의 개시에 따라 더욱 엄밀하게 개인 파악이 가능해졌다. 종이에는 성명, 학교명을 쓰는 부분과 함께 다음과 같이 씌어 있었다.[33]

テンノウヘイカノゴオン ソセンフボノゴオンニヨツテ ワタクシハ ハジメテガツコウニ ニフガクスルコトガデキマシタ コレカラハセン セイヤ オヤノイヒツケヲマモツテ ヨクマナビ ヨクツトメ リツパナ ニツポンジントナリ オクニノタメニツクスコトヲ チヨウセンジング ウノオホマヘニ オチカヒイタシマス.

---

32) 『敬愼』 8-2, 1934, 60쪽 ; 『皇國時報』 53, 1935. 5. 11, 6쪽.
33) 山口公一, 앞의 글, 209쪽. '誓詞'의 원문은 朝鮮總督府, 『朝鮮』 269, 1937. 10, 37~38쪽. 그러나 이 글이 이후 계속되었는지는 확인을 하지 못했다.

조선신궁에서 감사참배하는 모습

　(천황 폐하의 은혜, 선조 부모의 은혜로, 저는 비로소 학교에 입학할
수 있었습니다. 이제부터는 선생님이나 부모님 말씀을 잘 지키고, 열
심히 배우며, 열심히 노력하여, 훌륭한 일본인이 되어, 나라를 위해서
전심을 다할 것을 조선신궁의 오오마에신님께 맹세합니다.)

　이것을 후지시마신사(藤島神社)와 비교해 보면, 다음의 점에서 차
이가 있다. 첫째, 조선신궁의 '서사'는 아동이 주체가 되어서 '맹세'하
는 형식을 드러내고, 또한 신직이나 그 외의 사람이 제출 상황을 확인
할 수 있다는 점에서 '맹세하지 않는' 개인을 색출해 낼 수 있는 방식
이다.

　둘째, 후지지마신사의 '카드'에는 "훌륭한 사람이 됩시다"라고 기록

되고 있지만, 조선신궁의 '서사'에는 같은 부분이 "훌륭한 일본인이 되어"로 되어 있다. 이 점에서 조선인 아동이 권학제의 주된 타겟이었다고 생각된다.

셋째, 조선신궁 판에만 볼 수 있는 문구로서, '천황 폐하의 은혜'와 '오오마에(大前)'가 등장한다. '오오마에'는 제신, 즉 아마테라스 오오미카미(天照大神)와 메이지 천황이다. 이는 아동이 '서사'가 설치된 함에 제출하는 형식을 취하면서, 이미지로는 아마테라스 오오미카미와 메이지 천황에게 직접 제출하는 것이 된다.

조선신궁의 '서사'는 '천황 폐하'라는 말로 시작하고, '가미사마(神様)'가 아니라 '오오마에'가 되도록 제신인 아마테라스 오오미카미나 천황을 직접 표현했다. 한반도에는 당연한 것이지만, 신직의 의지가 있다 하더라도 '황조신'과 연속적으로 (조선인에 의해) 인식되는 조선의 '씨족신'이나 '향토의 진수(鎭守)'가 실체로서 존재하지 않았다. 또한 조선신궁 제신 논쟁을 거쳐 단군 등 조선에 연고를 가진 '신'이나 '위인'을 합사할 가능성이 부정되었다. 그 때문에 아동과 천황이 직선적으로 맺어졌다고 생각된다. 이러한 의미에서 조선신궁의 권학제는 일본 '내지' 신사의 아동 동원과 형식은 유사하면서도, 질적으로 다른 면을 가지고 있었다고 보인다.

권학제와 '감사참배'는 조선신궁에 있어서 조선인 참배자 증가에 직접 영향을 주는 것임과 동시에, 동원된 조선인 아동에게는 '서사'라고 하는 새로운 감시에 의해 가장되어진 '자발'성 아래로 천황과 국가 체제에 대한 복종을 맹세하는 장치로 작용했다.

138

6. 권학제의 확대

조선신궁 신직은 한반도 전체의 신직과 교육 관계자에게 대하여, 권학제를 비롯해서 신사와 학교와의 관계를 돈독히 할 것을 호소하고 있었다. 예를 들면 조선신직회 기관지 1933년 4월호에 "권학제의 조선 전체 보급을 요망한다"고 말하는 논설(무서명)이 게재되었다.[34] 더욱 34년 4월호에도 "권학제의 보급을 요망한다"는 기사가 게재되었다.[35] 이 기사를 쓴 것은 당시 조선신궁의 주전(主典)이었던 하야마(早山靜 夫)였다. 이들 논설은 전부가 각 신사에서의 권학제의 집행과 아동 학 생의 신사참배를 호소하는 것이 주된 내용이었다. 또한『조선신궁연 보』쇼와 7년(1932) 판에도 "전 조선으로 확대되는 날이 가까워짐을 함께 기도하기를 그치지 않았다"라고 권학제 확대에 대한 기대가 서 술되어 있다.[36] 이와 같이 조선신궁은 권학제의 확대를 기대하여, 다 른 신사에서도 조선신궁 같은 제례와 교과서를 배포하도록 호소하고 있었다.

그리고 그 의혹대로 수신교과서의 배포는 조선 전체로 확대해 간 다. 1930년대 후반 이후의 권학제에 관해서는 아직도 충분한 자료가 발견되지 않고 있다. 그러나 1943년(昭和 18)의 조선교육회 잡지『문 교의 조선(文敎の朝鮮)』에 제1학년용 수신교과서의 배포 상황이 게재 되어 있다.[37] 이를 정리하면〈표 5〉와 같다.

〈표 5〉로부터 조선 전체의 합계를 보면, 45,000책 이상이 배포되기 에 이르렀다는 점, 그 대부분은 조선인이었다는 점은 분명하다.

34)『鳥居』19, 1933. 4, 4쪽.
35)『鳥居』31, 1934. 4, 2쪽.
36)『朝鮮神宮年報』(昭和七年版), 朝鮮神宮社務所, 1933, 7쪽.
37) 朝鮮敎育會,『文敎の朝鮮』昭和十八年五月號(通號210), 1943, 69～70쪽.

<표 5> 조선 전체의 교과서 배포 상황

神社名	道名	實施區域	朝鮮人兒童數	日本人兒童數
朝鮮神宮	京畿道	京城府	16,883	3,657
淸州神社	忠淸北道	淸州郡淸州邑白州面一部	782	140
大田神社	忠淸南道	大田府	750	310
扶余神宮神祠	同	扶余郡一部	220	80
松島神社	全羅南道	木浦府	1,032	195
光州神社	同	光州府	1,170	230
松汀神社	同	松汀邑, 面倉面, 東谷面	380	27
羅州神社	同	羅州邑	360	55
榮山神社	同	榮山浦邑		25
松島神社	同	木浦務安郡	40	
東山神社	同	長城郡	1,631	23
龍頭山神社	慶尙南道	金山府	4,480	1,350
蔚山神社	同	蔚山府		30
密陽神社	同	密陽府 및 上南面一部	510	45
統榮神社	同	統榮邑	850	
馬山神社	同	馬山府	420	140
海州神社	黃海道	海州府	1,384	190
平山郡細谷神祠	同	平山郡細谷面	120	
同北面神祠	同	甕津郡北面	75	
江原神社	江原道	春川邑	700	100
鐵原神社	同	鐵原邑		40
江原神祠	同	江原郡江原邑	370	
咸鏡神社	咸鏡南道	咸鏡府	1,700	350
洪原神祠	同	洪原郡洪原邑		4
元山神社	同	元山府	3,500	420
淸津神社	咸鏡北道	淸津府	400	370
合計			37,757	7781

*『문교의 조선』 210호, 1943년에 의거함

  1936년부터 도입된 신사 사격제도(앞의 주16) 참조)를 보면, 각 부(府)가 보조금을 내는 부공진사(府供進社)는 8사(八社) 중의 네 곳, 도(道)가 보조금을 내는 도공진사(道供進社)는 8사 중의 네 곳, 국고가 보조금을 내는 국폐소사(國幣小社)는 8사(이 중에 경성신사는 조선신궁에 의해 배포되었기 때문에 따로 배포할 필요는 없었다. 때문에 실제로는 7사임) 중 세 곳이었다. 즉 사격제도 중 서열상 고위에 위치한 신사에서는 절반 가까이 권학제가 실시되었다(47.8%). 서명기사로 권학제 보급을 호소한 하야마의 전임지였던 국폐소사(國幣小社) 용두산신사(龍頭山神社), 진공진사(道供進社), 강원신사(江原神社)는 모두 실시되었다. 특히 용두산신사에서는 읍이나 군이 아니라 부산부 전체로 배포되었으며, 조선신궁에 이은 대규모였다. 더더욱, 조선신궁 출사(1929~34)이었던 나카지마(中島堯文)가 사장(社掌)[38]으로 된 부공진사(府供進社) 광주신사(光州神社)에서도 부(府)단위로 실시되었다.

7. 맺음말

수신교과서를 배포하는 제례는 보통학교 아동에게 참배를 하게 하기 위한 동력으로 기능하여, 1931년 무렵부터 더 한층 교묘하게 그 동원력을 증대시켜 갔다.

총독부는 조선신궁 완성 당초, 진좌제의 사립학교 불참을 묵인하는 등 그 이후와 비교하면 소극적이었다. 그러한 상황 아래 조선신궁이 일본 '내지'의 규정으로 정해진 것 없는 제식인 수신교과서 수여봉고제를 시작한 것은 다카마쓰 시로의 주도가 있었기 때문에 가능했다.

30년대에 접어들면서 총독부와 신사와의 연대가 깊어지는 가운데, 32년에 수신교과서 수여봉고제가 권학제로 공식화되고, 이후 '감사참배'가 여러 차례 이루어지고, '서사 제출'이라는 새로운 시도가 있었다. 조선인 아동에 의한 '감사참배'는 조선인 참배자 수의 증가로 직결되

---

38) 관폐사, 국폐사 이외의 신사의 신직은 궁사가 아니라 社掌이라 불렸다.

었다. 그리고 '서사'라고 하는 새로운 '위력'에 의해서, 신직의 입장에서 볼 때 '자발적 참배'가 적다는 문제에 대해서, 개인 참배라고 하는 '자발'성을 형식상 도입했다. 적어도 조선신궁의 신직은 실로 적극적이며 주도적으로 행동하여, 조선신궁의 아동 학생 참배 강제에 큰 영향력을 행사했다고 할 수 있다. 그리고 권학제는 조선 전체로 확대되었다.

본고의 마지막에 신사참배 문제에 관한 선행 연구의 새로운 성과를 덧붙이는 것으로 수신교과서 수여봉고제(권학제)가 갖는 의미를 서술하고자 한다.

첫째, 이 제의는 신사참배 강제가 '황민화 정책기'나 식민지 통치 '최종단계의 한 측면'[39)]에서 '관공리'가 기독교 신자에게 실시했다고 하는 한정된 문제가 아니라, 적어도 1926년부터 20년 간 계속된 문제이며, 기독교계 학교뿐만 아니라 관공립 학교를 포괄하는 문제라는 것을 보였다.

둘째, 신사참배 강제는 총독부의 정책이나 '관공리'(신직을 제외)나 학교 교장에 의한 것만이 아니라, 신직이 적극적으로 관계한 문제라는 것을 이 사례는 보여준다. 수신교과서 수여봉고제(권학제)에 참여한 각 학교 교장은 총독부 학무 담당자에 참배를 강제당한 면이 있다는 것으로도 생각할 수 있는데, 교장들은 학교에 돌아와 교원에게 '감사(御礼)참배'를 인솔시켰고, 교원은 아동의 감시역할을 했다. 이러한 계층 구조의 와중에서 더욱 신직이 『조선신궁연보』에서 학교명, 참여자를 발표하는 조선신궁의 사적 찬조단체('천청회')의 간사가 교과서를 기증하는 등 적극적으로 관여했다. 조선인 참배자 중에 중급을 차지하는 조선인 아동은 이러한 중층적이며 복합적으로 누적된 압력을 받

39) 菅浩二, 앞의 책, 31쪽.

142

아, 신직에 의해 연출된 '자발'적 형식으로 천황에 배례하게 되었다.

본고에서 충분히 다루지 못했던 부분은, 예를 들어 조선 신직회가 총독부의 학교 참배 독려의 청원을 결의한 점[40]이나, 권학제후의 간담회(懇談會)에서 궁사가 교장에서 아동의 작문 제출을 요청하여 실시되었던 점[41] 등 신직과 총독부 고관, 신직과 교장 사이에서 구체적으로 어떻게 권력 관계를 맺고 있었는가, 또한 아동은 어떻게 대응했는가라는 점이다. 이 부분에 관해서는 권학제 이후의 제식, 조선신궁 이외의 장소, 초등학교 이상의 학교까지도 시야에 넣어 이후 지속적으로 검토해 보고 싶다.

본고는『日本の教育史學』49(교육사학회, 일본, 2006)에 수록된「조선신궁과 학교-권학제를 중심으로-」를 가필 수정한 것이다. 번역에는 교토대학교 대학원생인 이기원씨에게 많은 신세를 졌다. 지면을 통해 감사를 드린다.

---

40)『皇國時報』390, 1935.7, 12쪽.
41)『朝鮮神宮年報』(昭和八年版), 朝鮮神宮社務所, 1934, 13쪽.

예배당·오누이·죄
-한국 근대문학과 기독교-

이 경 훈*

1. 전도부인과 외교원

 이기영의 「외교원과 전도부인」은 흥미로운 작품이다. 교회의 '전도
부인'인 안 마리아는 보험회사의 '외교원'에게 예수를 믿으라고 권유한
다. 하지만 '외교원'은 그녀가 전도를 '옳은 도리'라고 생각하는 것이
"교회에서 당신을 그렇게 믿게 하고 당신으로 하여금 참말 같은 거짓
말을 하게" 했기 때문이라고 비판한다. 그러나 외교원은 전도부인을
일방적으로 공격하지만은 않는다. 그는 자신 역시 "거짓말을 하고라
도 이 짓을 하지 않으면 어린 자식들 하고 늙은 모친을 구제할 수가
없"으므로 보험 외교원 일을 한다고 고백한다. 그리고 이 고백은 "나
도 예수를 믿을 터이니 당신도 보험에 들어주시오!"라는 제안으로 이
어진다. 결국 안 마리아는 눈물을 글썽이는 '외교원'에게 "오천 원짜리
보험에 들기를 허락"해 준다. 이 장면을 이기영은 다음과 같이 서술한
다.

 "나는 참으로 보험에 들고 싶어서 드는 게 아니라 당신이 예수를 믿

---

* 연세대 교수, 국문학.

으신다기에 드는 것이요."

"나도 참으로, 예수를 믿고 싶어서 믿는다는 게 아니라 당신이 보험에 드신다기에 믿는다는 것이요!"

주인의 하는 말에 사내도 이런 말을 하고는 보험권과 생명록(生命錄)을 서로 바꾸었다.[1]

이렇게 돈과 신앙은 맞교환된다. 이런 일이 가능한 것은 이기영이 기독교와 보험을 동일시하고 있기 때문이다. 이것들은 각각 다른 방식의 '거짓말'로 미래를 안심시킨다는 것이다. 이러한 태도는 '다윈의 진화론'을 배웠으므로 "그렇게 쉽게 천당과 지옥을 믿지 못"하는 영철(나도향, 『환희』)의 입장과 상통하는 동시에 크게 다르다. 왜냐하면 영철은 "죽어간 예수에게 고개를 숙일 수가 없"음에도 불구하고, "그의 말한바 진리는 옳다고 인정"하면서 "하나님이란 무엇인가를 참으로 철저하게 알고 싶"[2]어하기 때문이다. 즉 영철과는 달리 이기영의 주인공에게 기독교는 형이상학적 탐구와 고민의 대상이 아니다. 그것은 신앙이기보다는 교회이며, 따라서 보험과 함께 근대사회를 구성하는 제도나 활동의 하나로서 간단히 취사선택될 수 있다. 이는 이상(李箱)이 "화재보험－참 이것은 어떤 종류의 고마운 하느님보다도 훨씬 더 고마운 하느님"(「조춘점묘」)이라고 쓴 것을 상기시킨다. '외교원'이 '전도부인'에게 또 하나의 제안을 할 수 있었던 것은 이러한 사고방식 때문이다. 다음을 보자.

당신이 전도부인 노릇을 말고 내가 외교원 노릇을 말고 당신이 과부 노릇을 말고 내가 홀아비 노릇을 말고 그래서 당신은 무명을 짜고 나

1) 이기영, 「외교원과 전도부인」, 『한국근대단편소설대계』 18, 태학사, 95쪽.
2) 나도향, 『환희』, 소담출판사, 1996, 35쪽.

는 밭을 갈게 되면―그때 우리의 생활이야말로 인생을 참으로 사는 게지요![3]

인용은 「외교원과 전도부인」의 소설적 결론에 해당한다. 보험과 신앙이 맞바뀌졌듯이, 이 둘의 포기 역시 손쉽게 교환된다. 이는 주인공들이 미래나 천국 대신 현실로 복귀함을 의미한다. 더 나아가 이는 투자(자본)보다 생산(노동)이 중요함을 함축한다. 외교원과 전도부인으로 하여금 밭을 갈고 무명을 짜게 함으로써 이 작품은 카프 작가 이기영의 정치적 입장을 보여준다. 이효석의 소설이 크리스마스이브에 집에서 도망친 주리야를 다음과 같이 묘사하듯이, 이기영 역시 마르크스의 『자본론』으로 신의 시선에 맞서는 것이다.

찬란한 나체에 포도 잎새 한 닢 붙이지 않고 막 속에서 뛰어나와 주화의 앞에 나타나던 그가 오늘은 포도 잎새 아닌 한 권의 책으로 앞을 가리고 나타났다. 주화의 앞에 웬일인지 별안간 부끄러운 생각이 났던 것이다. 포도 잎새 대신으로 쓴 그 책은 자본론의 한 권이었다.[4]

그러나 이기영의 정치적 태도에도 불구하고 「외교원과 전도부인」은 철두철미 자본주의적 교환을 서사의 추진력과 구성의 원리로 삼고 있다. 즉 신앙과 보험이 교환되고, 이 둘의 포기가 맞바뀌지며, 이를 통해 외교원과 전도부인의 관계가 홀아비와 과부의 관계로 대치됨으로써, 서로 대립하던 이 두 개인이 통일된 노동계급의 부부로 전환되는 것이다. 그리고 이 모든 일은 두 사람 사이에 이루어지는 일종의 계약을 통해 성립된다. 이는 근대적 시장의 질서 및 그에 속한 인간들

---

3) 이기영, 앞의 책, 96쪽.
4) 이효석, 「주리야」, 『이효석전집』 4, 창미사, 1990, 35쪽.

의 관계를 상기시킨다. 어쩌면 이기영은 전도부인과 보험 외관원의 우스꽝스러운 만남을 통해 자본주의 체계를 풍자하고자 했는지도 모른다. 이는 『삼대』의 다음과 같은 논리와 대비된다.

> 공부가 중하냐? 집안 일이 중하냐? 그것도 네가 없어도 상관없는 일이면 모르겠지마는 나만 눈 감으면 이 집 속이 어떻게 될지. 너도 아무리 어린애다만 생각해 봐라. 졸업이고 무엇이고 다 단념하고 그 열쇠를 맡아야 한다. 그 열쇠 하나에 네 평생의 운명이 달렸고 이 집 안의 가운이 달렸다. 너는 그 열쇠를 붙들고 사당을 지켜야 한다. 네게 맡기고 가는 것은 사당과 그 열쇠—두 가지뿐이다. 그 외에는 유언이고 뭐고 다 쓸데없다. 이때까지 공부를 시킨 것도 그 두 가지를 잘 모시고 지키게 하자는 것이니까 그 두 가지를 버리고도 공부를 한다면 그것은 송장 내 놓고 장사지내는 것이다. 또 공부도 그만큼 했으면 지금 세상에 행세도 넉넉히 할 게 아니냐.[5]

조의관은 아들 조상훈이 아니라 손자 조덕기에게 금고와 사당을 맡긴다. 족보와 봉제사(奉祭祀)를 최고의 가치로 생각하는 조의관으로서는 조상 숭배를 미신시하는 기독교인 아들을 상속자로 받아들일 수가 없었기 때문이다. 실로 "아들이 예수교 식으로 장사를 지내 줄까 보아 그것이 큰 걱정"인 조의관은 "너희는 예수교인지 난장인지 한다고 조상 봉제사도 개떡같이 알더라마는 내가 살아 있는 동안에는 막무가내하다!"라고 하며 아들을 꾸짖는다. 그리고 "내가 죽은 뒤에 기도를 어떤 놈이 하면 내가 황천으로 가다 말고 돌아와서 그놈의 혓바닥을 빼 놓겠다"[6]고 미리 유언까지 해 놓는다. 이와 유사한 일은 김동인의 「명문」에서도 소설화된 바 있다. 즉 '하늘에 계신 아버지'를 부르

---

5) 염상섭, 「삼대」, 『염상섭전집』 4, 민음사, 1987, 254쪽.
6) 염상섭, 위의 책, 79쪽.

는 '예수꾼' 아들 전 주사(主事)의 기도에 대해 '육신의 아버지'인 전 대과(大科)는 다음과 같이 호령한다.

> 저리 가라! 썩 가! 애비의 임종에서까지, 우러질 하느님. 너의 예수 당에 가서나 울어라. 가![7]

그런데 『삼대』에서 중요한 것은 조의관의 상속이 내포하는 사회적 의미이다. 조상훈이 유산을 상속받지 못함은 그가 조상을 모시지 않을 것이라는 사실에 기인한다. 이는 가문을 바탕으로 증여의 경제학을 수행하는 봉건적인 사회체계와 사고방식의 잔존을 웅변한다. 전근 대적 사회에서 신분과 재산은 동시에 세습된다. 조덕기의 재산 역시 시장의 계약이나 노동에 의해 교환된 것이 아니라 가문에 소속됨으로써 무상 증여된 것이다. 따라서 할아버지의 금고와 사당을 물려받은 조덕기는 사적 소유의 주체인 근대적 개인에 미달한다. 근대적 직업과 보수를 부여할 공부를 포기하고 할아버지의 상속자가 되는 조덕기는 사회인이기보다는 혈연과 가문의 인간이다. 이는 「외교원과 전도 부인」에서 암시된 근대적 교환의 질서 및 그 사회계약적 인간관계와 대비된다. 그런 의미에서 기독교인이라는 이유로 상속에서 배제되는 조상훈의 위치는 그 나름의 의미를 지닌다. 비록 실패했을지언정, 그는 '봉건사회를 뒷발길로 차버리고' 나서려던 '이삼십 년 전 시대의 신청년'이었기 때문이다.

이렇게 이기영과 염상섭의 작품에서 기독교는 신앙보다는 근대 사회를 매개한다. 이는 기독교가 문명개화의 한 방법이자 이념이었다는 식민지 사회의 특수성과 관계된다. 예컨대 『무정』의 김 장로는 "서양을 본받기 위"해 예수를 믿기 시작했다. 그러나 이는 단지 피상에 흐

---

7) 김동인, 「명문」, 『김동인전집』 1, 조선일보사, 1987, 365쪽.

른 것만은 아니었다. 기독교 자체가 신과 인간의 계약적 관계를 설파하고 있으며, 이를 통해 계약과 교환의 보편성을 뿌리 깊이 정당화하기 때문이다.

2. 예배당의 사회학

그런데 기독교적인 계약 관계를 일상화하는 대표적인 일은 예배당에서 이루어지는 '신식 결혼'이다. 그것은 학교교육, 유학, 양복, 반지교환, 피로연, 신혼여행 등과 더불어 다음과 같이 상상되는 핵심적인 근대 풍속이다.

> 자기의 딸은 지금 학교에를 다니니까 학교만 졸업하면 어떠한 양복 입고 모자 쓰고 외국에 가서 공부하고 온 얌전하고 재주 있고 돈 많고 명망 있는 젊은 사람하고 혼인을 하게 될 터이지, 혜숙은 그렇게 되면 혼인하기 전에 그 젊은 사람과 한번 만나 보아 마음에 드는지 안 드는지 서로 선을 볼 터이지, 그리고 마차나 자동차를 타고 예배당에 가서 목사님 앞에 나란히 서서 반지를 끼워 주고 신식으로 혼인을 할 터이지, 그리고 어떤 요릿집에 가서 잔치를 할 터이지, 그런 뒤에는 내외가 손목을 마주잡고 신혼여행인지 무엇인지를 갈 터이지[8]

실로 인용에 등장하는 혜숙은 신식으로 결혼식을 하거니와, 이는 1920년 4월 10일에 정동교회에서 거행되어 신문에도 보도된 나혜석과 김우영의 결혼식을 상기시킨다. 왜냐하면 혜숙은 나혜석의 호와 똑같은 정월(晶月)이라는 이름도 가지고 있으며, 그 남편의 이름 역시 우

---

8) 나도향, 앞의 책, 13쪽.

영이기 때문이다. 나도향은 센세이션을 일으켰던 나혜석의 실제 일에서 『환희』의 한 모티프를 발전시켰을지도 모른다. 혜숙 어머니의 다음과 같은 생각 역시 신식 결혼에 대한 당대의 낯선 감각과 무관하지 않을 터이다.

　　그리고 첫날 저녁에는 어찌하나? 아마 신식 혼인이니까 신랑이 옷을 벗기지는 않을 터이지, 저희들이 옷을 훌훌 벗고 이불 속으로 쑥 들어가나 하였다.
　　혜숙의 어머니는 신식 혼인이란 아주 이상하고도 진기한, 사람들이 하지 않는 무슨 신선이나 선녀의 놀음 같이 생각하였다. 그러하다가도 신방에서 새색시가 어떻게 옷을 제 손으로 훌훌 벗고 신랑이 누워 있는 이불 속으로 들어가노? 하는 것이 의문이었다.[9]

　하지만 무엇보다도 중요한 것은, 첫날밤에 대한 혜숙 어머니의 묘한 상상과는 달리 목사가 주재하는 이 신식 결혼에 『구운몽』 식의 '신선이나 선녀 놀음'과는 다른 종교적인 신성함이 부여된다는 점이다. 예컨대 『쌍옥루』의 서병삼은 민적(民籍) 상 이경자와 아무 관계가 없음에도 불구하고, 교회에서 하는 결혼은 "하나님의 힘이 아니면 사람의 힘으로는 도저히 그 두 사람의 사이를 떼지 못하는 것"[10]이라는 점을 이용해 이경자를 기만한다. 이경자는 "지극히 존엄하오신 하나님 제단 앞에서 부부의 계약을 맹세함이 가장 신성"하다고 믿고 있기 때문이다. 그녀에게 교회에서의 결혼은 인간 사이의 계약인 동시에 하나님과의 약속이기도 하다. 이는 중요한 의의를 지닌다. 이 신성한 결혼과 더불어 기존의 축첩 제도는 성경에서 금지하는 간음으로 간주될

---

9) 나도향, 위의 책, 14쪽.
10) 조중환, 『쌍옥루』 상, 보급서관, 1913, 47쪽.

150

터이기 때문이다. "무슨 연고로 기독교도가 되었는지" 알 수 없는 서
병삼은 이러한 인식을 악용한 것이다. 그러므로 세례까지 받은 신실
한 기독교도인 이상국의 다음과 같은 고민은 필연적이다.

> 예수를 믿어 천당에를 가려면, 여태껏 몇 십 년을 데리고 살고 딸까
> 지 낳은 자기의 첩을 내버려야지 하였다. 그러고는 다시 가슴이 답답
> 하였다. 그리고 그것은 죄가 아닌가 하였다.[11]

결국 이상국은 동대문 밖에 집을 사 혜숙과 혜숙의 어머니를 집에
서 내보내거니와, 이는 신여성과의 연애에 몰두하며 종종 조혼한 아내
와 이혼하곤 했던 청년들의 풍속과 함께 식민지 사회의 근본적인 변
화를 암시한다. 즉 부모의 뜻에 따라 결혼하는 일이 거절되었던 것처
럼, 이제 질투를 여성의 칠거지악 중 하나로 규정하여 여성 스스로
"옛날 요조숙녀의 본을 받아 군자의 애물(愛物)을 질투치 않으리"라
고(현진건, 「타락자」) 생각하게 만드는 남편의 뜻 자체가 부정되고 소
멸되기 시작한다. 달리 말해 일부일처제의 법률적 체계와 병행하여,
질투할 종교적 근거와 신앙적 권리가 여성뿐만 아니라 남성의 의식에
까지 뿌리깊이 내면화되는 것이다. 이는 남편과 아내 모두에게 정조
(貞操)와 스위트 홈(sweet home)의 의무가 부과됨을 의미한다. 그들은
자유연애와 더불어 '옷을 제 손으로 훌훌' 벗은 사람들이기 때문이다.
이렇게 교회는 신식 결혼식의 수행을 넘어 신식 가정의 원리와 이념
을 도입한다. 따라서 "하느님밖에 다른 신을 섬기시는 것이 가장 큰
죄악"(「명문」)이라는 전 주사의 말은 의미심장하다. 왜냐하면 이 계율
은 부부 관계에도 적용될 터이기 때문이다. 이와 마찬가지로 기독교
의 신을 질투 심한 '여편네'와 동일시하는 전 대과의 다음과 같은 풍자

11) 나도향, 앞의 책, 29쪽.

역시 대단히 상징적이다.

> 하하하하. 너의 하나님도 질투는 꽤 세다. 얘, 내 말을 꼭 명심해서
> 들어라. 이 전 대과는 다른 죄악보다도 질투라는 것을 제일 미워한다.
> 너도 알다시피, 아직껏 첩을 두지 않는 것만 보아도, 여편네 사람의 질
> 투를 얼마나 싫어하는지 알겠지. 나는 질투 심한 너의 하느님은 섬길
> 수가 없다. 하하하하. 너의 하나님은 여편네－ㄴ가 보구나.12)

전 대과가 보기에 기독교를 믿는 것은 '여편네'를 섬기는 일과 마찬
가지다. 그리고 이런 생각은 정곡을 찌른 것일지도 모른다. 기독교 신
앙은 단지 축첩을 폐지하는 데에서 멈추지 않기 때문이다. 그것은 "총
리대신이나 양반이나 상놈이나 누구든지 예수만 믿으면 천당에 가서
영원히 살 수가 있다"는 평등한 천부인권 의식과 발맞추어 여성의 사
회적 위치 상승을 매개한다. 예컨대 전 주사는 기독교를 믿기 시작한
후 제일 먼저 아내에게 자기의 종교를 전파하거니와, 이때 "단지 '여편
네'이던 그의 아내는 '당신'이요, '마누라'요, '그대'인 아내로 등급"이
오른다. 그러했기 때문에 그녀는 마흔이 가깝도록 아들 하나를 낳지
못했어도 여전히 전 주사의 아내일 수 있었다. "내라도 아들을 낳아서
이 집을 잇게 하고야 말겠다"며 스스로 봉건적 질곡을 재생산하는 칠
십 넘은 시어머니와는 달리, 그녀는 전씨의 대를 이어줄 가문의 며느
리가 아니었다. 자신에게 맹세한 결혼의 계약을 굽어보는 '하나님 아
버지'는 자식들에게 조혼의 운명과 대 잇기의 의무를 부여하는 가문의
아버지를 대체했던 것이다. 더 나아가 기독교의 아버지는 혜선의 "아
버지가 그것은 죽어도 못 하리라고"(전영택, 「혜선의 사」)하는 개가
(改嫁)를 허락하기도 했다. 『무정』의 김 장로가 "양반의 가문에 기생

---

12) 김동인, 「명문」, 앞의 책, 363쪽.

152

정실이 망령"이라는 주위의 비난에도 불구하고, 기생첩이었던 선형 어머니를 정실부인 삼은 것은 신분과 성(性)을 초월하는 이 기독교적이고 근대적인 인권 사상을 표현한다. 이 일은 다음과 같이 서술된다.

> 그 부인은 원래 평양 명기 부용이라는, 인물 좋고 글 잘 하고 가무에 빼어나 평양 춘향이라는 별명 듣던 사람이러니 이십여 년 전 김 장로의 부친이 평양에 감사로 있을 때에 당시 이십여 세 풍류남아이던 책방 도령 이 도령이 아니라 김 도령의 눈에 들어 십여 년 김 장로의 소실로 있다가 본부인이 별세하자 정실로 승차하였다. 양반의 가문에 기생 정실이 망령이어니와 김 장로가 예수를 믿은 후로 첩 둠을 후회하나 자녀까지 낳고 십여 년 동거하던 자를 버림도 도리어 그르다 하여 매우 양심에 괴롭게 지내다가 행인지 불행인지 정실이 별세함으로 재취하라는 일가와 붕우의 권유함도 물리치고 단연히 이 부인을 정실로 삼았음이라.13)

김 장로의 결단은 첩을 내보낸 이상국의 행위와 짝을 이루는 동시에, 기생임을 비관해 대동강에 투신자살한 월화의 의식과도 상통한다. 즉 김 장로는 선형 어머니를 정실 삼아 스스로 마련한 첩의 위치를 말살하고 부정함으로써 양반과 기생 사이의 신분적 거리를 초월했다. 그리고 이를 통해 두 사람의 육체적이고 실질적인 결합은 공적으로 인식되고 인정될 새로운 인간관계와 윤리의 형식을 획득했다. 그리하여 기생 출신 첩의 딸인 선형이는 보통교육은 물론 미국 유학의 기회를 얻을 수 있었다. 물론 여기에는 김 장로의 기독교인적인 '양심'이 깊숙이 작용했다. 그러므로 형식이가 김 장로를 평가하여 "조선식 예수교의 신앙을 알 따름이요 예수교의 진수가 무엇이며 예수교와 인류

13) 김철 교주, 『바로잡은 무정』, 문학동네, 2003, 47~48쪽.

와의 관계 또는 예수와 조선 사람과의 관계는 물론 생각도 하여본 적이 없다"[14]고 비판한 것은 온당하지 않은 듯하다. 사실 김 장로의 행위는 "기생을 아내로 삼는다 하면 사회의 평론이 어떠할까" 하고 걱정하면서도 궁극적으로는 여학생과 기생을 구별하지 않는 이형식 자신의 태도와 별로 다르지 않은 것이기 때문이다. 다음 장면에 묘사되듯이, 기생 월향을 '월향 씨'로 불러 비웃음을 당한다는 점에서, 사위는 장인과 동일한 가치를 추구하고 있었다.

   형식의 생각에는 여학생이나 기생이나 사람은 마찬가지 사람이라 한다. 그러므로 형식은 '월향'에 '씨'자를 붙이는 것이 옳으리라 하여 한참 생각한 뒤에 있는 용기를 다하여 "월향 씨 어디 갔소." 한 것이언마는 말을 하고 생각한 즉 미상불 부끄럽기도 하다. 그리고 노파의 얼굴을 보았다. 노파는 우스움을 참는 듯이 입을 우물우물하더니,
   "월향 씨 손님 모시고 어디 갔소. 왜 그러시오?"[15)

   그리고 이는 영채를 한 달 동안이나 "애, 월향아!"라고 부르던 신우선의 입에서 "여보시오. 박영채 씨"라는 말이 나오게 되는 일로도 이어진다. 나아가 이는 "하인들로 하여금 아씨니 마님이니 하는 말을 못 쓰게"[16) 하는 대신 '선생님'으로 호칭되는 현상도 초래할 것이다. 이같이 예배당에서의 결혼식은 인간관계와 사회 구성의 근대적 재편을 촉진했다. 아이러니컬하게도 신성(神聖)과 영원(永遠)은 개인의 행위에 사회와 역사를 매개했던 것이다.

---

14) 김철 교주, 위의 책, 473쪽.
15) 김철 교주, 위의 책, 236쪽.
16) 이광수, 『흙』, 문학과지성사, 2005, 324쪽.

154

3. 최초의 오빠 이형식

한편 이형식은 월향을 '월향 씨'로 부를 뿐만 아니라, 동기(童妓) 계향을 '누이'로 소개하거나 그로부터 오빠라고 불리고 싶어 하기도 한다. 이형식을 '나리'라고 호칭할지 '이 학사(學士)'라고 호칭할지 고민하던 계향은 이 사실을 알아차린다. 그리고 그를 '오빠'로 부른다. 이는 다음과 같이 묘사된다.

"계향 씨의 얼굴은 술이 취한 것 같이 붉구려!" 하였다. 계향도 형식이가 자기의 무엇이라고 부를지 몰라 주저하던 것을 알았는가 하여 더욱 얼굴을 붉히더니,
"오빠의 얼굴도……" 하고 부끄러운 듯이 고개를 더 숙이고 말을 다하지 못한다. 계향은 아까 형식이가 자기를 "내 누일세." 하던 것을 생각한다. 형식이가 계향에게서 들으려던 말은 이 '오빠'란 말이었다. (중략) 계향의 "오빠의 얼굴도……" 하는 간단한 말은 형식에게 무한한 기쁨을 주었다.17)

기생을 누이 삼는 일은 '씨'를 붙여 기생을 부르는 일보다 훨씬 근본적으로 기존의 질서에 충격을 주는 것이다. 전근대적 사회에서 이는 상상도 할 수 없는 일이다. 이를테면 양반 꼬마는 노인 종을 할아버지로 부를 수 없다. 그것은 봉건적 가문이나 문벌 자체를 부정하기 때문이다. 이 신분 질서에 맞서 계향이가 부르는 '오빠'는 부부와 자녀를 중심으로 하는 근대 가족 관계의 은유로 인간의 평등한 관계를 매개한다. 이는 몸종 유월이가 "어려서부터 상전으로 섬기는 정선을 아주머니"(이광수, 『흙』)라고 부르거나, "빨간 남이라도 나이가 많으면

17) 김철 교주, 앞의 책, 383~384쪽.

어머니 할머니"(이기영, 『신개지』)라 호칭하는 본격적인 신분 파괴의
단계를 거쳐 근대적 민족을 가족적 공동체로 창출할 것이다. 그리고
이는 마침내 근대국가의 국민으로 호출될 것이다. (실로 현재의 한국
인은 모두 가족 아닌 다른 사람으로부터도 오빠, 언니, 형, 아저씨, 아
줌마, 할아버지, 할머니 등으로 불린다.)

그러나 이형식이 이러한 의미의 기생오라비인 것만은 아니다. 그는
약혼자가 될 정신여학교 졸업생 선형도 '자기의 누이'라고 생각한다.
그는 "처녀를 대할 때에 누이라고밖에 더 생각할 줄을 모르는 사람"이
기 때문이다. 사실 형식, 영채, 선형 사이 성립된 애정의 삼각관계를
극복하는 것은 형식으로 하여금 "교육으로 실행으로 저들을 가르쳐야
지요"라고 외치게 하는 이들 사이의 '사제관계'[18]만은 아니다. 그보다
도 먼저 형식은 여성들의 오빠로 복귀한다. 형식은 선형과 영채의 선
생이기에 앞서 그들의 오빠다. 형식이 모든 처녀를 누이로 생각한다
는 점에서 병욱 역시 그의 누이다. 다음과 같이 이형식은 수해를 만난
삼랑진 역에서 세 여자의 오빠가 된다.

> 네 사람은 열을 지어 개찰구를 나섰다. 일 없는 손님들은 네 사람의
> 행색을 유심히 보며 혹 웃기도 하고 수군수군하기도 한다. 마치 형식
> 이가 세 누이를 데리고 가는 것 같다.[19]

위의 장면을 통해 영채는 기생의 위치에서 완전히 벗어난다. 따라
서 영채가 자선음악회에서 「지난 일 생각하니 부끄럽도다」라는 찬미
가를 부른 것은 상징적이다. 실로 유학 행 기차 안에서 영채는 자신이
병욱의 도움으로 '부활'했다고 규정했던 것이다. 그리고 바로 이때 이

---

18) 김윤식 · 정호웅, 『한국소설사』, 예하, 1993, 66쪽.
19) 김윤식 · 정호웅, 위의 책, 676쪽.

해조의 「화의 혈」에서 「춘외춘」으로 나아간 "'기생·여학생'의 흥미성"[20] 형식은 근대소설의 심각한 테마로 지양된다.

그런데 영채가 부활을 말하는 것과 마찬가지로, 형식이 고집하는 오빠-누이 관계에는 뿌리 깊이 기독교가 작용한다. 예컨대 결혼 후 예수라는 '이쁘장스런 사내'[21]의 화상을 정면으로 바라볼 수가 없어 교회에 나가지 않게 된 은희에게 신도들은 "누님, 이즈음 왜 게으르시우?" 하고 묻는다. 이러한 예배당의 풍속에 근거해 기독교인 조상훈은 다음과 같이 비판되기도 했다.

이 댁 나리는 하느님 앞에서는 누구나 형제자매지만 집에 들어오면 양반이라 해라를 하는 것이다.[22]

즉 기독교는 '하나님 아버지'의 사도로서 두루 평등한 형제자매의 관념을 조선에 도입했다. 그리고 이는 국가의 법체계 및 학교교육 등과 함께 식민지의 사회적 변동을 촉진했다. 이와 관련해 김남천은 다음과 같이 서술한 바 있다.

대봉이는 예수교란 건 어떤 겐데, 그 진리는 뭐이고, 죽으면 천당에 가고, 머, 이러퉁한 말은, 하나토 쓰지 않았다.
"얘 길손아, 이뎀 공일에 회당에 가자."
한마디 툭 던지면 저 쪽에선,
"겐 멀하레." 하고 반문한다. 그러면 곧,
"너, 색시랑 체니 구경 안 할련? 함께 찬미하구, 기도 올리구, 오라버니, 누님 어쩌구 한다. 재미있다." 이렇게 꼬여대면 처음엔,

---

20) 김윤식·정호웅, 위의 책, 53쪽.
21) 김동인, 「신앙으로」, 『김동인전집』 2, 조선일보사, 1987, 260쪽.
22) 염상섭, 앞의 책, 108쪽.

"망할 자식."

하고 어깨를 툭 치며 웃고 돌아서지만, 공일날 아침엔, 일쯔감치 조반을 먹고,

"대봉이 있나." 하고 찾아왔다.[23]

부인석과 남자석을 같이 설치함으로써 '색시랑 처녀 구경'을 발생시킬 뿐 아니라, 중문(中門)을 넘어서지 못하는 사랑손님으로 하여금 옥희 어머니를 찾아 "여기저기 두리번두리번"(주요섭, 「사랑손님과 어머니」)거리게 하는 교회에서, "웬 젊은 녀석이 양반의 댁 안마당을 들여다보아"(이인직, 『혈의 누』)라고 야단치는 공식적인 내외 관념은 공간적으로 성립되지 못한다. 그런 의미에서 교회는 상현과 정애를 '광화문 앞 석 난간 모퉁이'에서 마주치게 한 「안의 성」(최찬식)의 통학로(通學路)와도 비슷하게 기능한다. 즉 신분 질서에 근거해 사랑, 중문, 안방의 가옥 구조로 실현되는 내외 관념은, "오라버니 누님 어쩌구" 하는 교회의 상스런(?) 풍속을 통해 근본적으로 소멸된다. 이는 「네거리의 순이」(임화)로 대표되는 청년[24]의 광장과 골목을 매개할 것이다. 그리고 다른 한편으로는 "에그, 당신은 양반이시고 나는 여염사람이지마는, 여러 해 친하여 숭허물 없는 터에 관계있습니까? 우리 인제는 의남매를 정하십시다."라는 「구마검」(이해조)의 말과 같이 통속화되기도 할 터이다. 실로 이광수는 다음과 같이 나아간 오빠-누이의 풍속을 묘사하기도 했던 것이다.

"여보시오, 인제부터는 그 사람더러 오빠라고 마시오! 오빠는 무슨

23) 김남천, 『대하』, 인문사, 1939, 254쪽.
24) 이에 대해서는 졸저, 『오빠의 탄생』, 문학과지성사, 2003, 42~75쪽을 참고할 것.

158

오빠란 말이요? 그 사람이 무슨 친척이란 말이요? 나는 그 말이 듣기가 싫소!"(중략)

"아니야요. 아니야요. 왜 그래요? 왜 내가 그이를 오빠라고 못 불러요? 왜 내가 그이를 오빠라고 사랑하지 못 해요? 그렇게 내 자유를 꺾으시어요? 나는 싫어요, 싫어요!"(중략)

"오빠도 사랑해요? 사랑이란 말을 아무런 데나 쓰는 것인 줄 아시오? 요새 여자들은 다 그렇소? 남편 따로 사랑하고 오빠 따로 사랑하고……."25)

요컨대 선형, 영채, 계향 등을 누이로 동일시하는 이형식의 태도에는 "오라버니 누님 어쩌구" 하는 교회의 분위기가 뿌리 깊이 작용한다. 이형식이 "아무 지식도 없고 아무 덕행도 없는 아이들이 목사나 장로의 집에 자주 다니며 알른알른 하는 덕에 집사도 되고 사찰도 되어 교회 내에서 제인 체 행동"한다고 비난하는 것은 오히려 이형식이 기독교와 친근할 뿐 아니라 그 안에서 사고하고 있음을 반증한다. 이는 이광수가 「금일 조선 야소교회의 결점」을 써 조선의 기독교계를 비판한 것과도 무관하지 않다. 나아가 이 사실은 선형과 영채 사이에서 고민하는 이형식의 심리적 갈등이 함축하는 문학사적 의의와도 관계된다. 즉 형식은 "선형의 얼굴과 태도도 얌전치 아니함이 아니지마는 영채에 비기면 변화가 적고 생기가 적다"고 평가하면서도 "무식한 영채와 행복된 가정을 이룰 수가 있을까" 하고 탄식한다. 그리고 이러한 번민은 다음과 같이 귀결된다.

'선형과 나와 약혼'한다는 말만 들어도 기뻤다. 영채가 마침 죽은 것이 다행이다 하는 생각까지 난다.26)

25) 이광수, 「재생」, 『이광수전집』 2, 삼중당, 1962, 45쪽.
26) 김철 교주, 앞의 책, 458쪽.

이때 이형식이 선형과 영채의 장단점을 비겨보거나 박 진사와의 의리 때문에 고뇌하던 나머지, 영채가 죽은 것이 다행이라고 생각하는 일은 극히 중요하다. 무엇보다도 이는 선형과 영채 중 오직 한 명만을 아내로서 선택해야 한다는 의식을 보이기 때문이다. 이를테면 이는 다음과 같은 「안의 성」의 귀결과 결정적으로 대비된다.

> 좌중이 서로 마주 인사를 마치고 식당에 인도하여 무한히 오락하는 끝에 좌중의 여러 사람의 권고로 봉자를 김상현의 부실(副室)로 정하고, 또한 소개로 영자는 현 경시의 부실로 미탁하여 당석에서 상우례 (相遇禮)까지 거행하였다더라.27)

소설은 정애를 모함해 시집에서 쫓겨나게 한 정봉자가 상현의 '부실'이 되게 함으로써 온갖 풍파로 점철된 오랫동안의 갈등을 마무리한다. 그리고 이에 대한 정애의 반응은 아예 서술되지도 않는다. 즉 이 작품의 소설적 전망은 조강지처와 첩이 서로 질투하지 않고 사이좋게 지내는 것이다. 끝내 상현-정애-봉자의 삼각관계는 해소되지 않는다. 상현의 축첩은 오히려 도덕적 충족감과 구조적 안정성조차 띠게 된다. 이는 남성 중심의 봉건적 가족 구성을 재생산한다. 따라서 근대적 법질서의 운용이나 부부동반의 공원 산보 같은 새로운 풍속을 다양하게 보여줌에도 불구하고 「안의 성」은 여전히 근대소설에 미달한다. 이 소설은 '사랑에 대한 자의식'28)이 작용하지 않을 뿐만 아니라, 근대인과 근대적 인간관계에 대해서도 별로 고민하지 않기 때문이다. 비유컨대 상현과 정애의 부부동반은 결국 "건달이 갈보 데리고 가듯 앞서거니 뒤서거니 다니는 것"에서 완전히 벗어나지 못했다. 그것은

---

27) 최찬식, 「안의 성」, 『한국신소설전집』 4, 을유문화사, 1968, 159쪽.
28) 김윤식 · 정호웅, 앞의 책, 57쪽.

160

예수교적인 사랑과 '성가족(聖家族)'을 이상으로 삼지 않았던 것이다.
　그렇다면 「안의 성」과 비교된 『무정』의 문학사적 위치는 자명해진
다. 즉 이형식 역시 선형을 아내 삼고 영채를 첩 삼으려 할 수 있었다.
그렇게 마음먹었다면 이형식의 고민은 발생하지 않았을 것이다. 형식
은 선형의 교양과 영채의 감각을 모두 소유하면 그뿐이었다. 형식은
선형이라는 기회와 영채라는 의리를 한꺼번에 부여잡을 수 있었을지
도 모른다. 그 경우, 영채의 죽음은 다행이 아니라 대단히 섭섭하고
아까운 일이 될 것이다. 하지만 그는 두 사람 중 한 명을 선택해야 하
는 일부일처의 관념에 매달렸으며 축첩제도의 폐지에 충실했다. 그러
나 형식이 그렇게 한 것은 그에게 두 사람을 거느릴 돈이 없었던 대신
유학을 가고 싶은 욕심이 있었기 때문만은 아니다. 그보다 더 중요한
것은 이미 이형식이 기독교적 인간관계와 결혼관을 돌이킬 수 없이
내면화하고 있었다는 점이다. 다시 말해 여학생과 기생을 똑같은 누
이로 생각하는 이형식에게 여학생 아내와 기생첩이라는 심리적, 현실
적 배치는 애초에 불가능했다. 그는 '연애신성'과 '자유결혼'을 꿈꾸는
새 시대의 청년이었다. 이는 다음의 약혼식 장면이 함축한 역사적인
의미이다.

　　"그러면 형식 씨도 동의하시오?"
　　목사는 장로의 질문이 좀 부족한 듯하여 얼른 형식을 보며,
　　"지금은 당자의 뜻을 듣고야 혼인을 하는 것이니까 밝히 말씀을 하
시오……선형과 혼인하실 뜻이 있소?"29)

　그리고 이는 '삼종지도(三從之道)'를 버리고 유학생이 되는 영채의
행로와 짝을 이룬다. 그런 의미에서 결국 형식과 영채는 결합했다. 따

---
29) 김철 교주, 앞의 책, 490쪽.

라서 문학사적 관점에서 보았을 때, 영채가 죽었다고 생각해 그것을
다행으로 여기는 이형식의 심리는 비루하거나 가증스럽기보다는 오히
려 감동적이다. 이를 통해 그는 자신이 근대적 결혼의 수호자로서 문
명개화의 청년 교사임을 증명했기 때문이다. 이형식은 애인과 배우자
의 자율적 선택을 강조하는 대신 조혼과 축첩제도를 거절하는 문명의
기차에 여성들과 동승함으로써, 봉건성의 어두운 터널을 뚫고나가고
자 한 최초의 '오빠'였던 것이다.

4. 죄의 발견, 존재의 발각

그러나 달리 생각했을 때, "세 사람이면 왜 안 되는 것인가"(「화분」)
라는 이효석의 의문이 상징하듯이, 모든 여성들을 누이로 만든 삼랑진
의 일은 기존 질서로부터의 해방임과 동시에 새로운 억압을 보편화하
는 것이기도 했다. 이제 세 여자는 오빠이자 선생으로서 민족의 교육
을 부르짖는 형식을 오로지 우러러보게만 되었기 때문이다. 이는 결
국 세 여성이 이형식의 시선과 전망에 지배됨을 의미한다. 그 모습은
다음과 같이 묘사된다.

형식은 한 번 더 힘 있게
"그것을 누가 하나요?" 하고 세 처녀를 골고루 본다. 세 처녀는 아
직도 경험하여 보지 못한 듯한 말할 수 없는 정신의 감동을 깨달았다.
그러고 일시에 소름이 쪽 끼쳤다. 형식은 한 번 더
"그것을 누가 하나요?" 하였다.
"우리가 하지요!" 하는 대답이 기약하지 아니하고 세 처녀의 입에서
떨어진다.[30]

162

 이 감격적인 장면 이후, 자신의 이상형과 비교해 "얼굴이 길쭉하고 광대뼈가 나오고 볼이 좀 들어가고 눈 꼬리가 쳐지고 게다가 이마에는 오랫동안 빈궁하게 지낸 자취로 서너 줄 주름"이 진 이형식을 불만스러워했던 선형의 감각적 경험과 시선의 권리는 묵살되었다. 이는 선형의 얼굴을 "영채에 비기면 변화가 적고 생기가 적다"고 평가했던 이형식 자신에게도 적용되는 것이다. 그들은 이 이념적 맹목을 근거로 잃어버린 민족의 낙원을 유학을 통해 재건하고자 했다.

 그런 의미에서 김동인의 은희(「신앙으로」)가 교회에 나가지 않게 된 것은 상징적이다. 예수를 '한 개의 미남자'로 느끼는 그녀는 예수의 사진을 볼 때마다 '괴상한 감정'이 북받쳤기 때문이다. 그녀 역시 크리스마스트리를 장식하는 이효석의 주인공처럼 "정신으로보다도 먼저 육체로 하늘을 찾고 싶"31)었는지도 모른다. 그러므로 그녀가 교회를 떠난 것은, 부끄럼 없이 "옷을 제 손으로 훌훌 벗"음으로써 낙원으로 복귀하는 신식 결혼식의 신부와는 달리, '무화과나무 잎' 치마를 입고 "하나님의 낯을 피해 동산 나무 사이에 숨은"32) 이브의 행위에 필적한다. 요컨대 신앙과 교회를 통해 은희는 비로소 죄(Sin)를 발견했다. 죄(罪)는 노출되는 일 자체이며, 그렇게 자신이 발각되었음을 공포와 더불어 인식하는 일이다. 법조문은 여호와를 대신해 그 존재론적인 장면을 사회적 장으로 포착해 내어 세속적이고 역사적으로 재현하는 국가적 시선의 체계이다. 이 둘은 서로 협력하며 인간과 사회를 일망감시적으로 규율할 것이다.

 따라서 은희가 신앙을 포기한 것은, 단지 경찰을 두려워할 줄만 알았던 영채의 기생어미 노파가 '진실한 예수교 신자'가 됨으로써 자기

---

30) 김철 교주, 위의 책, 707쪽.
31) 이효석, 「성수부」, 『이효석전집』 2, 창미사, 1990(2쇄), 134쪽.
32) 『성경전서』, 대한성서공회, 1982(125판), 4쪽.

행위를 반성하는 죄의식을 계발하게 된 일, 또는 인생보다 '처세'를 알았던 이상국이 "자기의 쾌락의 희생이 된 여자들이 앙상한 이빨로 머리를 풀어헤치고 뜯어먹으려" 덤비는 '지옥'을 상상하는 일과 오히려 상통한다. 더 나아가 이는 "죄를 내어버리고 싶다. 죄를 내어던지고 싶다"33)(「수인(囚人)이 만든 모형정원(箱庭)」)고 한 이상(李箱)의 시를 상기시킨다. 기독교와 더불어 식민지의 근대인은 필연적으로 죄수이자 '수인'이 되었기 때문이다. 근대가 문명과 지배를 동시에 가져왔듯이, 교회는 천국과 함께 죄를 베풀었다. "남몰래 정충(精虫)의 일원론을 고집"하며 '성모(聖母)의 시장(市場)'(「슬픈 이야기」)을 거니는 '모조기독(模造基督)' 이상이 "따뜻한 봄을 흩뿌린 거지같은 천사"를 '뱀 같은 채찍'으로 학대하는 것은 그러한 상황을 배경으로 한다. 다음은 '가브리엘 천사균(天使菌)'(「각혈의 아침」)과 더불어, "그리스도에 혹사(酷似)한 남루한 사나이"가 준비한 '기독교적 순사(殉死)'(「얼마 안 되는 변해」)의 한 가지 행적이다.

천사의 뱀 같은 채찍으로 천사를 때린다.
천사는 웃는다, 천사는 고무풍선처럼 팽창한다.

천사의 興行은 사람들의 눈을 끈다.
사람들은 천사의 貞操의 모습을 담았다고 이야기되는 원색 사진판의 그림엽서를 산다.34)

위와 같이 '최저낙원(最低樂園)'의 죄를 고통스럽게 섬기며 '금제(禁制)를 앓는'(「금제」) 것이야말로 '오감도'의 시선을 지닌 이상이 실

---

33) 이승훈 편, 『이상문학전집』 1, 문학사상사, 1992(3판), 222쪽.
34) 이상, 「홍행물천사」, 『공포의 기록』, 범우사, 2005, 21쪽.

천한 기독교적 신앙이었다. "비밀이 없다는 것은 재산 없는 것처럼 가난하고 허전한 일"(「실화」)이라고 규정한 그는, '나는 캐라반'(「신경질적으로 비만한 삼각형」)이라고 시 쓰면서 '낙타'(타락) 같이 부유(富裕)하고자 했다.[35] 그렇게 그는 비밀에 풍족해 하면서도 통과 못할 바늘귀의 이야기를 잊을 수가 없었다. 그가 "내 뒤를 밟은 놈은 없을까"(「애야─나는 한 매춘부를 생각한다」)하고 두려워한 것은 그 때문이다. 에덴의 인간들처럼, 그는 "오들오들 떨면서 도처에서 들킨"(「문벌」) 것이다.

35) 이상 문학에 대한 논의는 졸저, 『이상, 철천의 수사학』, 소명출판사, 2000을 참고할 것.

젠더연구와 검열연구의 교차점에서
―'여성' 및 근대여성담론의
식민지적 특수성에 대한 시론―

최 경 희[*]

1. 문제제기 : '여성'이라는 명칭으로부터

이 글의 출발점은 현재 한국의 출판물에서 여자를 일컫는 공식적인 표현으로 가장 널리 쓰이고 있는 '여성(女性)'이라는 용어이다.[1] '여자(女子)'와 '부인(婦人)' 등 우리말에서 여성을 일컫는 용어들이 사용된 역사는 그야말로 유구하지만, '여성'이라는 특정 용어가 우리말 속에 자리를 잡은 것은 그리 오래지 않다. '신여성(新女性)'이라는 용어를 매개로 하여 처음으로 공적담론계에 모습을 내민 1920년초 정도까지 거슬러 올라가더라도 고작 백 년도 되지 않는다. 사용된 역사가 상대적으로 짧음에도 불구하고, '여성'이라는 용어는 현재 공적담론에서 여타의 여성지칭어들이 넘볼 수 없을 정도로 군건하게 대표적 지위를 차지하고 있다. 그 지배적인 위치는 최근에 출판되는 여성관계 서적의 참고문헌란만 보아도 여실히 드러난다. 이화여자대학교 출판부에

---

* Chicago대학 교수, 한국문학.
 1) 용어로서의 '여성'은, 남성과 대비되는 젠더주체로서의 여성을 가리키는 보통 명사이지만, 생물적, 역사적, 사회적 주체로서의 여성과는 구별할 필요가 있다. 이 논문에서는 작은 인용부호를 써서 그 용법을 구별한다.

서 발간한 『한국여성사』(1972)를 위시하여 한국여성의 역사를 다룬 출판물, 『여성과 사회』처럼 페미니즘을 다룬 잡지의 명칭, '여성학과' 와 같은 학제 단위의 명칭이나 '한국여성문학학회' 같은 학회의 명칭 등, 넓은 의미의 여성학관계 출판물 제호나 조직의 이름에 모두 '여성' 이 쓰이고 있음을 알 수 있다.[2] '여성주의'라는 용어에서 보듯, 영어인 '페미니즘(feminism)'이 한국어로 번역되어 정착하는 과정에서도 여성 주체의 보통명사로 '여성'이 채택되었다. '여성'이 여성의 대표적 호칭 으로 정착된 것은 한국만이 아니다. 동아시아의 각 지역에서 '여자', '부녀', '부인' 등의 다양한 여성지칭 용어들이 여전히 쓰이고 있음에도 불구하고, 지난 5년간 일본과 중국에서 발간된 여성학 관계 서적을 보 면 다른 여성지칭 용어들을 제치고 '여성'이 대다수의 제호에 쓰이고 있다. '여성'은 여성의 대표어로서 동아시아적인 통일성을 확보한 듯 하다.

'여성'이 한반도에 들어와 쓰이게 된 1920~30년대로 거슬러 올라가 동아시아 각 지역의 여성용어 사용 양상을 세밀하게 들여다 보면, 비 교학적으로 흥미로운 현상이 발견된다. 전반적으로 거의 비슷한 현상 들이 조선, 일본, 중국, 대만에서 진행되고 있는 듯하지만, 각 지역에서 각각의 여성지칭어들이 사용되는 양상은 사뭇 다르다. 이미 여성 중 국학자 타니 발로우(Tani Barlow)가 지적한 바 있듯이, 중국에서는 문 화적인 차원의 개별성을 표방한 '여성'이 계속 출판계에서 쓰이면서도, 공적인 언어영역면에서 국가기관의 주도에 의해 공식적인 여성지칭어

---

2) 예를 들면, 『한국여성사』(총2권), 이화여자대학교 출판부, 1972 ; 한국여성연 구회 여성사분과팀, 『한국여성사－근대편』, 풀빛, 1992 ; 박석분·박은봉, 『인 물여성사』, 새날, 1994 ; 이배용 외, 『우리나라 여성들은 어떻게 살았을까』(총2 권), 청년사, 1999 ; 여성신문사 편집부 편, 『이야기 여성사 : 한국 여성의 삶과 역사』, 여성신문사, 2000 ; 여성사연구모임 길밖세상, 『20세기 여성사건사』, 여 성신문사, 2001 등이 있다.

가 '부녀(婦女)'로 정착되었다. 앞으로 살펴보겠지만 일본의 경우에는 메이지 시기부터 공적담론에 꾸준히 등장하기 시작한 '부인(婦人)'이 여러 새로운 여성지칭어들을 앞지르며 공식적인 혹은 준공식적인 대표어로서 통용된다.[3]

식민지 조선에서는 중국이나 일본에서처럼 뚜렷한 윤곽을 지닌 고정화과정은 일어나지 않았다. 그렇지만 '여자', '부녀', '부인', '신여성', '현대부인', '현대여성' 등 여러 여성지칭어들이 혼용되는 가운데에서도 1930년이 넘어서부터는 '여성(女性)'의 쓰임새가 현저하게 공적담론의 전면에 나선다고 볼 수 있다.[4] 보통의 경우 서구에서 이입된 근대적 용어나 담론은 먼저 일본에서 소개되고 정착된 뒤 일정한 시차를 두고 번역을 통해 조선에 소개되는데, '여성'은 '부인'의 공적인 기세가 확실하게 잡혀 있던 일본에서보다 한국에서 더 빨리 그리고 확실하게 공적인 담론의 전면에 정착되는 경향이 눈에 띈다.

이 연구에서 일제 강점기에 조선의 출판물에 안정적으로 정착하기 시작한 '여성'의 쓰임새에 관심을 갖는 것은, 이 단어의 조선에서의 정착과정이 중국이나 일본에서 정착해가는 과정과 비교해 차이가 나기 때문만이 아니라, 태평양전쟁시기가 되어 일제당국이 모든 부분의 공적담론을 장악하였을 때에는 매우 극적인 불연속성을 보이며 '부인'에게 자리를 내주고 거의 사라지는 현상까지 보이기 때문이다. 또 이 용어가 해방공간에서 진행된 한 차례 용어 각축장의 중심에 서게 된다

---

3) 지난 세기 중국에서 '婦女'가 공식적인 여성명명어로 정착하는 과정에 대하여는 Tani Barlow, 'Theorizing Woman : Funu, Guojia, Jiating(Chinese Women, Chinese State, Chinese Family), Genders 10, Spring 1991, 132~160쪽. 19세기 후반이래 일본에서 '婦人'이 여성의 대표어로 정착되는 과정에 대해서는 본문을 참조.

4) 식민지 대만과 식민지 조선에서의 여성담론 비교는 앞으로 수행되어야 할 과제이다.

는 것이 또 다른 이유이다.5) 여성이라는 주체는 근대담론장에서 지닌
보편성과 특수성, 즉 조선인구의 절반이라는 일정한 보편성과 계몽과
근대화가 긴박하게 필요한 다수의 주체라는 특수성 때문에, 식민지 조
선의 공적담론장이 지닌 역사적 성격을 이해하는 데 중요한 단서가
될 수 있다. 이러한 맥락에서 동아시아의 공적담론에서 '여성'을 비롯
하여 여성지칭어들이 근대적 출판물 안에서 정착해가는 과정은, 여성
에 대한 명명법에 미친 복합적인 사회적, 문화적, 정치적 요인들을 역
사적으로 추적하는 데 매우 효과적인 분석지점을 제공해준다.

한국에서는 1980년대 말과 1990년대 이후 여성에 대한 연구들, 특히
근대여성담론에 대한 연구들이 봇물 터지듯이 많이 나왔다.6) 이러한
연구물의 서술에는 '식민지적 근대(성)'이라는 구절이 제법 많이 눈에
띈다. 하지만 시대의 특징을 지적한 것과 일본에서 통용되던 질서나
사물이 조선에 이식, 모방, 강요되었다는 진술 외에, 여성에게 있어서
'식민지적 근대'는 무엇이었는지, 조선의 여성근대화에 있어서 '식민지
적' 특성이 어떠한 것이었는지를 구체적으로 제시해주는 연구는 잘 눈
에 띄지 않는다. 일제의 전시동원체제가 전면적으로 가동되기 시작하
는 1930년대 말기의 현상을 다루는 연구물에서야 '식민주의'의 특성이
여성담론과 관련되어 본격적으로 논의가 되는 정도이다. 물론 이러한
식민지시대 연구 전반의 한계들은 연구자들의 역량부족에 기인한다고

---

5) 1946년 8월 17일 조직된 여성조직은 '건국부녀동맹'이라는 명칭을 갖는다. 유
   영준을 중앙집행위원장으로 하여 출범한 조선부녀총동맹은 기관지의 제호를
   『부녀조선』으로 삼았고, 북조선에 성립된 여성동맹은 기관지의 제호를 『조선
   여성』이라고 명명하였다.
6) 이배용, 문옥표, 권희연, 김경일, 김수진, 김양선, 심진경 등 신여성과 신여성담
   론에 대한 많은 연구가 이루어져 왔다. 여성독자층의 확대, 글쓰기 및 글읽기
   주체로서의 여성의 등장, 부인문제에 대한 의식강화 등의 접근이 있는가 하
   면, 한국의 경우만이 아닌 일본이나 중국의 경우를 포함하는 비교연구성과도
   출간되고 있다.

단정지을 수 없다. 그보다 허가제 및 철저한 출판전 검열(원고검열)을 통해 식민지의 식민지성 자체에 대한 인식을 저지하려던 식민지당국의 규제가 있었고, 그로 인한 절대적인 자료부족이 연구와 검증의 진도를 느리게 했다고 보아야 한다. 그렇다면 중일전쟁 이전 시기의 여성의 식민지적 근대성은 보다 분명하게 파악할 수 있을까?

그렇지만 이러한 사실들을 제기하면서도 동시에, 지금까지의 한국 여성의 근대성에 관한 연구가 어느 정도로 식민지 검열로 인한 파생적 제약과 악폐를 입었었던 것인가라는 의문을 던져볼 수 있다. 지난 1990년대부터 활발하게 진행된 근대여성 연구가 검열로 인한 자료의 부족 때문에 더디게 나간 면이 있을까? 오히려 식민지시대를 다루는 다른 부문의 연구와 비교해 볼 때, 연구자료로서의 텍스트가 상대적으로 풍부하였던 것은 아닐까? 이러한 물음과 연관되어 분명한 것은 한국의 여성 근대성 연구에 있어서 그 연구에 사용되는 거의 모든 기본 텍스트 자료가 조선어 신문 및 잡지 그리고 단행본 등, 합법적으로 발행된 출판물로서 모두 식민지당국의 검열을 거쳐서 생산된 자료라는 사실이다. 그런데 이러한 사실에 대하여, 식민지 검열의 기본특성을 이해하고 해석하여 이를 방법론적으로 연구의 지평 속에 구체적으로 반영한 연구는 많지 않았다.[7)]

식민지시대의 검열에 대한 연구는 지난 2000년이래 일군의 연구자들에 의해 새로운 문제의식으로 다각도로 활발하게 진행되었다.[8)] 그

---

7) 부분적이기는 하지만 식민지 검열에 대하여 근대여성담론 생산에서 배경사실 언급 이상의 과제적 성격을 부과하여 부분적으로 다룬 연구로는 김수진의 연구가 있다. 신여성담론이 "검열로 대표되는 식민권력의 정치사상적 물질적 규제와 통제"(124쪽)를 포함한 네 가지의 '식민지 담론장의 조건'에서 형성되었음을 강조하였다(김수진, 『1920~30년대 신여성담론과 상징의 구성』, 서울대학교 박사학위논문, 2005).

8) 한만수·최경희·정근식·한기형·박헌호, 성균관대학교·동국대학교·서

170

러나 검열당국의 외적 검열이 텍스트나 텍스트 생산자들에게 미친 직접적이고 가시적이며 의도적인 결과를 넘어서서, 검열의 종합적 파생 효과가 출판물 생산자들이 일상적으로 검열에 대응하는 과정에 어떠한 양식으로 어디까지 영향을 미쳤는지에 대해서는 아직 누적된 연구 결과가 나오지 못한 상황이다.[9] 그러므로 검열 연구의 시각에서 볼 때 여성담론 연구를 검열 연구에 접목시키는 일은 중요한 도전거리이다. 식민지당국의 전반적인 감시와 견제가 구체적으로 근대여성담론의 형성에는 구조적으로 그리고 구체적으로 어떠한 영향을 미쳤을까?

남성과 비교하여 볼 때 전통적으로 여성은 독립적인 개별 자아나 추상적인 집단 정체성을 통해서보다는 구체적으로 주변에 존재하는 관계들, 특히 가족, 그 중에서도 가까운 남자를 통하여 정체성이 파악되고, 형성 유지되어 나가는 경향이 있다. 유사한 맥락에서, 여성과 관련된 언설들은 기본적으로 남성들만의 세계에서 나올 수 있는 언설보다 주변에 있는 여타 담론들과의 관계에 의해 규정되는 경우가 훨씬 빈번하다. 이 논문에서 살펴 볼 여성잡지만 하더라도, 상대적으로 수명이 길고 영향력도 많았던 여성잡지들은 독립적인 지위의 출판물로 출발하였다기보다는 자매지로 출발하였다 해도 과언이 아니다. 1910년대 후반 유수한 지식인들 사이에서 읽히던 잡지 『여자계』는 『학지광』의 자매지였고, 1920년대에 영향력 있는 대중잡지로 부상한 『신여성』은 『개벽』의 자매지였으며, 1930년대 전반에 많이 읽힌 『신가정』은

울대학교 검열학회 개최 세미나.

9) 최근의 시도로는 한만수, 「식민지시기 문인들의 검열우회 유형」, 서울대 규장각 한국학연구원 국제워크샵 『일제하 한국과 동아시아에서의 검열에 관한 새로운 접근』, 2006년 12월 7~8일, 15~32쪽이 있다. 필자가 시도한 예로는, Kyeong Hee Choi, "Impaired Body as Colonial Trope : Kang Kyŏng'ae's 'Underground Village'," Public Culture, vol.13, no.3, special issue 'Critical Limits of Embodiment : Reflections on Disability Criticism', 2001, 431~458쪽.

『신동아』의 자매지, 1930년대 후반부에 거의 독보적인 질주를 한『여성』은 조선일보사가 발간한『조선일보』의 자매지라고도 일컬을 수 있다. 이러한 대칭적 관계역학적 이유로 '여성'과 여성담론이라는 렌즈는, 국가 공권력으로서의 검열이 조선의 공적담론장 전체에 미친 간접적이고 복합적인 구성적 효과를 파악하는 데 매우 적합한 매개항이 된다.

본 논문에서는 식민지 출판검열이 발생시킨 간접적이고 복합적인 파생 효과를 탐구하고자, 지금까지 상호연관없이 별개로 진행되어 온 신여성 연구-혹은 근대여성담론 연구-와 검열 연구-총독부의 공권력 및 그에 대응하는 조선출판계의 생존전략에 대한 연구-의 교차점에 서서, 검열당국의 압력과 출판계의 대응전략이 여성담론의 근대적 형성에 얽히고 각인되어 있는 양상을 살핀다. 또한 여성담론은 출판계의 체제전복적 정치적 담론을 대신하고 보충하는 관계역학적 역할을 담지하게 됨으로써 역설적으로 일종의 식민지 검열 특수라 불릴 수 있는 배가된 공적 가시성을 갖게 되었다는 가설에서 출발한다. 이러한 가설을 구체화하기 위하여 본 논문은 식민지시대의 여성담론을 주로 매개하였던 대중매체로서의 여성잡지에 초점을 맞춘다. 이들을 연구대상으로 하여 근대여성담론이 당시의 출판문화 속에서 차지하고 있던 역할을 식민지 검열당국의 규제와 그 규제의 주요 대상이던 '사상정론'적 담론과의 관계 속에서 살펴본다.

2. 근대적 여성젠더 형성의 기초로서의 여성명칭의 근대화

현재 동아시아에서 널리 쓰여지고 있는 용어 '여성'의 영어번역은 'Woman/Women'이다. 그리고 이미 잘 알려져 있다시피 이 '여성(女性)'이라는 용어의 언어적 모태는 '신여성'이다. 앞으로 자세히 살펴보겠지만, '신여성'이라는 모태에서 접두어 '신'이 없어지면서 '여성'이 독립 분화하여 나왔다. 이러한 분화과정은, 이미 사용되던 개념어에 '신'이라는 접두어가 첨가되어 신조어가 창출된 '신천지', '신청년', '신여자' 등의 경우와는 반대방향의 조어과정을 거쳤음을 주목해야 한다. 근대 표상기호인 '신'자가 제거되었음에도 불구하고, 바로 그러한 제거과정을 통해 독립된 보통명사 자체가 근대적인 인상을 체화하고 남게 된 경우가 '여성'이다.

'New Woman'이라는 개념어가 동아시아에 들어와 'Woman'으로 분화되는 과정에서 중요한 의미를 갖는 것이 바로 이 '여성'이라는 용어에 각인된 언어적 새로움이다. 기존에 있던 단어가 아닌 새로운 용어인 데다가, 애초부터 근대적인 여성성을 표상하는 '신여성'이라는 단어를 언어적 모태로 하여 등장하였기 때문에 획득된 새로움이다. 형식적으로는 후발단어들인 '모단 가루(modern girl)'나 '맑스 걸(Marx girl)'보다는 덜 새로운 인상을 준다. 그렇지만 근대성을 약호화한 이러한 용어들이 고유명사의 형식 이상으로 발달되지 않은 것과는 대조적으로, '여성'은 근대성을 내포하며 보통명사가 된 경우라 볼 수 있다. '여성'이라는 근대적 표상어가 동아시아 언어문화권에 처음으로 들어와 유통되기 시작한 20세기 초엽만 하더라도, 조선, 일본, 중국, 대만에는 여성을 지칭하는 전통적인 여성지칭어들이 엄연히 존재하였다. 조선의 경우만 하더라도 '새' 혹은 '신'을 붙여 신조어를 만들 수 있는 보통명사 후보로서 순한국어인 '계집'이 있었고, 한자연원을 가진 '女子'가 있었다. 일본만 하더라도 1910년대 초반 기존용어인 '온나'에 새로움을 표기하는 수사어가 붙어 '아타라시이 온나'를 탄생시켰고, 이것의 조선적 등가물이 동경유학생들을 중심으로 쓰이기 시작한 '신여자'이다. 이러한 용례에 비추어 볼 때 '여성'이 언어 근대화에서 갖는 특별한 의미가 잘 드러난다. 즉 성리학적 가부장제 이데올로기에 침윤된 채 사용되던 여성지칭 보통명사─'계집'이나 '아녀자', '아낙', '여자' 등─와는 질적으로 다른 근대의 속성과 언어의 결을 갖고, 그 자체로 신조어인 '신여성'을 산파역으로 하여 식민지 조선의 출판계에 진입하였다는 점이 바로 그것이다.

용어로서의 '여성'의 탄생과 공적인 유포과정에 여성관계 잡지가 큰 몫을 하였다는 점은 재론의 여지가 없겠다. 또한 일반 종합잡지들에서 여성이라는 주제에 할애한 상당한 양의 지면에도 힘입은 바 크다. 특히 미시적인 접근법으로 이 논문에서 살펴보고자 하는 것은 여성잡지들의 제호이다. 직접적으로 여성잡지의 제호가 중요한 전파 계기로 작용하였다. '신여성'이라는 개념을 잡지의 제호로 사용함으로써 그것을 가장 확실하게 전파하는데 기여한 것은 개벽사의 대중잡지『신여성』이 있었고, 이 제호에 선행하여 개념적인 준비를 가능하게 한『여자계』와『신여자』가 있었다. 1920년초부터 발간된 김일엽 편집의『신여자』는 그 제호인 '신여자' 자체가 '신여성'의 개념적인 매개 역할을 하였고, 동경의 조선 여자유학생들의 모임이 제2호부터 주관한『여자계』는 단순히 개념으로서 근대교육을 받은 여성들의 면모를 소개하는 것이 아니라, 신여자 본인들이 처음으로 대거 필자로 등장함으로써 '신여성'의 담론 형성과 용어 확대에 견인차 역할을 하였다.

일본과는 달리 여성관계 출판물의 종류와 양이 비교할 수 없이 작았던 조선에서는 몇 안 되는 여성잡지의 지명도와 영향력이 결정적인 역할을 하였고, 이러한 출판계의 상황에서 잡지의 제호가-그리고 그 연장선상에서, 개별적인 출판항목의 제목이나 부제가-출판물의 내용에 못지않게 여성에 대한 용어들을 정착시키는 데 중요한 매개 역할을 하였다고 믿어진다.[10] 물론 여성잡지들의 제호를 통해 여성담론의 전체상을 잡으려 한다면 환원주의적 단순화의 위험이 지대한 것이지만, 근대적 제도로서의 여성잡지의 제호 명명법이라는 장르적인 특성을 특별히 염두에 두고, 일정 부분 사실과 편차가 있음을 인정하면서 여성잡지 발간의 역사적 전체성에 유의하여 관찰을 한다면, 장르의 특수성과 사안의 역사성을 동시에 중시하는 새로운 방법적 시도가 됨직하다.

1880년이래 제2차 세계대전이 끝날 때까지 일본에서 발간된 여성잡지와 조선에서 발행된 잡지들 중에서 제호에 여성을 지칭하는 보통명사나 '가정'과 같이 여성과 직결된 단어들을 세호에 포함하고 있는 잡지들을 추려서, 각각의 보통명사들을 명명법의 범주로 구분하여 잡지의 발행연대를 표로 만들면 〈표 1〉 〈표 2〉와 같다.

이 두 표에서 우선적으로 주목해 볼 것은 각각의 표 하단에 위치한 여성명사들의 순서이다. 일본의 여성잡지 표를 보면 여학, 기타(귀녀, 온나 등), 부인, 부녀, 가정, 여자, 주부, 여성의 순으로 범주가 배열되어 있고, 조선의 잡지표는 가정, 여자, 부인, 여성, 부녀, 여인의 순으로 배열되어 있다. 일본에서는 '부인'이 '부녀', '가정', '여자'보다 먼저 여성잡지의 제호에 등장하고, 지속적으로 잡지의 이름에 계속 사용된다. 조선의 경우는 '부인'보다는 '가정'과 '여자'가 더 먼저 제호에 등장하였는데, 1930년대를 지나면서 가장 집중적이고 안정되게 제호에 쓰이는

---

10) '여성' 담론은 물론 여성관계 잡지뿐만 아니라 종합잡지를 통하여도 생산되고 유통되었다. '계몽기에서 식민지 시기 동안 여성관계 기사가 수록된 종합잡지'에 대한 것은 김수진의 논문을 참조(김수진, 앞의 글, 129쪽).

단어가 '여성'이 된다.

여성지칭 보통명사만을 포함하는 〈표 1〉은 물론 모든 여성잡지들을 다 망라한 것은 아니어서, 『이화』나 『배화』와 같은 교지류의 고유명사형 잡지명도 제외되어 있고, 기생들의 잡지 『장한』이나 여급들의 잡지 『여성(女聲)』, 그리고 『여의계(女醫界)』 등 전문직종 여성잡지의 제목도 빠져 있으며, 『근우』와 같은 주요 기관지의 제목도 빠져 있다. 그런데 검열기록을 기반으로 행정처분을 받은 잡지들을 정리하다보면, 검열당국의 행정처분을 받은 바 있는, 그러나 어느 다른 곳에도 제호의 기록을 남기지 않은 『가정시보』, 『조선부녀』, 『여성』, 『여성휘보』 등의 잡지들이 새로이 눈에 띈다. 검열과정에서 행정처분을 받은 잡지들의 처분기록들을 모아보면, 다음의 두 가지 사실이 드러난다.[11]

---

11) 이를 표를 작성하면 아래와 같다.

제목	권수·호수	행정처분과 날짜	『조선출판경찰월보』
『이화』	창간호	1928.11.22	3호(1928년 11월분)
『여성』	창간호 추가분	1928.12.17. 불허가	4호(1928년 12월분) (개요 12)
『가정시보』	3권 1호	1928.12.24 일부삭제	
『조선부녀』	창간호	1929. 5.22 삭제	9호(1929년 5월분) (개요 23)
『여성휘보』	창간호	1930.2.12삭제	16호(1930년 1월분) (개요 25)
	10호	1931.3.2 삭제	31호(1931년 3월분)
	24호	1932.5.22 차압	
『근우』	제8호	1930. 1.24 삭제	17호(1930년 1월분) (개요 18)
『여성지우』	창간호	1928.12.15 삭제	4호(1928년 12월분) (개요 18)
	1권 3호	1929.2.25 삭제	6호(1929년 3월분) (개요 36)
	1권 5호	1929.5.11 삭제	9호(1929년 5월분) (개요 20)
	1권 6호	1927.7.6 삭제	11호(1929년 7월분) (개요 17)
	1권 7호	1929.8.28 삭제	12호(1929년 8월분) (개요 18)
	2권 1호	1930.1.28	17호(1930년 1월분) (개요 19)
	2권 2호	1930.3.25 삭제	19호(1930년 3월분) (개요 17)
『여인』	1권2호 제2추가	1932.7.11 불허가	47호(1932년 7월분) (개요 없음)
『신여성』	6권10호 추가	1932.9.21 불허가	49호(1932년 9월분) (개요 없음)
『현대여성』	5권 10호	193510.18 불허가	86호(1935년 10월분) (개요 생략)

176

첫째, 『조선출판경찰월보』에 처분기록이 남겨진 잡지들은 거의 모두 1920년대 말~1930년대 초에 발간되거나 발간시도를 하였던 잡지들로서 모두 창간호부터 삭제나 불허가 처분을 받은 것이 드러난다. 둘째, 1930년대 초 이후에는 행정처분을 받는 여성잡지들이 급격하게 감소되어 한 두 경우의 저촉사례를 빼고는 1930년대 중후반기에는 처분사례 자체가 사라진다.[12] 이것은 여성관계 잡지 내에서 검열당국과 대면하여 긴장을 벌이는 사태는 거의 사라졌음을 뜻한다. 바로 이러한 1930년대의 조선의 출판물에 그 어느 때보다도 많이 등장하는 여성용어가 '여성'인 것이다.

〈표 2〉에서 '여성'은 1920년대 초반에 일본의 여성잡지 제호로 진입하였으니, 전반적으로 보면 상당히 뒤늦게 포함이 된 편이다. 이 단어는 조선에 거의 비슷한 시기에 들어와서 가장 나중까지 활발하게 쓰인 단어라고 할 수 있다. 다른 단어들은 일본에서 처음 쓰여진 뒤 조선에 수입되어 쓰이기까지 상당한 시간이 걸렸던 데 비하여—예컨대, '부인'의 경우 일본은 1888년 2월, 조선은 1908년 2월, '부녀'의 경우는 일본은 1891년 1월, 조선은 1924년 7월, '가정'의 경우 1892년 9월, 조선은 1906년 6월, '여자'의 경우 일본은 1897년 6월, 조선은 1908년 4월부터 사용되는 등—'여성'의 경우는 일본에서 『여성일본인』에 1920년 9월에 쓰인 뒤, 『신여성』에 1923년 9월에 쓰임으로써, 최단기간에 일본에서 수입된 것으로 드러난다. '여성'은 아래 표에서 보는 바와 같이 1930년대 발행된 잡지의 제호 중에 가장 집중적으로 많이 쓰인 명사였고, 또 동시에 검열에 의해 행정처분을 받은 잡지들의 제호에서도 가장 빈번히 발견되는 여성지칭 명사이다.[13]

---

12) 1935년 10월 18일에 불허가처분을 받은 『현대여성』은 제5권 10호라고 기록이 남아 있으니, 그 초기 호수들은 1931년 초부터 발행되었으리라 추측된다(『조선출판경찰월보』 제86호(1935년 10월), 경성 : 경무국 도서과, 1935).

여성 포함 제호의 잡지	여성 비포함 제호의 잡지
『신여성』	『女聲』
『女性』(발행인 임홍기, 창간호보충 1928.	『현대부인공론』
12. 17. 금지)	『부인공론』
『여성지우』(발행인 양천호, 1929. 1 창간)	『가정지우/반도지광』
『여성휘보』	『신광』
『신여성』(1931. 1~1934. 8)	『여선』
『현대여성』(1931년 초부터 발행)	『가정공론』
『반도女性』	『婦人공론』
『여성시대』(1930. 8~9)	『부녀세계』
『女性조선』(1930. 9~1932. 2)	『여인』
『女性전망』	『性象』
	『여론』
	『만국부인』
	『신가정』
	『낙원』
	『백광』

일본의 여성잡지에 대한 표를 참조로 조선의 여성잡지 발간 상황을 비교 시각으로 대조해보면, 일국적(一國的) 시각으로 보면 잘 파악될 수 없는 상황의 윤곽이 선명하게 드러난다. 이 표들이 모든 여성잡지를 망라한 것이 아니라, 제호에 여성을 지칭하는 단어들이 포함된 것만을 모았음에도 불구하고, 조선의 여성잡지 발간 규모가 일본의 그것에 비하여 상당히 협소하다는 것이 우선 드러난다. 둘째, 일본 근대여성잡지들이 장수를 누린 반면 조선의 잡지들은 매우 단명하였다는 점이 명확하게 드러난다.[14] 이 점은 식민제국 본국의 출판문화의 상대

---

13) 『조선출판경찰월보』에는 제9호(1929년 5월분), 제11호(1929년 7월분), 제12호(1929년 8월분) 등 거의 다달이 연이어 『여성지우』(발행인 양천호)의 삭제처분을 기록하고 있다(1929년 5월 11일 삭제처분 ; 1929년 7월 6일 삭제 ; 1929년 8월 28일).

14) 식민지 시기의 출판계는 이른바 '三難(원고난, 재정난, 검열난)'의 특징을 지녔다고 자주 묘사되는데, 재정난에는 검열로 인한 중첩된 효과가 포함되어 있었다고 보는 것이 타당하다.

적 안정성과 후발 근대화 및 식민지적 근대화의 불안정성을 단적으로
보여준다.

조선의 여성잡지의 제호에 쓰인 부녀, 부인, 여자, 여성, 여인, 처녀,
주부 등은 이미 일본에서 출판된 여성잡지의 제호에 포함이 되었던
용어들로서, 이 용어들의 유사성은 조선의 근대여성담론이 일본의 영
향권 아래서 만들어진 것임을 반영하면서도 이 비교는 한 지역에 국
한했을 때 보이지 않는 새로운 관찰들을 하게 해준다. 예컨대, 잡지들
이 장기 존속을 하던 일본 출판계에서는 메이지시대부터 잡지의 명칭
에 사용되던 '부인', '부녀', '여자' 등의 용어들이 1930년대가 되도록 잡
지의 제목에 건재하던 반면, 여성관계 출판물의 종류와 양이 절대적으
로 적고 잡지의 수명이 단명하였던 조선 출판계에서는 단기간 안에
이 초창기 명칭들이 새로운 용어로 대체되어 갔다. 그리하여 일본에
서는 전통적인 분위기를 갖는 '부인'이 가장 대중화된 용어로 정착한
반면, 조선에서는 근대화의 표상도가 상대적으로 높은 '여성'이 다른
용어보다 더 빈번하게 출판계에서 자리를 잡았다.[15]

잡지들이 발간된 순서대로 정리하고, 제호에 사용된 여성지칭어들
을 유형별로 나열하면 다음과 같은 유형별 순서가 눈에 들어온다. 『가
정잡지』, 『여자계』처럼 '가정' 혹은 '~계' 등 공간개념을 나타내는 용
어계열이 처음 등장하고, 『여자지남(女子指南)』을 시발점으로 『여자
지남』, 『여자계』, 『여자시론』, 『신여자』 등에서 볼 수 있듯 '여자'라는
익숙한 단어가 등장하며, '여성'과 '여인' 등 근대적 기원을 지닌 것들

---

15) 김수진이 발행부수 순으로 정리한 조선에 수입된 일본 여성잡지의 실례(『主
婦の友』, 『婦人구락부』, 『婦人계』, 『婦人공론』, 『婦人세계』, 『婦人の友』, 『婦
人화보』, 『영녀계』, 『가정잡지』, 『여성』)를 보더라도, '부인'이라는 용어가 절
대다수를 차지함을 볼 수 있다(김수진, 앞의 글, 416쪽, 〈부표 10〉 '조선에 이
입된 일본 잡지의 제호와 종류').

은 『신여성』, 『여성지우(女性之友)』, 『여성』에서처럼 역시 가장 늦은
시기에 제호에 채택되었다.[16] 당시의 대중문화에서 여성용어의 새롭
기 하기의 방식의 특징은 이미 존재하는 용어에 기반을 두고 새로움
의 기표가 적용되었다는 점이다. 예컨대 『가정잡지』나 『여자계』는 '가
정'과 '여자'에 각각 '잡지' '~계' 등을 붙여 여성의 공간적 영역에 새로
움을 개념적으로 창출한 것이고, 『신여자』, 『신가정』 등은 기존에 존
재하던 '여자'와 '가정'에 근대기표라 일컬을 수 있는 '신'자를 붙여서
새로움을 꾀한 것이다. 그런데, 여자가 여성이 되는 과정에서 그를 매
개한 신조어들인 '신여자'와 '신여성'은 서로 다른 근대기표화 방식이
적용되었다. '여성'에 '신'자 기표가 붙어 만들어진 단어인 '신여성'은
외연적인 형식면에서는 '신여자'와 유사하게 보인다. 하지만 '여성'과
'신여성' 사이의 관계는 '신여자'나 '신가정'이 '가정'과 '여자'에 대해서
갖는 관계와 내연적 존재양식이 다르다. 후자는 이미 존재하던 개념
어에 '신'자가 부착되어 새로운 조어가 된 것이지만, '신여성'의 경우는
반대로 '여성'의 언어적 모태로서 '여성'은 '신여성'에서 '신'이 떼어짐
으로써 탄생한 것이다. '여성'의 모태역할을 한 '신여성'은 '여자'라든가
'부녀' 등이 그 자체로서 연상시킬 수 없는 근대징표로서의 차별적 권
위를 '女性'이라는 개념에 배태시켜 주었다고 할 수 있다. '신여성' 자
체는 역시 신조어였던 '구여성'과 대비관계를 통해 자동적으로 함축의
미가 생산되었다. '신/구'의 구별이 더 이상 크게 의미를 가지지 않게
되었을 때 '신여성'은 자리를 감추었고, 근대적 여성상을 표기했던 '신
여성'이 사라지기 시작한 바로 그 출판공간에서 '여성'은 '신여성'이 남

---

16) 1920년부터 발간된 『동아일보』와 『조선일보』에 연재된 기사들의 제호들을 날
   짜순으로 검토를 해보면, '여자', '부인', '여성' 사이에 호환사용이 진행되었다.
   대략적으로 볼 때, '부인', '녀자', '여성', '여인'의 순서로 제호에 진입하고 있음
   을 알 수 있다.

긴 근대성의 울림과 여운에 힘입어 '여자'라든가 '부녀' 등이 독자적으로 될 수 없던 여성존재의 개념적 근대기표가 된 것이다. 1920년대의 신문이나 잡지의 출판지면에서 '부인', '여자', '여성' 등은 많은 경우 서로 호환되어 사용되었다.[17] 이 현상은 1930년대에 진입하여서도 여전히 눈에 띄는데, 보다 면밀히 관찰하여 보면 '여성'과 '여인' 등의 보통명사는 '부인'이나 '여자'보다는 확실히 시간적 차이를 두고 공적담론에 진입하였음을 알 수 있다.

다양한 여성지칭어의 혼재현상이 계속된 데에는 출판계의 울타리를 넘어서 사회제도적 여성근대화의 담당자들인 학교 및 여성 단체들의 명칭 또한 중요한 변수로 작용하였다. 학교나 단체의 이름에는 '여'나 '여자' 혹은 '부녀'가 관형어적 용법으로 쓰이는 경우가 많았다.[18] 특히 '여자'는 '경성여자청년회'라든가 '경성여자청년동맹'에서처럼 '청년'이라는 용어와 함께 그를 수식하는 용어로 많이 쓰였다. 『신여성』이 출간되어 '여성'의 용법이 크게 확산되기 시작하였는데, '여성'의 명칭이 가장 역사적인 의의를 가지고 처음 조직의 이름에 쓰인 예는 조선여성동우회[19]라고 할 수 있다. 이 조직은 급진적인 여성운동의 정

---

17) 예컨대, 『여인』 창간호(1932년 6월)의 목차는 '여자', '여인', '여성' 등이 한꺼번에 제목에 포함되어 있고, 부제목에 '여성'이 들어 있는 「모성의 속박 : 여성의 사회적 공헌에 대한 생리적 고찰」과 같은 에세이의 첫 문장은 '부인의 사회적 지위'이다(밑줄은 필자가 강조한 것임).

18) 학교의 이름으로는 '○○여학교(예를 들면 정신여학교, 숭의여학교, 진명여학교)', '○○여학원(예를 들면 한성여학원)', '○○여고보(예를 들면 숙명여고보, 진명여고보)' 등의 용법이 있는데, '여'는 '여자'의 줄임말로 보는 것이 적합하다. '부녀'가 관형용법으로 사용된 예는 조직의 명칭 외에도 출판물에서도 발견된다. 예컨대 『청년』 잡지는 제7권 제5호를 내면서 '『청년』 부녀호(6월호)'라고 특별호의 명칭을 붙였다.

19) 조선에서 최초로 사회주의적 여성해방론을 기치로 성립된 조선여성동우회는 1924년 5월 4일 발회하고, 5월 23일 창립총회를 개최하였으며, 5월 23일 발회식을 거행하였다(윤선자, 「일제 강점기 사회주의 여성운동과 '맑스 걸」, 『여

통성을 지닌 조직으로서 1920년대 후반 창설된 근우회의 사회주의 계
열의 여성조직의 모태가 되는 만큼, 그들과 연결되어 주로 사용되던
'여성'은 진보성의 이미지를 지닐 수밖에 없었다. 1936년 4월 조선일보
사에서 발행한 『여성』은 1940년 12월까지 총 57호를 발행함으로써
1930년대 후반의 가장 영향력 있는 잡지로 군림하였다. 『여성』 외에도
『부인공론』(1936. 5~1936. 8, 총4호), 『현대여성』 등의 잡지가 발행되
었으나 단명함을 면치 못하였기 때문에, 『여성』은 거의 유일한 여성잡
지의 지위를 차지하였다.

　이렇게 일종의 소장르라고 볼 수 있는 여성지칭어에 국한하여 보더
라도, 그 장르에서 일어난 다양한 근대적 실험과 변천은, 형성기의 출
판계를 모태로 하여 대두한 여성담론이 얼마나 신선하고 강력한 근대
적 충동의 장소였을지를 짐작하게 한다. 여성을 일컫는 명칭들은 근
대화의 요구와 갈망을 안은 여성들이 나름대로 자의식을 가지고 자신
을 만들어보려는 시도와 맞물림으로써, 개인적으로 근대적인 젠더를
형성해나가는 자의식의 계기이며 실험대였다.20) 여성에 관한 담론들
은 그에 내포된 근대성, 즉 새로움으로 인해 대중의 선호를 보장받으
며, 그 출판의 모태가 되는 신문이나 잡지에 무리없이 지면을 메꿀 수
있는 유동성이 있는 담론으로 부상하게 된다.

성이론』, 2000년 겨울, 313쪽).
20) 여성들의 근대적 정체성 형성과 관련하여 여성의 명명법과 함께 살펴볼 만한
　　소장르로 여성들이 쓴 '단편 자기서사'들이 있다. 이에 대해서는 박혜숙·최
　　경희·박희병, 「한국여성의 자기서사(3) : 근대편」, 『여성문학연구』 제9호,
　　2003년 6월, 233~272쪽을 참조.

3. 총독부의 검열기준과 여성관계 출판물

식민지 조선의 출판문화에 있어 검열은 비상의 기제가 아니라 일상의 의례였다. 신문지법과 출판법을 법적 기반으로 허가제 및 출판전 원고검열을 핵으로 하여 작동한 조선에서의 일제의 식민지 검열은 3·1운동 이후 소위 문화정치 체제하에서 이중의 규제전략을 펼쳤는데, 그것은 체제전복적 담론은 철저히 봉쇄하고 온건한 담론은 문명과 문화의 명목하에 허가하는 전략이었다. 이러한 이중규제하에서 여성 담론은 독자적인 발전논리에 따라 변천하고 자체 내부의 다양성이 추구되었던 것과는 별도로, 관계역학적 역할을 담당하기도 하였다.

여성이라는 범주는 1920년대 처음 조선의 출판계에 등장할 때부터 독자대중 및 출판생산자들로부터 주요한 관심의 대상이 되면서도 검열당국으로부터는 그에 상응하는 경계심을 덜 받았던 것으로 추측된다. 힘주어 강조해야 할 점은 여성담론 또한 검열당국의 삭제와 금지 결정에 희생당하는 경우가 많이 있었다는 점이다. 다른 잡지들과 마찬가지로 창간호를 발행할 때 특히 검열당국과의 충돌과 갈등이 많았는데, 식민지 조선에서 처음으로 여성들에 의해 여성독자를 대상으로 출판된 『신여자』역시 창간호에서부터 이러한 갈등을 최소화하기 위한 시도가 이루어졌다.[21] 『부인』에서 제목을 변경하여 혁신적인 제호로 출범한 『신여성』도 지난한 초기출판 경로를 겪었다. 자매지로『신여성』을 내놓은 『개벽』잡지는 '원체가 모진 바위에 꽉 눌닌 어린 싹'이라고 『신여성』을 묘사하면서, "'신'자부터 주목이고 자유니 평등이니

---

21) 총독부에 제출된 『신여자』창간호(1920년 3월 6일 인쇄, 1920년 3월 10일 발행)에는 애초에 활자로 찍혀있던 '편집인 김원주'가 지워지고 발행인으로 내세운 빌닝쓰부인이 '편집겸' 발행인으로 변경되어 있다. 이에 대해서는 박혜숙·최경희·박희병, 위의 논문, 247쪽, 주 21)을 참조.

해방이니 균등이니 문구만 보면 선동이니 시사이니 하야 삭제, 삭제도
유부족하야 발행인을 불너 불허가이니 하지 말나느니의 혹령"을 내리
는 검열당국과의 계속되는 긴장국면에서 '부정기 간행물'로 현실타협
적 형식을 내놓을 수밖에 없다고 토로한다.22) 교지인 『이화』의 경우
도 실제로 발간된 창간호는 1929년 2월 10일로 발행일이 나와 있으나,
『조선출판경찰월보』 제3호(1928년 11월분)에 보면 '치안' 방해의 기준
에 저촉되어 불허가 처분을 받은 출판물로 구분되어 있다. 처분날짜
는 '불허가 차압 및 삭제 출판물 목록'에는 1928년 11월 22일로, '불허
가 차압 및 삭제 출판물 요지'의 『이화』 창간호난에는 1928년 11월 23
일로 적혀 있다.23) 창간호가 당하는 수난은 1929년 5월에 처음으로 발
행된 『근우』 역시 『조선출판경찰월보』(이후 『월보』라 일컬음) 제8호
(1929년 4월호)는 『근우』의 창간호(발행인 정칠성)가 1929년 4월 4일
삭제되고(개요번역, 26쪽), 이 삭제지시를 비롯한 검열결과를 반영하
여 다시 도서과에 제출한 창간호 추가분을 1929년 4월 17일에 다시 삭
제지시했다고 기록하고 있다(개요번역, 30쪽). 『월보』 제6호(1929년 3
월호)는 『여성지우』 제1권 3호의 일부를 1929년 3월 25일에 삭제했다
고 기록(개요번역, 36쪽)하고 있다.

　여기서 우리는 치안방해가 아닌 풍속의 건수로 여성담론의 단속이
이루어졌느냐는 질문을 제기할 수 있다. 물론 풍속방해로 검열행정처
분을 받은 여성잡지들도 간혹 발견된다. 『근우』의 창간호의 삭제를
기록한 『월보』 제8호(1929년 4월호)의 경우, '치안의 부'에 『근우』의

22) 엄연히 월간으로 기획된 잡지였음에도 불구하고, 첫 네 호는 각각 1923년 9,
　　11월, 그리고 1924년 2, 4월에 출간되었다(「사고」, 『개벽』 43호, 1924. 1).
23) 『조선출판경찰월보』 제3호(1928년 11월분), 경성 : 경무국 도서과, 1928 ; 대검
　　찰청 조장 해방전 자료 마이클로 필름, 경기도 과천 : 국사편찬위원회, 1996,
　　16쪽, 25쪽.

184

삭제건을 기록하는 반면, '풍속의 부'에 『여성지우』 제1권 4호에 삭제
지시(1929년 4월 17일)를 내린 것으로 기록하고 있다(개요번역, 33
쪽).24) 그렇지만 『월보』, 『연보』, 『조사자료』 등 대부분의 조선출판경
찰의 검열기록에서 '치안방해'의 저촉사례는 '풍속방해'의 것보다 항상
숫자가 많다. 특히 일본에서의 출판물의 검열상황과 비교할 때 조선
출판물의 검열상황이 보이는 큰 차이점 중의 하나가 바로 '풍속의 부'
에 속하는 건수가 '치안의 부'에 속하는 건수보다 절대적으로 적다는
점이다. 예를 들면, 『월보』 제8호(1929년 4월호)의 경우 치안방해건수
는 26건인 반면 '풍속의 부'에 등재된 건수는-위에 언급한 『여성지
우』 제1권 4호의 삭제를 포함하여-2건이다. "풍속 통제의 방식이나
이념이 지닌 '유연성'" 때문에 풍속 통제에 관해 일관된 기준을 추출하
는 것이 거의 불가능하다는 점을 강조한 학자도 있지만, '검열표준'의
개념화 문제와는 별개로, 조선의 경우는 식민지적 '특수성'과 연관해서
단연 '치안방해' 기준의 저촉 사례가 많았고 또 그 때문에 이 방면에
대한 일제 출판경찰의 경계심이나 단속의지가 확연하였다.25)

출판경찰의 감시망 안에서 여성잡지가 차지하는 상대적 외곽성을

---

24) 구체적으로 "근우회 운동의 역사적 타당성과 현재의 책임"과 같은 『근우』의
글과 결혼식날 신랑되는 이에게 처녀성을 빼앗김으로써 길들여질 것이라는
주제를 다룬 『여성지우』의 글이 삭제의 대상이다.

25) 권명아, 「풍속통제와 일상에 대한 국가관리 : 풍속통제와 검열의 관계를 중심
으로」, 서울대 규장각 한국학연구원 국제워크샵 『일제하 한국과 동아시아에
서의 검열에 관한 새로운 접근』, 2006년 12월 7~8일, 39쪽. 검열기준의 명시
화, 체계화, 공개화 과정에 대해서는 정근식·최경희, 「도서과의 설치와 일제
식민지 출판경찰의 체계화, 1926~1929」, 『한국문학연구』 제30집, 2006년 상반
기, 152~160쪽. 1927년 출판경찰활동의 연보형식인 『신문지 출판물 요항』
(1928)의 내용에 대한 부분적 수정을 포함한 검열기준에 대한 보다 진전된 논
의로는 정근식, 「식민지 검열과 검열표준의 정립」, 서울대 규장각 한국학연구
원 국제워크샵 『일제하 한국과 동아시아에서의 검열에 관한 새로운 접근』,
2006년 12월 7~8일, 73~94쪽 참조.

가장 단적으로 짐작하게 해주는 것은 검열당국의 사상관계 분석 자료
들이다. 예컨대『근우』의 창간호 및 창간호 추가분의 '치안방해' 저촉
사실과『여성지우』제1권 4호의 '풍속괴란' 저촉에 대한 처분기록을
담고 있는『월보』제8호(1929년 4월호)를 보면, '사조'라는 항목으로
'조선내에서 발행된 사상관계 출판물'이라는 분석특집을 싣고 있다.[26]
1929년 5월 1일 현재까지 조선내에서 발행된 출판물에 대한 검열결과
를 반영하고 있는 이 '사조'는, 사상관계를 담고 있다고 판단된 출판물
을 1부 단행본류(일본어 단행본 14권과 조선어 단행본 45권)와 2부 조
선어 연속간행물(잡지 99권)로 나누어 제목 및 발행과 처분결과들을
수록하고 있다. 여기서 연속간행물을 주제별로 7가지로 구분한 2부가
우리의 주목을 끈다.

2부에서 채택된 범주는 사상, 문예, 소년소녀, 종교, 실업, 경제, 수양
등이다. 흥미로운 것은 앞에서 설명하였다시피 여성잡지들이 검열에
저촉된 사례들이 분명히 있었음에도 불구하고 '여성'이라는 것이 독자
적인 범주로 상정되어 있지 않다는 점이다.[27] '여성'이 검열당국에 의
해 독자적인 범주로 설정되어 있지 않은 것과 함께 눈여겨 보아야 할
것은, 여성관계 잡지들이 두 번째 범주인 '문예에 속하는 것'으로 구분
되어 있다는 점이다.[28] 문예잡지의 항목에는『이화』,『여성』,『여성지
우』등 세 권의 여성관계 잡지가 포함되어 있다. 소년소녀잡지는 개별
적인 범주로 되어 있음에도 불구하고 '여성'은 개별 범주로 따로 설정

---

26)『조선출판경찰월보』제8호, 경성 : 경무국도서과, 1929년 4월, 1~9쪽. '출판경
   찰개황'이라는 제목의 본문이 시작되기 전에 실려 있다.
27) 각각의 잡지 수는 사상(6), 문예(49), 소년소녀(16), 종교(6), 실업(16), 경제(3),
   수양(1)이다.
28) 여성관계 잡지뿐만 아니라『이화』를 비롯한 학교교지들이 모두 문학잡지들
   과 한 범주인 '문예'의 항목에 분류되어 있는 것을 볼 때, 식민지시대 잡지전
   반에서 '문예'면이 가진 중요성은 실제로 지대하다고 할 수 있다.

186

되어 있지 않고, '경제'잡지, '수양'잡지는 각각 3권, 1권으로 여성관계 잡지 만큼이나 수효가 적음에도 불구하고 개별 범주로 독립되어 있다. 포함된 항목이 '문예에 속하는 것'이라는 점은 여성관계 출판물이 가진 외곽적 가치와 동시에 광의의 '문예'라는 항목이 검열당국에 가진 중요성을 동시에 짐작하게 한다.

"언문잡지 중에 사상관계 잡지는 극히 소수"라고 하면서 그 이유를 "당국에서 행한 출판전 검열"의 결과로 보고 있고, 삭제 혹은 출판불허가 처분으로 인해 "온전히 발행되는 것들이 극히 적다"라고 보고하고 있다. '사조'의 진술을 보면, 당국은 나름대로 출판통제에 상당한 자신감이 붙어있는 듯이 보인다. 여기에서 주목할 것은 "따라서 현금에 이르러서는 문예잡지의 체재를 갖추거나 혹은 소년소녀 읽을거리를 통해서 암암리에 사상적 소재를 취급"하는 경향이 나타난다는 지적이다. 이것으로 볼 때 검열당국이 문예물을 취급하는 잡지들에 대해서 그리고 아동잡지에 대해 상당히 높은 수위의 검열방침을 책정해 놓았으리라는 것이 추측된다.[29]

여성잡지가 조선의 검열당국에게 유발시킨 경계심의 수위가 전반적으로 낮았다는 사실은 다음과 같은 비교를 통해서도 어느 정도 유추해 낼 수 있다. 첫째, 소년소녀잡지와 여성잡지와의 비교이다. 소년소녀들을 위한 읽을거리들이 하나의 독자적인 감찰 범주로 성립되고, 조선의 검열당국의 집요한 특별감시와 감찰을 받았음을 증명해 줄 수 있는 자료들이 1920년대 중반 이후 상당수가 남아 있다.[30] 소년소녀

29) 실제로 처분이 내려진 글들 중에는 문예관련, 소년소녀 독물이 상당히 포함되어 있다. 문예관련의 예로는 애초에는 『문예공론』에 실릴 예정이었다가 삭제된 「명일」 및 「새벽」이라는 소설, 또 타고르의 인도귀환을 맞이하여 그에게 보내는 답시를 담은 『조선문예』 창간호의 글이 삭제·처분되었다. 그리고 『새벗』, 『글벗』, 『소년조선』 등의 잡지가 삭제처분을 받았다.
30) 다른 글에서 이미 밝힌 바 있듯이, '대검찰청 소장 해방전 자료'에서 발견된

에 대한 읽을거리가 특화되어 있는 반면, 여성잡지는 총독부 경무과에서 정기적으로 혹은 부정기적으로 발간된 기록인『월보』, 출판경찰의 연보계열의 기록,『조사자료』등에 거의 언급이 되지 않는다.[31] 무엇보다도, 소년소녀잡지처럼 별도의 범주로 취급되어 특별한 주시를 받은 기록이 발견되지 않는다.

　독자적인 범주로 조사대상이 되지 않는다 하더라도 개별적으로 받는 검열에 있어서도, 여성관계 잡지의 기사들이 삭제되는 예는 소년소녀잡지의 기사들이 삭제되는 예보다 그 수가 상당히 적다. 예를 들면『월보』제6호(1929년 3월호)의 행정처분 건수 27건 중에 여성관계는『여성지우』제1권 3호의 삭제 한 건 뿐인데 비해, 소년소녀잡지는 7건(『조선소년』,『소년순보』2건,『어린이』,『새벗』,『소년문예』,『별나라』)에 가해졌다. 좀더 예를 들면『월보』제5호(1929년 1월호)의 행정처분(불허가, 차압, 삭제 등) 사례 20건에는 소년소녀 부분은 있어도 여성잡지는 포함되어 있지 않고, 이러한 상황은『월보』제7호(1929년 3월호)도 마찬가지이다.

　둘째, 식민지 조선의 여성잡지가 검열당국의 기록에서 독자적인 범주로 조사분석대상이 된 적이 없었다는 점은 특기할 만한 현상으로서, 이것은 일본의 여성잡지들이 일본 출판경찰들의『월보』및『조사자료』에서 '부인잡지'라는 독자적인 범주로 구분되어 취급되는 것과 비

　　경무국 도서과의 자료들 가운데에는 '불온 소년소녀 독물 역문(1927. 11)'이나 '언문 소년소녀 독물의 내용과 분류(1917. 12~1928. 8)' 등 잡지를 중심으로 한 소년소녀 읽을거리들의 번역문 및 분류 분석물들이 포함되어 있다. 또한 이미 발행 조사자료 외에도『월보』제2호(1928년 10월분)에는 본문 외에 '언문 소년소녀 독물의 경향과 개관'이라는 조사자료가 '사조'로 포함되어 있다. 정근식·최경희,「도서과의 설치와 일제 식민지 출판경찰의 체계화, 1926~1929」, 139~140쪽 참조.
　31) 1920년 후반부터 체계화된 조선출판경찰의 기록체계 전반에 관하여는, 정근식·최경희, 위의 논문, 130~153쪽을 참조.

교해 볼 때 더욱 주목할 만하다. 일본제국 출판경찰기록의 체계화가 이루어지기 시작한 1920년대 후반 무렵『조선출판경찰월보』발간과 거의 비슷하게 1928년 10월에 처음 발간된『출판경찰보』는 예컨대 1929년 7월에 발간된 제10호에 '부인잡지 최근의 경향'이라는 분석을 '사조'에 싣고 있다.[32] 또『출판경찰보』제130호(1940년 8월)부터는 '출판물경향'이라는 항목을 월보의 체제에 편입시켜 출판물들의 상황을 일별하는 지면을 마련하는데, 망라된 총10개 범주(일반신문지, 정치/사상신문지, 종합잡지, 정치/사상잡지, 경제잡지, 문예잡지, 부인잡지, 대중오락잡지, 유소년소녀독물, 단행본) 속에 '부인잡지'를 하나의 항목으로 넣고 있다.『출판경찰보』의 보충간행물로서 1935년 10월부터 간행되기 시작한『출판경찰자료』에도, 제36호(1939년 4・5・6월)부터는 '잡지/신문지의 경향'이라는 소제호 아래『출판경찰보』의 '출판물경향' 항목의 전신이라 할 수 있는 항목을 두었는데, 역시 거기에 '부인잡지'의 범주를 포함시키고 있다.[33] 이와는 대조적으로 조선에서 여성잡지 자체가 독자적인 범주가 되어『조선출판경찰월보』의 '사조'나 경무국 도서과 발간의『조사자료』에 포함되어 조사대상으로 등장한 경우가 보이지 않는다.

　1920년대와 1930년대 여성잡지/부인잡지에 대해서 조선과 일본의 출판경찰이 보이는 단속태세의 차이를 어떻게 이해하여야 할까? 물론 여러가지 복합적인 요인들이 많이 작용하고 있었겠으나, '치안방해'와 함께 검열기준으로 작동하였던 '풍속문란'이 조선과 일본의 여성잡지/부인잡지에 미친 영향은 충분히 고려해 볼만한 요인이라고 볼 수 있

---

32)『출판경찰보』는 일본 경보국 도서과에서 출간한 출판경찰의 월보이다.
33)『출판경찰자료』는『출판경찰보』의 지면확대를 보충하고, 다각적인 분석자료를 싣기 위해 새로이 보강된 것으로, 조선출판경찰 기록에는 유사형식이 발견되지 않는다.

다. 이미 지적한 바 있듯이 일본의 부인관계 잡지들은 그 양적인 규모 자체가 조선의 그것과는 비교가 안 될 정도로 잡지의 종류와 양이 압도적으로 많았던 데다가, 성과 관련된 주제들이 여성관계 출판물들에 자주 등장하였던 이유로 자연히 '풍속문란'의 기준으로 검열관의 주목이 대상이 되는 경우가 많았다. 일본의 출판경찰기록에서 '풍속문란' 관계사안이 '안녕금지'에 대한 사안과 비교해서 양적으로 그리고 중요 도면에서 현격하게 뒤처지지 않는다는 사실을 고려해 볼 때, 일본의 부인잡지들은 '치안방해'뿐만 아니라 특별히 '풍속문란'의 위험성을 가진 출판물의 종류로 검열당국자들의 지속적인 감시와 분석의 대상이 되었었던 듯하다.

이와는 대조적으로 식민지적인 정치상황과 성리학적인 억압적 성문화의 영향권 아래서 성에 관한 공적인 담론문화가 전반적으로 많이 억제되어 있던 조선의 출판계에서는, 조선인들이 발행한 여성잡지가 '풍속문란' 기준에 저촉하는 경향이라고는 미미할 만한 정도였다.[34] 따라서 일본에서 부인잡지가 하나의 범주로서 검열당국의 주시의 대상이었던 것과는 달리, 조선에서는 '치안방해'의 항목으로도 '풍기문란'의 기준으로도 일본의 부인잡지들이 일본검열당국에 일으킬 수 있는 경계심을 일으키지 않았으리라는 추정을 할 수 있다. 이렇게 조선에서 발간된 소년소녀잡지들과 그리고 일본에서 부인잡지들이 각 지역에서 다루어진 양상과 비교하여 조선에서 출판된 여성잡지들을 살펴

---

34) 물론 수입, 이입물로서 일본을 비롯하여 중국 그리고 여타의 지역에서 입수된 출판물 중에 '풍속'기준을 위반하는 사태가 많이 발생하긴 하였다. 그러나 '풍속' 항목 자체가 조선출판경찰의 중차대한 업무량을 준 것은 아닌 상황이었고, 특히 조선에서 발행된 출판물 중에서 '풍속' 기준을 위반하는 예는 상대적으로 양이 적었다. 특히 1920년대 조선에서는 여성잡지들이 '풍속문란'의 기준으로 저촉되기보다는 오히려 '치안방해'의 범주로 단속대상이 되는 경우가 종종 있었다.

190

보면, 조선의 여성잡지들은 '치안방해' 범주로 보나 '풍속괴란'의 범주
로 보나 식민지 출판경찰의 단속감시망에서 외곽에 위치하고 있었기
때문에 조선의 출판경찰의 기록에서 여성잡지는 독자적인 범주를 차
지하지 못하고 '문예'잡지의 일부가 되어 있었다고 볼 수 있다.

이렇듯 조선의 여성잡지는 검열체제 안에서의 정치적 외곽성으로
인해 공적인 담론장에서 상대적 가시성을 가질 수 있었다. 이 상대적
가시성이란 검열이라는 제도적 기제의 복합적인 파생효과가 아니었더
라면 활성화되기 어려웠던 상대적 가시성이라고 할 수 있다. 서로 연
결되지 않고 또 개별적으로 보면 각기 특수한 맥락에서 생겨난 출판
물의 젠더관련 관계이지만, 사례들을 집합적으로 묶어 나열해 보면 각
각의 개별적인 사안들을 넘어서서 드러난 현상 밑에 커다란 문화적
정치적 맥락이 있음을 알려주는 예들이 상당히 있다. 중요한 예를 몇
가지 추려보면 다음과 같다. 1926년『개벽』이 강제 폐간된 후에도 그
의 자매지『신여성』(1926년 10월 중단)은 몇 달을 더 버티고 1926년
10월에 중단되었다. 신간회의 기관지『신간』창간호는 1929년 11월 27
일 차압처분을 받고 그 이후에는 더 이상 출판시도를 하지 못하는데,
자매지라고 할 수 있는 근우회의 기관지『근우』는 그보다 먼저 1929
년 5월 창간호가 출간되었을 뿐만 아니라 몇 호를 더 계속하여 출판
시도를 할 수 있었다.[35]

다른 글에서 밝힌 바 있지만, 장르를 달리하여 단형 자전서사가 단
행본의 형태로 발전해가던 식민지시기 출판문화에서 조선 땅에서 최
초로 자서전을 단행본으로 출판할 수 있었던 인물은 조선 남성이 아
닌 조선 여성으로, 그는 여성 근대무용가 최승희였다.[36] 최승희가 일

---

35)『신간』창간호가 차압판정을 받은 이틀 후『근우』제3호가 차압판정을 받았
다(『월보』제15호, 1929년 11월분).
36) 최승희는 먼저 일본어 자서전인『私の自書傳』(東京 : 日本書莊, 1936)을 출

본어로 자서전을 출판한 이후인 1936년 12월 22일부터 1937년 5월 1일까지 이광수는 『그의 자서전』을 『조선일보』에 연재하는데, 그것도 실명이 아닌 가명으로, 실화가 아닌 허구의 소설적 형식을 빌어 자신의 삶을 서술한다.[37] 식민지 조선에서 이광수를 비롯하여 홍명희, 최린, 윤치호 등 저명한 남성 지식인들이 그 누구도 조선에서 자서전다운 자서전을 내지 못하는 동안, 최승희가 자서전을 일본과 조선에서 각각 한 권씩 출간했다는 사실은 우연으로 일어난 일이 아니라 자서전이라는 장르의 사실주의적 특성에 식민지 검열이 맞물려, 남녀 저명인사의 젠더 역학에 특이한 비대칭이 일어나고 있음을 보여준다. 즉, 검열이 없었더라면 이 저명인사들의 자서전이 여성의 자서전보다는 먼저 나왔으리라는 것이다. 해방이 되기 전까지 조선에서는 어느 남성 사회인사도 자서전을 단행본으로 출판한 예가 없다는 것은 이러한 가설을 뒷받침해 준다.[38]

상식적으로 볼 때, 전통적인 젠더체제가 건재하던 식민지 조선에서 근대적인 의식이 수용되기 시작하던 시기였다고는 하나, 역시 출판계의 전방무대나 출판지면에는 여성보다 남성엘리트가 등장하는 것이 당연할 수 있는 시대상황이었다. 그러나 일제의 식민지 검열은 이러

판한다. 그리고 그 뒤 최승일이 편집하고 발행한 『최승희 자서전』(경성 : 이문당, 1937)이 출판된다. 두 자서전은 내용과 체제가 일치하지 않은 것으로 원문과 번역과의 관계가 아닌 별개의 출판물로 간주되어야 마땅하다.

37) 『조선일보』에 연재되었던 이광수의 『그의 자서전』은 한성도서주식회사에서 1937년에 단행본으로 출간된다. 이광수가 3·1운동에 직접적이고 전면전으로 나서는 시기에 끝을 맺는데, 전 생애를 다룰 수도 있었던 그의 자서전이 하필이면 이 시점에서 종료를 한다는 것은 당국의 검열을 생각하지 않고는 설명하기 어렵다.

38) 그의 자서전에서 다루어지지 않은 삶인 이광수의 40대 중반부터 50대 중반까지의 삶은 『나의 고백』에 담기는데, 이 자전서사가 해방 이후에야 나온다는 것 또한 의미심장한 일이다.

한 출판계와 지면에 공적 가시성에 관한 한 예상을 약간 뒤엎는 역학을 만들어 냈다. 식민지 당국에 대해 위협스러운 체제전복적인 역할을 할 수 있는 집단적 주체였던 남성보다, 관습적으로 상대적인 약세로 인식되어 있는 여성주체나 여성담론들이, 식민체제에서는 그렇지 않은 상황보다 합법적인 가시성을 더 많이 가질 수 있었다. 합법적 출판 조건으로서의 식민지 검열로 인해 일종의 특수담론이라 할 수 있는 여성담론이, 남성주체들의 담론이나 남성주체가 주로 전제가 되어 있는 보편담론보다도 오히려 안정된 출판 결과를 가져다 줄 가능성을 지니고 공적 출판계로 들어온 것이다. 물론 여성담론이 공식적인 출판언론 담론계에 들어오게 되는 과정에는 본문의 전반부에서 살펴본 것처럼 근대여성담론이 가진 독자적인 의의와 특성이 크게 작용하였다. 하지만 조선 출판계의 식민지적 특성과 관련하여 지금까지 학계에서 고려되지 못한 것이 있다면, 그것은 검열의 구조적인 파생효과로서 여성담론이 갖게 된 상대적 가시성이다.

식민지 당국의 출판물 규제의지와 조선지식인들의 식민체제 비판 및 대응담론과의 역학관계가 중층적으로 겹쳐지면서, 상대적으로 검열의 수위가 약하던 여성담론은 검열로 인해 출판표면에 나오지 못하는 언설이나 담론을 보충하거나 대체하는 기능을 가질 수 있었다. 조선출판계의 출판생산자(저자, 편집자, 출판자 포함)에게 여성담론은 적극적인 의미에서 검열의 대응책으로서의 사용가치를 가질 수도 있었다. 이 사용가치는 보장구적 사용가치와 보충적 사용가치로 나누어 생각할 수 있다.

보장구적 사용가치는 일종의 목발의 역할을 의미한다. 출판의 생존전략이 모색되면서 담론의 이데올로기적 수위를 조율해야 하였던 식민지 조선의 출판계에서는, 여성젠더가 검열의 감시력을 상대적으로 이완시키게 할 수 있는 가능성을 내포하는 면이 많았기 때문에-철저

<表 1> 여성을 지칭하는 보통명사를 제호에 포함하고 있는 식민지 조선의 잡지

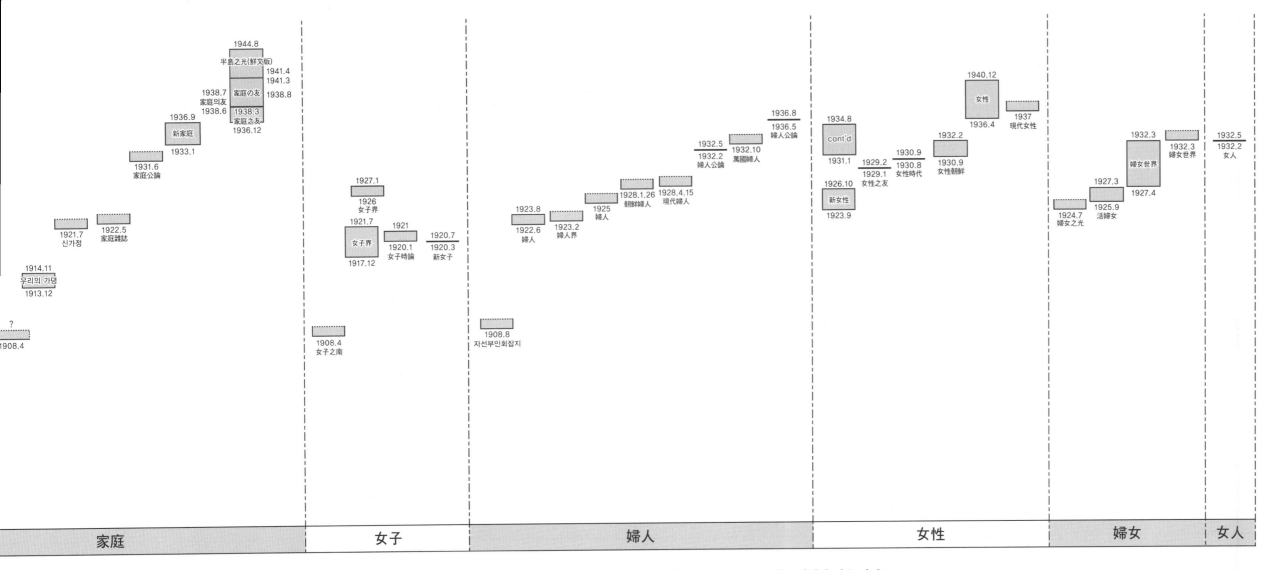

| 家庭 | 女子 | 婦人 | 女性 | 婦女 | 女人 |

진이 작성한 여성잡지 표 <계몽기에서 식민지시대에 발간된 여성잡지>(김수진, 위의 논문, 145쪽)를 인용·보강한 것이다. 검열기록에는 나타나지만 김수진의 표에 포함되지 않은 잡지로
성』등이 있고, 그 외『家庭之友』(家庭文庫 改題) 1936. 12~1938. 3 ;『家庭의友』1933. 8. 6~7 ;『家庭の友』1938. 8~1941. 3 ;『半島之光』(鮮文版) 1941. 4~1944이 포함되었다.
김복순)는 3권 1호가 1928년 12월 24일 일부 삭제되었고, 『여성』창간호 보충은 1928년 12월 17일에 금지되었다(『조서출판경찰월보』참조).

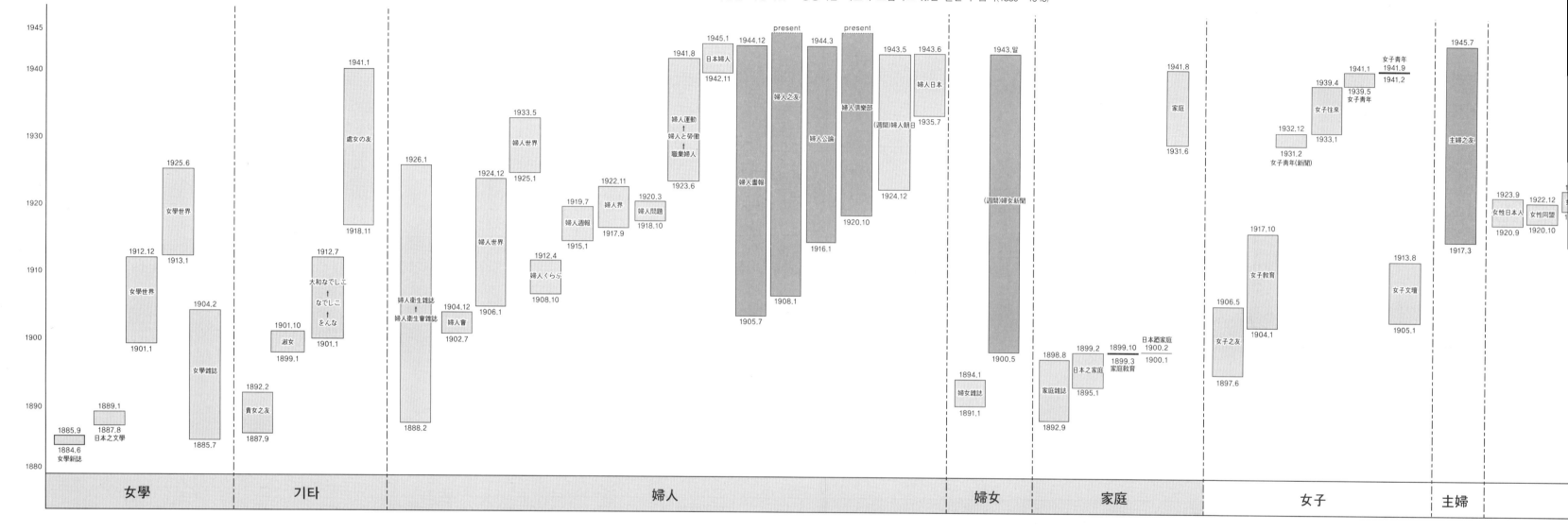

<표 2> 여성을 지칭하는 보통명사를 제호에 포함하고 있는 일본의 잡지(1880~1945)

한 검열이 작동하는 상황에서 언뜻 생각하면 '사상'과는 관계가 멀 수 있을 것 같은 '소년소녀독물'이나 '문예'의 장르가 '시사정론'의 장르보다 검열통과의 가능성이 훨씬 높았기에 '사상'이 침투하는 경향성이 생겨났었던 것처럼-검열관들의 감시 촉수에 상대적으로 덜 걸릴 수 있는 여성담론들이 역설적으로 검열당국에 의해 억압될 수 있는 메시지를 담고 출판지면에 더 가시적으로 나올 수 있었다는 것이다. 체제비판적인 담론을 대신해서 그 담론의 정치적 목적을 살려내면서도 출판매체의 생존을 확보하는 목적에 실용적 쓰임새를 도모하는 방식이다. 정작 표현하고자 하는 대상물을 은폐하거나 제거하는 대신 여성으로 하여금 의도된 표현 내용을 담지하게 함으로써 여성담론은 체제비판의 예각을 완전히 무력화시키지 않으면서도 동시에 검열당국에 의한 텍스트 제거를 방지하는 역할을 하였다.[39]

　보충적 사용가치는 지면 메꾸기의 역할을 지칭한다. 급진적 정치담론이 들어설 수 없는 상황에서 여성담론은 출판의 전면을 무리없이 채우고 출판의 항상성을 도모하여 저작과 출판활동이 연속적으로 진행되는 것을 도울 수 있었다. 기존체제를 근본적으로 부정하거나 비판하고 전복시키고자 하는 담론들이 식민당국에 의해 철저하게 삭제되고 규제되고 있었다면, 그들이 사라진 출판지면은 어떠한 형태로건 채워져야 하기 때문이었다. 일제시대의 여성담론들은 식민지 치하의 조선인의 삶에서 식민지 당국이 관여할 필요를 별로 느끼지 않았을

---

39) 이것은 내적인 검열의 일부로서 문학에서 급진적인 남성주인공의 역할을 죽음이나 병이나 사라짐을 통해 출판지면에서 없애면서, 여성주인공으로 하여금 그 역할을 대신하게 하는 것이다. 여성의 보장구적 역할에 대한 분석으로는 Kyeong Hee Choi, Beneath the Vermilion Ink : Japanese Colonial Censorship and the Making of Modern Korean Literature, Ithaca, N.Y. : Cornell University Press, 2007 출판예정, 제5장 "'Woman' as Prosthesis : Politics of Gender under Colonial Censorship"을 참조.

만한 상대적인 자율영역(사적영역이나 일부공적 영역)의 사안을 다루는 경우가 많았기 때문에 이러한 보충역할을 맡을 수 있었다.

검열로 인해 출판계의 전방 및 출판지면에서 일어나게 된 파생효과 중의 일부가 여성젠더의 상대적 가시성의 강화였다면, 우리가 일제시대 출판물에서 여성담론이 가진 지위를 파악할 때, 여성담론 자체가 본질적으로 가진 역사적 문화적 정치적 필요성과 의의에 덧붙여, 일정한 정도는 검열당국과 출판계와의 긴장과 길항관계를 염두에 두고 파악할 필요가 있다. 요컨대 여성담론은 '시사정론'과 관계된 여타의 담론들이 제약 상태를 면치 못하는 상황에서 일종의 식민지 특수를 누렸다고 볼 수 있다.

1930년대의 출판물 속에서 안정세를 잡아가던 '여성'의 쓰임새는 중일전쟁 이후 속칭 신체제가 도래하면서 새로운 국면을 맞이한다. '여성'을 대신하여 '부인', '부녀' 등의 보통명사가 주도적인 쓰임새를 갖는 현상이 대두한 것이다. '여성' 퇴조의 현상은 여성잡지계 전반의 상황을 일별하기만 해도 쉽게 관찰될 수 있는 것이었다.

전시기(戰時期)로 접어 들어가던 1936년 12월, 조선금융조합연합회를 발행자로 하여 『가정문고(家庭文庫)』를 개제한 『가정지우(家庭之友)』라는 잡지가 출판되었다. 이 잡지의 특징은 도시여성이 아닌 당시 대다수의 조선여성이던 농촌여성을 대상으로 한다는 점이다.[40] '가정지우'라는 제호로 1938년 3월까지(이후는 미확인) 발간된 이 잡지는 1938년 6월과 7월에는 한자어 제호를 부분적으로 바꾸어 『家庭의 友』로 변환시켜 잠시 한글어 체제로 방향을 돌리는가 하더니, 1938년 8월

---

40) 조선의 출판계가 당시 출판문화의 성격상 주로 도시여성들을 대상으로 출판 행위를 한 반면, 일본인 거류민과 조선총독부는 그들의 눈을 일찍 농촌으로 돌려 조선 여성인구의 대다수인 농촌여성들에 대한 신민화를 철저히 기획하고 있었다고 하여도 과언이 아니다.

부터는 그 제호를 일본어로 바꾸어 『家庭の友』로 변환을 시킴으로써 본문은 역시 주로 한글로 발행하면서도 표방하기는 명명백백하게 일본어(국어)체제의 잡지임을 드러낸다. 1941년 3월까지 동일한 제호로 발행하다가, 1941년 4월부터는 이전의 제호를 완전히 바꾸어 『반도지광(半島之光)』(鮮文版)으로 발행하는데, 이 제호는 최소한 1944년 8월까지 지속되었다.

이 잡지에는 미나미 총독의 '조선부인의 각오(1937년 10·11월, 제6호)' 등 총독부 인사들의 직접적인 언설이 포함되어 있는데, 특기할 것은 발간 초기부터 일관되게 여성의 호칭을 '부인'으로 쓰고 있다는 점이다.[41] 이 잡지에 조선인 지식인 작가들이 점차 대거 필자로 나서고 다른 조선어 잡지들이 거의 사라지는 반면, 이 잡지의 수명이 전쟁 말기까지 지속되었다는 것은, 1920~30년대 조선인의 잡지계에서 진행되었던 여성지칭어의 연속선상에서 볼 때 제국의 강압력에 의한 철저한 일본화가 이 여성지칭어에까지도 밀어닥쳤음을 시사해준다.

4. 결론을 대신하여

저작과 출판계의 입장에서 볼 때 일본제국주의로부터의 조선의 해방은 식민지적 검열의 종말을 뜻한다. 공적 표현활동 전반에 총체적으로 확산된 해방효과는 '여성'과 여성담론 전반에 어떤 영향을 미쳤을까? 해방 직후 출판된 여성에 대한 담론의 양과 질, 저자들의 사회적 정치적 지명도 등을 면밀히 들여다보면, 해방공간의 전체담론의 맥

---

41) '부인'이라는 호칭이 쓰이는 상황을 근대계몽기로 올라가 언급한 연구로, 이 책에 실린 신지영, 「'가정'과 '여성성'의 추상화와 감각의 리모델링—1930년대 잡지 『여성』을 중심으로」를 참조.

락에서 볼 때 여성담론은 양적으로나 질적으로나 식민지시기에 지녔던 것보다 그 지위가 현저하게 뒤지고 외곽상태로 밀려나는 것을 관찰할 수 있다. 예컨대 식민지시기에 신여성담론을 생산하던 지식인들은 젠더에 상관없이 사회적 지명도가 상당히 높은 중량급 인사들이었다. 식민지시기에 전반적으로 남성들의 담론 생산참여가 절대적으로 높았던 것과는 대비되어, 해방 이후의 출판물에서는 남성들의 여성담론 생산참여의 정도가 상대적으로 적을 뿐만 아니라 참여한 남성들의 지명도도 상당히 격이 처지는 것을 볼 수 있다. 이것은 교육받은 여성들의 누적과 여성의 공적담론계 진출에 기인하는 것도 있을 것으로, 그 현상 자체가 절대 부정적인 것은 아니다. 그러나 출판지면에 나타나는 여성관계 지면을 여성에 대한 관심의 지표로 볼 수 있다면, 해방정국 출판계의 여성에 대한 관심은 식민지시기보다 상대적으로 약했다는 점은 부정할 수 없는 사실이다. 전체 출판물의 양과 종류가 절대적으로 적었던 식민지 출판계에서 부분담론으로서 여성에 대한 담론이 차지하던 현저한 역할과 중요도를 기준점으로 하여 본다면, 해방후 엄청나게 증가한 출판물의 양과 종류들 속에서 가늠해 볼 수 있는 여성담론의 중요도는 그다지 높지 않다.

해방공간에서 보이는 여성담론의 상대적 약세 현상은 물론 당시의 특수한 정치적 상황에서 비롯된 복합적인 요인들이 작용하여 나온 면이 크겠지만, 그와는 다른 각도에서 식민지 검열로 인해 강화된 여성담론의 식민지 특수현상이 해방이리는—그리고 식민지 검열의 종료라는—조건 하에서 그 특수현상의 발현조건에 근본적인 변화가 생긴 것으로 분석해 볼 필요가 또한 있다. 다시 말해 식민지 검열당국의 이중적인 검열규제 아래서 철저한 억제의 대상으로 남겨져 있던 급진적 민족주의적, 사회주의적 담론들이 해방으로 인해 과거의 식민지적 속박을 벗어 버리게 되었고, 그 결과 그들과의 관계선상에서 여성담론이

맡았던 보족적 환유 및 보충적 메우기 역할 또한 해방으로 인해 그 수
사학적이며 담론적인 발현근거가 약화되었다고 볼 수 있다는 것이다.
식민지적 검열하의 신문잡지계에서 여성담론이 차지하던 주제 비중이
해방정국을 맞이하여 상대적으로 약화되었다는 사실은, 일제의 검열
이 여성관련 담론의 공적 가시화 과정에 일정한 정도의 파생적 확대
효과를 일으켰다는 가설을 반증한다.

　식민지 조선에서는, 중국에서처럼 조직적인 국가기구 혹은 준국가
기구가 여성담론의 공적 전이과정을 주도하지 않았고, 일본에서처럼
참정권운동과 같은 체제내적인 정치운동도 가능하지 않았으며, 일본
과 같이 여성담론을 광범위하고 지속적으로 이끌어갈 견고한 출판물
시장이 존재하지 않았다. 식민지 조선의 공적담론계에서 여성지칭어
중 '여성'이 지닌 비교적 우위의 공적 가시성은 이러한 식민지 조선의
구체적인 역사적 상황과 긴밀한 관계가 있었다고 볼 수 있다. 있음과
없음, 가시적인 것과 가시적이지 않은 것이 만들어내는 이러한 수사적
가시성의 역학은 일제의 출판전 검열이 만들어낸 매우 복합적인 파생
효과에 속한 것으로, 식민지시기의 문학작품 특히 소설에서 '아버지의
부재'라는 현상이 특징으로 나타난 것과도 무관하지 않다. 검열의 복
합적인 파생효과에 대해서는 이 시론을 넘어서서 더 많은 사례를 통
한 검증 및 문제제기가 요청된다.

어긋난 조우와 갈등하는 욕망들의 검열[*]

- '조선문화의 장래'를 둘러싼 좌담회
(다시)읽기/(엿)듣기 -

권나영(Nayoung Aimee Kwon)^{**}

1. 머리말

1938년 봄. 일본이 중국대륙에까지 세력을 확장하고, 내선일체라는 유혹적인 슬로건을 통해 전시 제국에 대한 조선인들의 지지를 동원해 내면서 식민지 조선에서의 제국주의 정책이 차별화에서 동화로 변모하고 있던 시기였다. '식민지적 키치', 즉 종주국의 탐욕스런 소비자가 식민지의 이국풍물에 대해 취하는 물신주의의 한 현상으로서 발생한

---

* 이 글은 영어로 쓰여진 논문 "Missed Encounters and the Censorship of Conflicting Desires : (Re)reading/(Over)hearing the Roundtable on 'The Future of Colonial Korean Culture'"를 번역한 것이다. 내가 쓴 'overhearing'은 여러 가지 의미를 지닌다. 우선, 나는 그것을 '다시 듣기(to hear again)'라는 의미의 '되풀이 듣기(overhearing)' 뿐만 아니라 대화에 대한 특권적이고 제한된 접근이라는 뜻을 함께 함축하고 있는 엿듣기(eavesdropping)의 의미로도 사용한다. 그것은 듣기를 되풀이하는 반복적 행위 뿐만 아니라 시간적이고 공간적인 거리 -뭔가를 그것이 실제로 벌어진 장소와 시대로부터 떨어져 듣기-도 내포하고 있다. overhearing에서 'over'는 또한 텍스트, 특히 식민지의 유산으로서 전달된 텍스트에 있어서의 대화는 본질상 중층결정될 수밖에 없음을 뜻한다. 보다 상세한 설명은 이 글의 3장을 참조.
** UCLA 박사과정, 와세다 대학 교환연구원, 아시아 언어 및 문화학.

'조선 붐'의 일환으로, 조선의 전통적인 구전 설화『춘향전』의 일본어 각색판 연극이 일본의 주요 대도시들에서 대단한 호평을 불러일으키며 상연되었다. 연극이 인기를 얻자, 같은 해 식민지 조선의 도시들에서 재공연이 이어졌고, 내지에서도 외지에서도 광범위한 논의를 촉발시켰다.[1] 이 연극은 일본의 다재다능한 모더니스트 무라야마 도모요시에 의해 기획되었고, 그의 신협(新協)극단에 의해 무대에 올려졌다. 일본어 대본은 장혁주가 썼는데, 그는 일본어가 제국의 공식언어였던 시기, 그리고 조선어로 쓰여진 식민지의 문화적 생산물의 검열이 점차 강화되어 가던 시기에 일본어로 작품활동을 하고 있던 조선인 작가였다.

 이전 논문에서 나는 조선적 '전통'의 핵심이라고 간주되는 판소리 이야기가 일본어의 가부키식 연출로 번역되고 스펙터클하게 공연됨으로써 조선과 일본의 문학사가 수렴되었을 시점에 있어 조선과 일본 사이의 식민지적 '협력'의 계기를 고찰한 바 있다. 일본과 조선에서의 수용의 차이가 지니는 긴장, 그리고 종주국에서는 '식민지적 키치'의 유행으로, 식민지에서는 무시간적인 민족적 '전통'으로 재생산되고 소비되었던 양자의 간극을 읽어내면서, 나는 그 공연을 당시 이른바 전문가들이 선전했던 것과 같은 조화로운 내선일체의 구현으로서가 아니라, 오히려 내선일체의 불안과 붕괴를 보여준 것으로 평가하였다.[2]

 본고에서 나는『춘향전』공연을 통해 촉발된 일본과 조선의 주요

1) 이 공연에 대해『경성일보』,『朝日新聞』,『テアトロ』,『조광』,『帝國大學新聞』,『조선일보』,『매일신보』등 일본과 조선의 주요 잡지 및 신문에서 널리 보도하고 관람 평을 실은 바 있다. 당시의 공연과 관련된 상세한 설명은 白川豊,『植民地期朝鮮の作家と日本』, 大學敎育出版, 東京, 1995를 참조.
2) Nayoung Aimee Kwon, "Chang HyN̆chu's Colonial Retelling of Ch'unhyang chN̆n : Translating 'Colonial Kitsch' and 'National Tradition'," Rutgers Conference on Korean Literature and Constellations of History, Nov 5-6, 2004.

문화인들이 등장하는 다양한 좌담회 중 하나를 검토하고자 한다. '조선 붐'과 병행하여 좌담회 붐이 식민자와 피식민자를 한 자리에 모이도록 만들었는데, 좌담회는 마치 상호 동등하게 관심사를 공유하는 모임처럼 보이기까지 한다. 하지만 겉보기와는 달리, 그 좌담회는 제국의 이데올로기를 선전하기 위해 치밀하게 계획된 것이었다. 각각 조선과 일본에서 활자화된 좌담회의 두 가지 판본을 동시에 다시 읽고 엿들음으로써, 나는 제국의 불균등한 맥락에서 식민자와 피식민자 간의 어긋난 식민지적 만남이 갖는 의의를 고찰하고자 한다. '엿듣기'라는 독서전략을 통해 나는 일반적인 좌담회에서의 담론형식을 보다 비판적으로 세밀하게 읽는 것이 필요하며, 식민지의 과거에 대한 우리의 중층결정된 만남을 자각하기 위해 지속적인 (다시)읽기와 (엿)듣기가 필요함을 분명히 하고자 한다.

2. 제국 일본에서의 좌담회의 발생

일본의 좌담회 발생에 대해 다룬 최근의 한 논문은 일본 잡지에서 좌담회가 차지하는 매우 독특한 공간을 고찰하고 있다.[3] 이런 유형의 담론이 실로 일본에 고유한 것인지 어떤지는 논의의 여지가 있지만—다른 이들도 지적했듯이—일본의 경우 텔레비전에서 신문 및 잡지에 이르기까지 좌담회가 도처에 편재하는 현상은 주목할 만하다고 여겨진다.[4]

---

3) 山崎義光, 「モダニズムの言說樣式としての<座談會>-「新潮合評會」から『文芸春秋』の「座談會」へ」, 『國語と國文學』, 東京大學國語國文學會, 2006. 12.
4) 예컨대 *Off Center*의 '대화와 협의'라는 장에서 마사오 미요시는 현대 일본에서 이런 식의 '좌담'이 두드러지는 현상을, 쓰여진 담론 및 가시적인 비판적 담론이 쇠퇴하고 있는 일본 사회의 현상과 연결시키고 있다(*Off Center*, 219

야마자키의 논문은 일본에서의 좌담회 형식에 대한 그 같은 비역사적이고 부정적인 가정들에 대한 일정한 대응으로 서술되어 있는 듯하다. 메이지 시대까지 거슬러 올라가 좌담회의 맹아를 추적하면서, 이 논문은 좌담회 형식이 급속히 발생한 시기를 다이쇼(1911~26)와 쇼와(1926~89) 시대의 이행기 또는 거대한 사회적 변동과 불안의 시대였던 관동대지진(1923)과 만주사변(1931) 사이로 보고 있다.

야마자키는 일본에서 이 특정한 역사적 국면에 좌담회가 급속히 유행하게 된 이유를 세 가지로 들고 있다. 첫째, 잡지들의 수가 증대하고 경쟁이 발생하면서, 『문예춘추』나 『신조』 같은 잡지들이 『중앙공론』이나 『개조』 등 평론과 논쟁에 초점을 맞추고 있는 다른 잡지와-보다 광범하게 주도권을 장악함으로써-스스로를 차별하고자 했다는 점. 둘째, 일본에서의 대중 지도자의 등장, 빠르고 간결하고 쉽게 소화될 수 있는 형태의 정보를 요구하는 대중 독자의 등장, 그리고 좌담회의 초기 형태(합평회)가 중점을 두었던 것처럼 문학에만 제한되지 않고, 보다 폭넓은 주제를 다루는 논의에 대한 관심의 발생. 그리고 셋째, 문학에 있어 다양하고 대립되는 목소리들이 입장을 다투던 시기의 '시대의 요청(時代の要請)'에 대응하기 위해, 그리고 증대되고 있던 다양하고 경쟁적인 대중매체의 시장에서 새로운 공적담론 공간이 개시

쪽). 이 짧은 장 전체에서 미요시는, 흔히 말해지는 일본문화에 대한 일반화된 관념들 사이에서 머뭇거리며, 좌담회가 유행하는 현상을 구술성과 문장에 대한-문장보다 구술성에 기울어지는-일본인들의 독특한 태도와 연관시키고 있다. 사실 그는 이런 유형의 상품화된 '좌담주의(conversationalism)'가 일본에만 고유한 것은 아니라고 덧붙임으로써 이러한 언급들을 수정하고 있기는 하다. 하지만 영어권 독자를 향해 쓰여진 미요시의 책은 일본인들이 집단적 합의를 지향하는 경향을 가지고 있다고 가정하는 정형화된 이미지를 존속시키는 것으로 보인다. Masao Miyoshi, Off Center : Power and Cultural Relations Between Japan and the United States, Cambridge : Harvard University Press, 1991, pp.217~231.

된 데 대응하기 위해 좌담회가 나타났다는 것이다.[5]
 논문은 아래와 같이 결론을 내리고 있다.

　좌담회는 제한된 소수의 논자들에 의한 친화적인 공간에서의 가벼
운 대화를 기조로 하는 동시에, 현재의 화제가 물음으로 제기되고, 공
유된 관심이나 물음의 지평이 개시되는 장이다. 확실히 짧은 회화에
서는 참가자 개개인의 견해는 단편적이 되는 경향이 강하다. 하지만
대립까지 포함한 복안적(複眼的)인 의견의 교환이나 조잡한 이야기가
그대로 제시되거나, 또는 동의된 회화가 제시됨으로써 느슨하게 서로
의 주관의 교차가 제시되고 객관화된다.[6]

 내가 여기서 이 논문을 인용한 이유는, 첫째로 좌담회의 변화무쌍
한 기능에 대해 어떤 논의가 이루어지든 좌담회를 그것이 발생하고
재발생하는 역사적 맥락에서 자리매김해야만 하기 때문이며, 둘째로
어떤 면에서 본고는 야마자키의 이 논문이 멈추고 있는 지점에서 출
발하기 때문이다. 나는 그의 논문이 대상으로 한 시대와 직접 이어지
는 시기를 다루고 있기도 하거니와, 그보다 더 중요한 것은 내 생각이
위에 인용된 결론의 가정들을 심문하면서 출발하고 있기 때문이다.
내가 보기엔 좌담회 형식에서 친밀하고 가벼운 상황이 조성된다든지
다양한 의견들이 '그대로(そのまま)' 제시된다든지 하는 설명들을 액
면 그대로 받아들이기보다는, 좌담회가 그 같은 분위기를 만들어내는
방식에 보다 비판적인 시선을 보낼 필요가 있다. 본고에서 초점을 맞
추고 있는 1930년대 후반에 좌담회 형식이 어떻게 선전의 목적을 전
유하게 되는지를 주목하고자 할 때, 특히 좌담회의 상황이 지니는 이

---

5) 山崎義光, 앞의 글, 55~56쪽.
6) 山崎義光, 위의 글, 55~56쪽.

204

데올로기적 효과를 재평가할 필요성은 더욱 절실해질 것이다.

　비평가들이 상당히 일찌감치부터 좌담회의 프로파간다적 경향에 대해 의혹을 표명해왔다는 사실을 언급해둘 필요가 있겠다. 예컨대, 좌담회의 초기 형태로서, 정체된 비평계에 새로운 활력을 불어넣기 위한 한 방법으로 계획된 합평회라는 형식에 대해 언급하면서 가와바타 야스나리는 「최근의 비평과 창작―월평 이후」에서 이렇게 쓰고 있다. 그는 합평회라는 것은 분명히 시대가 요청하고 있는 것이었고, 유명한 인물들을 한자리에 모아 지금까지의 비평에 결여되어 있던 '권위'를 만들어내고자 하는 것이지만, 그렇게 좌담회 형식에 의해 만들어진 권위성이 대중들에게 인기를 얻게 되면 대중들의 사고를 정지시킬 우려가 있다고 경고한다.

　　모인 사람들의 면면에서 느껴지는 일종의 사대사상으로 이미 합평의 언론이 권위를 얻게 되어, 주목 받고 신뢰를 받는 듯한 경향도 보인다. 신용할 만한 점도 많이 있지만, 종래의 월평에 권위가 없다는 것이 개념적으로 믿어지고 있는 것처럼, 합평에 권위가 있다는 것이 개념적으로 믿어지게 되는 것은 대단히 위험하다…….

　　적어도 우리 현문단의 청년은 합평회로부터 은혜와 함께 해독(害毒)을 받을 것을 각오하지 않으면 안 된다.[7]

　다시 말해서, 이전의 월평에 결여되어 있던 권위의 아우라를 부여해줄 수 있는 유명하고 정평이 있는 인물들이 한자리에 모임으로써, 그러한 '권위'를 당연시하게 만들면서 새롭고 참신한 생각들의 발전을 방해하리라는 것이다. 여러 방향으로 분기할 수 있는 좌담회의 잠재력들에 대한 가와바타의 양가적 태도는 전시(戰時) 제국에서 좌담회

---

　7) 『新潮』, 1923년 8월호(山崎義光, 위의 글, 52쪽에서 재인용).

형식이 프로파간다의 목적을 위해 적극적으로 동원되는 방식을 고찰하고자 할 때 참고가 될 것이다.

좌담회의 유행에 대한 또 다른 언급은, 좌담회 형식이 독자들에게뿐만 아니라 그 형식을 만들어내는 측에게도 매력적일 수 있었던 이유를 지적하고 있다. 편집자와 제작자에게, 그리고 초대받은 참여자들에게, 좌담회 현장은 많은 준비를 할 필요 없이 눈앞의 어떤 쟁점이든 함께 논의할 수 있는 쉽고 빠른 방법을 제공해주는 한편, 참여하고 있는 유명한 인물들의 명단을 통해 권위와 전문성이라는 순간적인─이미 만들어진─분위기를 제공한다. 좌담회가 상대적으로 쉽게 소집될 수 있다는 점, 다른 참여자들의 명성과 결합됨으로써 영향력이 급격히 제고된 참여자들을 폭넓게 출연시킬 수 있는 잠재력, 그리고 관련된 모든 이들에게 더 없이 매력적인 실제적이고도 확실한 상업적 성공. 이러한 점들이 좌담회를 일본 대중매체의 불변의 장소로 추동해 왔다.

좌담회 형식의 이데올로기적 효과를 메타 비판하고자 하는 시도로서 계획된 한 좌담회를 통해, 미국에서 활동하는 몇몇 학자들은 좌담회 형식이 지닌 이데올로기로서의 성격에 대해 논의한 바 있다. 그들이 전형적인 좌담회와는 다른 무언가를 성공적으로 수행했는지에 대해서는 논의의 여지가 있지만, 적어도 좌담회 형식 그 자체의 배후에 있는 이데올로기에 대해 중요한 비판·비평을 다양하게 제기한 것은 사실이다. 예컨대, 좌담회는 이미 만들어진 여론들을 구성·조작하고, 유명 인사들을 불러모음으로써 여론 만들기를 수행하며, 갈등을 빚을 수 있는 주제들을 배제한다(하루투니언). 또한 진지하게 숙고된 논의를 결여하고 있으며(미요시), 깊이 있는 논의가 결여되어 있고 진정한 의견차이가 생겨날 여지도 없다(제임슨). 그리고 복잡한 사유가 부재하여, 사상은 파편화되고 쉽게 소화할 수 있는 잘 포장된 상태로 전달된다(사카이).[8]

그들의 비판은 현대 사회에 집중되어 있고, 특히 전후 시대 이후-
지구화와 전후 산업화 및 후기 자본주의의 고도성장이라는 맥락-대
중매체의 전반적 쇠퇴의 징후로서 좌담회가 이데올로기적으로 이용되
어 온 측면에 초점이 맞추어져 있다. 예컨대 하루투니언은 과거의 좌
담회 형식을 노스탤지어적으로 추적하면서, '근대의 초극'과 '주체성'
등에 대한 좌담회를 진정한 대화와 최선의 사상교류의 사례로서 높이
평가하고, 전후 시대의 타락한 문화적 맥락에서 그 좌담회들이 갖고
있던 잠재성들이 소멸하게 되었음을 안타까워한다.[9]

여기에서 나는, 앞서 가와바타의 진술이 보여주는 것처럼, 좌담회
형식 그 자체에 숨어 있는-부정적이고 긍정적인-잠재성에 유념해야
함을 지적하고자 한다. 그 잠재성이란 다양한 목적들에 따라 서로 다
른 사회적 맥락에서 촉발·전유될 수 있는 것이다. 하지만 안타깝게
도 좌담회에 대한 앞의 메타 비판은 전후 시기에만 국한하여, 일본 사
회에서의 좌담회의 이데올로기적 역할을 초근대화·후기(포스트)모더
니티의 징후와 연관시키고 있다. 본고에서는 전전 시기 일본과 조선
의 연쇄관계 속에서 발생한 좌담회를 검토함으로써, 초기 시대의 좌담
회를 읽는 데 그들의 메타 비판을 전유하고자 하며, 그 비판을 근대적
맥락 속에 위치시키고자 한다.[10]

---

8) 몇몇 지점에서 의견 차이를 보이면서도, 그들은 현대 일본의 대중매체에서 나
타나는 전반적인 쇠퇴에 대한 진단에 있어 대체로 합의에 이르고 있는 것으
로 보인다(「座談會 : 文化の政治性」, 『世界』 488, 1993. 11, 232~253쪽).
9) 흥미롭게도 미요시는 좌담회 형식의 발생을 전후 일본 사회의 특수성 속에
자리매김하고자 한 초기의 시도에서 이와 동일한 평가를 한 바 있는데, 거기
에서 그는 戰前 시기의 좌담회를 전체적으로 긍정하고 있다(Off Center,
pp.217~231).
10) 사실 식민자와 피식민자가 껄끄럽게 만나는 이 좌담회가 식민지에서 그것이
발생했을 때큼이나 재빨리 손쉽게 탈식민지 시기 공적인 장에서 사라지고
말았다는 사실이 아마도 식민지적 근대성의 징후일 것이다.

3. 좌담회 (엿)듣기

식민지 조선과 종주국 일본 사이의 연쇄관계에서 발생한 전시 좌담회를 검토하면서, 나는 이러한 비판에 유념하고자 한다. 1930년대 말에서 1940년대 초까지 일본과 조선의 문화인들이 출연한 좌담회의 횟수는 1945년 이후 일본과 조선의 담론공간에서 그것들이 사라졌다는 사실과 현저하고도 첨예하게 대조를 보인다.[11]

앞서 언급한 좌담회에서 프레드릭 제임슨은-텔레비전 토크쇼와 같은 다른 대담 형식과 대립되는-좌담회 형식의 특수한 성격이 '청중의 부재'[12]에 있다고 지적한다. 그는 또한 우리가 좌담회를 대하는 방식은 '읽기' 경험이라기보다 '듣기'에 더 가까울 것이라고 지적한다.[13]

'읽기/듣기' 사이의 이 같은 유희는, 서로 다른 시간과 공간에 행해지고 전해진 좌담회와 우리의 만남을 풍부하게 재고하는 방식으로 보인다. 나아가서 직접적인 사건에 우리가 '부재'한다는 것, 즉 우리의 '읽기/듣기'를 좌담회가 열린 실제적인 장소로부터 필연적으로 매개되고 거리를 둔 경험으로 만들어지는 그 사실은, 그 경험을 실로 '엿듣기'에 가까운 것이 되게 하리라고 생각한다. 우리의 독해를 '엿듣기'로 간주한다면, 역사를 관통하여 거리화 요인들의 층 아래 남겨진 잔재로서만 이용할 수 있는 원래의 좌담회와 우리의 만남이 다양하게 격리된/중층결정된 것일 수밖에 없다는 본질을 놓치지 않게 해줄 것이다.

---

11) 마찬가지로 일본에서의 좌담회를 다룬 앞서의 논의에서 이 좌담회들이 간과되었다는 것은-한국과 일본의-해방 후의 담론공간에서 그 좌담회들이 배제되었다는 사실뿐만 아니라, 우리와 식민지의 텍스트 사이에 거대한 간극이 존재한다는 사실을 나타내는 징후로 보인다.
12) 『世界』 488, 235쪽.
13) "'좌담회'를 읽는 것은 정확히 말하자면 '읽는' 것이 아니라 오히려 '듣는' 것에 가까운 것이겠죠"(『世界』 488, 236쪽).

엿듣기라는 개념은 과거의 텍스트와 중층적으로 만날 때의 제한뿐
만 아니라 가능성들을 통찰할 수 있게 해줄 것이다. 이는 담론 실천의
장소 안과 밖 어디에도 완전히 귀속되지 않는, 사이에 끼어 있는 입장
을 떠올리게 한다. 한편에서 그것은 친밀한 집단의 대화를 들을 특권
이 주어져 있다는 점에서 '내부자'의 입장으로 보이지만, 다른 한편에
서 그것은 전체 참여자들의 내부 그룹 바깥의 위치로 분류된다는 점
에서 '외부자'의 장소로 보이기도 한다. 이렇듯 담론장으로부터 거리
를 둔 양가적이고 경계선적인 장소는 접근이 제한되어 있고 폐쇄되어
있는 장소인 동시에, 잠재적이고 비판적인 가능성들로 충만한 또 다른
공간으로 개방되어 있기도 하다. 우리 입장의 이 같은 불확실성은 우
리가 텍스트, 즉 과거에 발생한 좌담회라는 사건에 접근하는 데 있어
다양한 제한이 있음을 깨닫게 해주기도 할 텐데, 이후 보게 될 것처럼,
우리는 그 사건을 제국의 언어-검열의 다양한 층들이 각인된-로 쓰
여진 기록들의 파편만을 통해 접할 수 있기 때문이다.

  '엿듣기' 개념에 대한 이 같은 기초적 숙고를 진전시키기 위해 리차
드 악젤(Richard Aczel)의 「엿듣기로서의 이해 : 목소리의 대화론을 위
하여」를 참고할 수 있다.[14] 악젤은 독서 경험 일반을 '엿듣기'로서 재
고할 것을 제안하며, "엿듣기에 대한 역사적으로 자리매김된, 독자지
향적인 접근법"[15]을 발전시키고자 한다. 적어도 네 가지의 서로 다른
의미를 뜻하는 'over'라는 단어를 통해 악젤이 뜻하고자 하는 것에는
일종의 말의 유희가 있다.

  그것은 일단 중층결정(overdetermination)의 복잡함을 뜻하는 over이

---

14) Richard Aczel, "Understanding as Over hearing : Towards a Dialogics of Voice",
   New Literary History, no.32, 2001, pp.597~617.
15) Richard Aczel, 위의 글, 604쪽.

며, 뭔가 반복적으로 행해질 때의 시간적이고 역사적인 over이다. 또한 간과한다고 할 때의 불완전하고 부족하다는 의미의 over이며, 엿듣다라는 보다 통상적인 의미애서의 over에 특징적인 우연성과 긴장의 결합이다.16)

데리다, 하이데거, 가다머, 바흐친 등을 끌어들이면서, 악젤은 독자 지향이론 또는 '엿듣기로서의 독서'를 제안하고, '읽는다는 것은 언제나 또한' 독자의 역사적 위치에 의해 늘 중층결정되는 텍스트 내의 다양한 목소리를 '듣는 일'이라고 주장한다.17) 다시 말해서, 읽는 행위는 이전의 모든 역사적 듣기들을 수반하면서 엿듣기를 행하는 독자의 입장뿐만 아니라 상속받은 텍스트가 지닌 목소리의 다양성과 역사적 자리매김까지 연관된 대화적 과정이어야 한다.18)

그의 결론은 우리의 맥락에서 다시 이야기되고 있는 것처럼 보인다.

역사적으로 자리매김된 독자의 지평이 가지는ㅡ텍스트의 지평과도 구별되고, 역사적으로 달리 자리매김된 독자들의 지평과도 구별되는ㅡ근본적인 차이가, 자아와 타자 사이의 중층결정되고 대화적으로 투사된 만남에서 텍스트 내의 목소리 듣기ㅡ그리고 말하게 하기ㅡ를 역사적인 엿듣기, 새롭게 듣기로 구성한다는 것은 물론이다.19)

읽기를 목소리의 엿듣기로서, 자아와 타자의 만남으로서 생각할 것을 주장하는 악젤의 견해는 우리가 우리와 다른 시간에 발생한 후 전

---

16) Richard Aczel, 위의 글, 597쪽.
17) Richard Aczel, 위의 글.
18) Richard Aczel, 위의 글.
19) Richard Aczel, 위의 글, 607쪽.

달되어 온 좌담회와 조우하는 경험을 고찰하고자 할 때 생산적인 방법이 될 수 있을 것이다. 우리가 제국의 불균등한 맥락에서 식민지와 종주국 사이의 공간적 간극을 가로지르며 조선인과 일본인 간에 이루어진 좌담회를 통해 식민지적 만남의 실패를 엿듣고자 한다면, 엄존하는 시간적 간극을 자각하고, 식민지와 탈식민지 유산들에 의해 중층결정된 과거에 접근하는 데에 제한이 있음을 자기성찰하지 않으면 안 될 것이다. 그럼에도 불구하고 아니 어쩌면 이러한 과거와의 껄끄러운 관계 때문에도, 우리는 한번에 최종적으로 읽을 수 있는 어떤 특권적인 접근법이 있으리라는 편협한 가정에 빠지지 말고 이 텍스트들을 읽고 다시 읽고, 듣고 엿듣지 않으면 안 될 것이다.

4. '조선문화의 장래'에 대한 좌담회

결국 우리는 식민지의 어긋난 조우의 좌담회를 '읽고 엿듣고자' 한다. 일본 전시 제국이 새로운 영토로 확장해가고 조선의 역할이 전쟁수행을 위한 동원에로 이행해가던 식민지 말기가 되면서 이러한 좌담회가 유행하게 되었다. 예컨대 일본과 조선의 연쇄관계 위에서 생산된 잡지『국민문학』에 실린 식민지적 조우의 좌담회를 읽어보기만 해도 상당히 많은 예를 찾을 수 있다.[20] 이는 다른 잡지나 신문에서도

---

20) 「座談會 朝鮮文壇の再出發を語る」(1941. 11) ; 「座談會 日米開戰と東洋の將來」(1942. 1) ; 「座談會 文芸動員を語る」(1942. 1) ; 「座談會 大東亞文化圈の構想」(1942. 2) ; 「座談會 半島基督敎の改革を語る」(1942. 3) ; 「座談會 軍人と作家徵兵の感激を語る」(1942. 7) ; 「座談會 北方圈文化を語る」(1942. 10) ; 「座談會 國民文學の一年を語る」(1942. 1) ; 「座談會 明日への朝鮮映畵」(1942. 12) ; 「座談會 新半島文學への要望」(1943. 3) ; 「座談會 義務敎育になるまで」(1943. 4) ; 「座談會 農村文化のために-移動劇団, 移動映寫」(1943. 5) ; 「座談會 戰爭と文學」(1943. 5) ; 「座談會 國民文學の方向」(1943. 8) ; 「座談會 總力

두드러지게 나타난다.[21] 식민지와 종주국 간의 연쇄관계 위에서 발생
한 이러한 좌담회 붐은, 팽창하는 전시 제국에서의 식민지의 역할 변
동이라는 맥락에서 이해해야 할 것이다. 이렇게 대량생산된 좌담회는
동화정책의 성공을 보여주기보다는 그러한 밀착을 필요로 하는 불안
과 갈등하는 욕망을 드러내준다.

　제국의 이데올로그들이 이러한 좌담회를 통해 제국의 이데올로기
를 선전하기 위해 일치된 노력을 했다는 것은 놀라운 일이 아니다.[22]
특히 식민지의 맥락에서 좌담회는 너무나 껄끄럽고 불안한 것이었기
때문에, 친밀하고 격식이 없다는 가상과 사실을 '그대로' 재현하는 듯
한 외관을 만들어내는 그 형식 자체가 명사들의 권위를 드러내면서
이 불안정한 시대에 식민자와 피식민자가 실로 개방적인 교류와 대화
에 함께 참여하고 있다고 믿게 했다. 하지만 조선과 일본 사이의 이
좌담회 '붐'은, 단지 일시적으로 뿐만 아니라 문화생산자들의 진정한
참여의 차단을 대가로 지불하면서 제국의 욕망에 따라 조선문화를 대
상화하고 상품화했다고 하는 점에서도 '조선 붐'과 병행하는 것이었
다.

　戰運動の新構想」(1944. 12).
21) 「文化を訪ねて：三作家を圍む座談會」, 『京城日報』 1939. 6~7 ; 「文人の立
　　場から菊池寬氏等を中心に半島の文芸を語る座談會」, 『京城日報』 1940.
　　8 ; 「半島文化を語る座談會」, 『朝日新聞』 1943. 8 ; 「新しい半島文壇の構想」,
　　『綠旗』 1942. 4 ; 「見て來た海軍生活を語る」, 『國民總力』 1943. 10 등을 예로
　　들 수 있다. 大村益夫・布袋敏博編, 『近代朝鮮文學日本語作品集 1939~
　　1945 評論隨筆編』 3, 祿蔭書房(東京), 2002를 참조.
22) 우리는 식민지 경찰회보인 『警務彙報』에서 1937년 무렵부터 실린 일련의 「時
　　局座談會資料」를 찾아볼 수 있으며, 1938년부터는 선전을 목적으로 수행된
　　좌담회의 효과를 평가하는 논문들도 볼 수 있다. 예컨대 「時局座談會實施狀
　　況」(1938. 2) ; 「時局座談會實施の狀況に就いて」(1939. 2) ; 「時局座談會實
　　施狀況」(1939. 3) 등이 그것이다.

여기서 검토하고자 하는 좌담회는 전간기의 두 가지 대중매체적 현상이 제국의 맥락에서 어떻게 상호 강화되는가를 나타내주는 뜻 깊은 예이다. 『춘향전』의 번역된 공연과, 그것이 제국적 소비를 위해 성공적으로 번역되었는지 여부를 논의하기 위해 소집되었던 좌담회는 일본과 조선의 문화인들 사이의 협력의 산물이었다. 이 두 가지 사건은 일본 제국에 있어 조선의 조화로운 동화를 보여주기 위해 시도되었고, 그 당시 대부분 그런 식으로 받아들여졌지만, 엿듣기의 다시 읽기 전략을 통해 우리는 그것이 오히려 역설적으로 그 같은 제국의 이데올로기의 붕괴를 드러내 보인다는 또 다른 독해에 도달하게 될 것이다.

경성에서 『춘향전』 공연이 있기 전날, 경성에 모인 일본과 조선의 주요 문학자들은 다름 아닌 조선문화의 장래를 논의하기 위해 좌담회를 가졌다.[23] 좌담회의 좌장 하야시 후사오는 우가키 총독의 강연록을 들고 조선을 거쳐 만주까지 갔던 철도여행의 흐뭇한 일화를 다음과 같이 회상하면서 좌담회를 개회하였다.

오늘의 좌담회는 조선문화의 장래와 현재, 또는 문화에 있어서 내선일체의 길은 어디에 있는가 하는 주제로 이야기를 진행해 가고자 합니다.

원래 저는 이번에 만주와 북지(北支)를 돌아볼 목적이었기 때문에, 조선은 들르지 않을 예정으로 내지를 출발했습니다. 그런데 관부연락선 속에서 우연히 동석한 노인이 "당신도 조선을 들르지 않고 만주나 북지만 염두에 두고 있는 것 같은데, 그건 정말 잘못 생각하고 있는 겁니다"라고 말을 걸어왔습니다.…… 그리고 나서 경성에 와 총독부

---

23) 이 좌담회는 1938년 11월 29일부터 12월 8일까지 6회에 걸쳐 『京城日報』에 실렸으며, 『文學界』(1939. 1)에 재수록되었다. 참가자는 村山知義, 林房雄, 秋田雨雀, 장혁주, 辛島驍, 古川兼秀, 정지용, 유진오, 임화, 이태준, 김문집, 그리고 寺田瑛이었다.

사람도 만나고 조선의 청년들도 만나고……게다가 오늘밤……모여 있
는 제군과 만나서도, 내지와 가장 가까운 것은 조선인데, 그 가장 가까
운 곳을 모른 채 먼 만주나 북지를 느닷없이 알고자 해도 어쩔 수가
없는 게 아닌가 하는 느낌이 들었습니다.[24]

이처럼 처음부터 확고하게 이 좌담회는, 격식 없고 친밀한 모임의
장이었다기보다는, 중국에 대한 일본의 제국주의적 팽창과 제국 내에
서 식민지 조선의 역할 변동이라는 정치적 맥락 속에 위치해 있었음
을 볼 수 있다. 하야시 후사오의 진술 중, 철도가 군수품을 효과적으
로 보급하기 위해 전략적으로 부설되었음을 지적하는 이야기나 여행
중에 읽기 위해 챙겨왔다는 우가키 전 총독의 강연록에 대한 언급에
서도 보여지듯이, 이 좌담회와 내선일체 슬로건 밑에 깔려 있던 전제
는 조선의 전시동원을 효과적으로 하기 위한 목적이었으며, 몇몇 이데
올로그들이 믿었던 것처럼 평등을 지향한 유토피아적인 '휴머니즘적'
손짓과는 거리가 멀었다.

이러한 맥락에서 팽창하는 제국에 있어서의 조선의 역할은 변경되
었고, 매혹적이고 탄력적인 것처럼 보이는 내선일체의 슬로건은 다양
한 해석의 여지가 있었기 때문에 호소력을 얻고 있었다.[25] 오늘날에
는 알려져 있지만, 제국의 이데올로그들에게 있어 그 슬로건은 조선인
들을 전쟁에 협력하도록 하기 위한 계략의 역할을 한 것이었다. 반면
에 많은 조선인에게 있어 그 슬로건은 차별받는 식민지 주체라는 부

---

24) 『文學界』, 1939. 3, 271~272쪽.

25) 내선일체와 그에 대한 조선에서의 다양한 반응을 개관한 것으로는 宮田千鶴
子, 「「內鮮一体」の構造 : 日中戰下朝鮮支配政策についての一考察」, 柳澤
遊・岡部牧夫編, 『展望日本歷史 帝國主義と植民地』, 東京堂, 2001이 있다.
또한 최진석, 「日中戰爭期朝鮮知識人の內鮮一体論」, Quadrante, no.7, 東京
外國語大學海外事情研究所, 2005를 참조.

차적 지위에서 벗어날 수 있는 기회로 해석되었다. 오늘날의 우리에게는 명백하게 보일 수 있지만, 모순은 일본이 차지하고 있는 특권적인 우선적 지위와 이 슬로건의 언어 자체 사이에서 두드러지게 드러난다. 그리고 역시 오늘날 볼 때는 이 '조화로운' 새로운 관계 속에서 조선인들에게 요구되는 폭력적이고 고통스러운 (주로 일방적인) 희생의 전조임이 분명해 보이지만, 그 격동기에만 해도 피와 살을 함께 섞어야 한다는 미나미 총독의 섬뜩한 신체적 은유[26]는 보다 평등한 관계 위에서 제국 내의 새로운 미래를 형성할 기회를 만들어 갈 수 있다는 그 슬로건의 잠재력을 보다 유토피아적인 시각에서 주목하고 있던 피식민자들에게는 알려져 있지 못했거나 적어도 전략적으로 축소되고 있었다. 3·1운동과 같은 다양한 독립의 시도들이 폭력적으로 억압되어 실패하게 된 이후, 그리고 그 이후 일본이 세계에서 그 존재를 확대해갈 때, 윌슨의 민족자결주의 선언이 비서구의 피식민지에까지 연장될 수 있으리라 생각했던 많은 민족주의적 이상주의자들의 충격은 억제할 수 없을 정도였을 것이다. 아마도 많은 조선의 지식인들이 식민지 주체로서의 자신들의 곤경을 해결할 수 있는 새로운 방책을 필사적으로 찾고 있었다고 하겠다.

하지만 내선일체의 슬로건에 유토피아적인 이론적 잠재력을 부여해주고 있던 그 유동성은, 그러한 꿈을 실현할 수 있게 해주리라 여겼던 법률의 요구에 따라 많은 희생을 했음에도 불구하고 실질적으로는 피식민자를 진정한 평등에서 줄곧 배제시켜온 가변적이고 모순적인 정책 및 법률과 공존하는 것이었다.

---

26) "서로 손을 잡는 것은 놓으면 헤어지게 됩니다. 물과 기름도 무리하게 섞으면 융합된 형태로 되지만 그래선 안 됩니다. 형태도 마음도 피도 살도 모두가 한 몸이 되지 않으면 안 됩니다."(南次郎, 「國民精神總動員朝鮮聯盟役員總會席上總督挨拶」, 1939년 5월 30일).

여기서 나는 '조선문화의 장래'를 토론한다는 거창한 명목 하에 조선과 일본의 주요한 문화인들이 한 자리에 모인 한 좌담회에 주목하고자 한다. 하지만 열린 대화를 통해 새로운 미래를 함께 만들어가기 위해 다양한 의견을 개진한다기보다는 조선의 미래가 처음부터 이미 결정되어 있는 것으로 보이며, 참여자들도 '내선일체의 길'이라는 갈아탈 수 없는 일방통행로의 통행증을—아마도 부지중에—구입한 것으로 보인다.

좌담회는 1938년 10월에 열렸는데, 식민지에서는 총독부 기관지인 일본어 신문 『경성일보』에 6회에 걸쳐 연재되었으며, 종주국에서는 수개월 후 주요 문학잡지인 『문학계』에 재수록되었다. 여기서 나는 두 판본 사이에 존재하는 대체(代替)의 의미에 초점을 맞춰 함께 읽음으로써 두 판본의 시간적·공간적 거리에 다리를 놓고자 한다.

우선 바뀐 제목에 주목하도록 하자. 『경성일보』에서 좌담회의 제목은 「조선문화의 장래와 현재」였지만, 『문학계』에서 그것은 「조선문화의 장래」였다.[27] 뒤 판본의 제목에 '현재'가 빠진 것과 관련해서는 많은 이유를 생각할 수 있을 테지만, 삭제 뒤에 숨어 있는 음모를 드러내는 것이 이 글의 목적은 아니다.[28] 오히려 제목에 '현재'가 빠져 있다는 것은, 조선문화의 '과거'에 주목하는 종주국 비평가들의 관심과 좌담회를 '현재'로 이끌어가고자 하는 피식민자의 시도 사이의 상이한 욕망들의 의미를 숙고하는 유용한 실마리 노릇을 하는데, 이 점은 좌담 내용에서 분명히 드러난다.

좌담회에 참석한 모든 이들은, '현재'의 조선 문화계의 상황이 좋지 못하며 더 나은 미래로 나아가기 위해서는 이 문제에 유의할 필요가

---

27) 「朝鮮文化の將來と現在」(『京城日報』)와 「朝鮮文化の將來」(『文學界』).

28) 사실 실제로 좌담회가 행해졌던 곳으로부터 복합적으로 거리를 두고 있는 '엿듣는 자'로서의 위치로 인해, 우리는 그런 정보에 접할 특권이 없다.

있다는 점에 대해 동의하고 있는 것으로 보인다. 하지만 그 문제를 유발한 저변의 이유에 대해서는 서로 근본적으로 다른 의견을 가지고 있으며, 따라서 미래에 대한 다른 비전을 가지고 있는 것으로 보인다. 그와 관련된 진술들을 좀 더 상세히 살펴보자.

좌담회를 시작하면서 예의 개인적인 일화를 이야기한 이후, 하야시 후사오는 자신이 조선에 대해 전혀 무지했다는 점을 인정하면서, 조선인들에게 토착인 정보제공자 역할을 요구하고 "내지 작가들은 조선에 대해 아무것도 모른다"는 이유로 잡지들의 이름을 비롯해 조선 문학계의 상태에 대해 간단히 소개해줄 것을 요청하였다.[29]

---

29) "내지 작가들은 조선에 대해 아무것도 모릅니다. 어떤 사람이 무엇을 쓰고 있는가 하는 것도 들려줬으면 좋겠습니다. 우선 잡지 이름만이라도 소개해주겠습니까"(『경성일보』 제1회분, 1938. 11. 29). 이하에서 『경성일보』의 인용은 연재분 일련번호, 연도, 월, 일 순으로 표시하겠다. 조선의 문화적 상황에 대해 아무것도 모른다는 사실을 인정하는 이 비평가들이 조선문화의 미래를 논의한다는 권위적인 자격으로 이 자리에 모였다는 사실의 아이러니는 간과되고 있었던 것으로 보인다. 일본인 참석자에 의한 이러한 무지의 인정은, 농담으로 포장되곤 하지만, 이런 유형의 좌담회에 있어 흔히 사용되는 수사인 것으로 보인다. 이렇게 표면적으로 겸손한 태도는 곧 이어서 그들이 조선문화에 대해 의견표명을 할 수 있도록 길을 닦아놓는 역할을 한다. 예컨대『京城日報』1939년 6월부터 7월에 걸쳐 연재된「文化を訪ねて：三作家を圍む座談會」라는 좌담회는 마침 세 명의 일본인 작가가 조선을 방문한 차에 마련된 것이었는데, 그 작가들 어느 누구도 조선에 대해 잘 알지 못했다. 한 작가는 농담 삼아 "내가 아는 것이라곤 온돌, 노래, 그리고 기생뿐입니다(웃음)"(『京城日報』1939. 7；大村 등의 영인본, 379∼388쪽, 인용은 382쪽)라고 인정했다. 하지만 이렇게 인정했다는 것이, 맹목과 통찰 사이의 광범한 스펙트럼 만큼이나 가벼운 주제에서 심각한 주제에 걸친 광범한 스펙트럼, 예컨대 민요에 대한 것에서부터 조선어의 미래를 다루는 유명한 장면에 이르기까지 그들이 자유롭게 논의하는 것을 가로막지는 않는다. 또한 좌담회의 각 연재분에는 당시 눈앞의 쟁점이 되고 있는 주제에 초점을 맞춘 흥미로운 제목이 붙여져 있어, 이 폭넓은 주제들에 대해 참석자들 사이에 뜻 깊은 논의가 이루어졌으리라는 가상을 부여해준다. 그러나 내용을 읽어보면 잡다한 주제들이 기껏해

조선의 주요한 잡지와 신문의 이름을 열거한 후 유진오는 출판계의 상황에 대해 한탄한다. "조선인 작가들은 글을 써서는 먹고 살 수 없습니다." 현 상황에 대한 이러한 어두운 평가는 『경성일보』 연재분에 실린 절 제목에서도 드러난다. 「힘겨운 반도의 작가 : 무대가 별로 없어서 생활이 여의치 못하다」.[30]

이 새로운 정보에 충격을 받은 하야시는 이렇게 물었다. "그러면 작가들은 무슨 일을 합니까?" 이에 대해 임화가 대답하였다. "작가로서 밥을 벌어먹고 있는 경우는 한 사람도 없기 때문에, 모두 뭔가 다른 일을 하고 있습니다. 다른 일이 없는 사람은 어쩔 도리가 없으니 먹다 못 먹다 합니다."[31]

모든 이들이 분명히 여기에 문제가 있다고 동의하고는 있지만, 그러한 '결핍'의 숨은 이유를 해석하는 데 있어서는 근본적인 차이가 있는 것으로 보인다. 일본인 관리 측에서는 '퇴행적인' 중국 및 유교의 영향으로 간주되는 유물이 분명한 원인으로 강조된다. 예컨대 첫 단락에 붙은 부제에서 이 점이 분명이 드러난다. 「조선 문학계의 현상 : 유교만능과 한자편중의 폐단」.[32]

여기서 조선인들은 다시 토착인 정보제공자로서 조선문화의 상황, 특히 극예술의 상황에 대한 정보를 제공하는 역할을 요청받는다. 연극 분야의 전문가인 유치진은 조선에, 특히 조선왕조 이래로 극예술과

야 칵테일 파티에서의 이야기처럼 다루어지고 있음을 확인할 수 있다. 조선인 작가들이 조선어로 써야 하는가, 일본어로 써야 하는가 하는 문제가 식민지의 종이부족으로 인해 조선인 출판인들이 오사카로 종이를 구하기 위해 가야만 하는 상황을 딱하게 여기는 장면으로 모호하게 끝나버리는 부분은 주목할 만하다(『京城日報』 1939. 6·7).

30) 『京城日報』 제1회분, 1938. 11. 29.
31) 『京城日報』 제1회분, 1938. 11. 29. 『문학계』 판본에는 이 진술 뒤에 '웃음'이 첨가되어 있다. 침울한 상황을 견딜 만한 것으로 바꾸고자 하는 시도이다.
32) 『京城日報』 제5회분, 1938. 12. 7.

연극에 대한 지원이 결핍되어 있음을 한탄한다. 유교에 의해 극예술이 '천한' 것으로 규정되고 장르의 위계질서에서 '비속한' 민속예술로 격하되어온 결과 이 장르가 문학계에서 낮은 지위에 놓여졌기 때문이라는 것이었다. 이에 대해 무라야마는 이런 반응을 보인다. "조선의 문화는 그 점을 분명히 하지 않으면 발전할 수 없고, 문학에 관해서는 지금 그 변천과정에 대해 무엇을 하면 좋을 것인지를 논의할 필요가 있다고 생각합니다."[33]

조선왕조 시기 극예술에 부여된 낮은 지위와 관심의 부재—이는 동양과 서양의 많은 문화에 공통적인 현상이다. 예컨대 이후 시대에 문학적 정전의 최고 지위에 오른 셰익스피어와 가부키를 낳은, 빅토리아 왕조 시대의 영국과 도쿠가와 막부 시대의 일본에서도 마찬가지였다—에 대한 조선 비평가들의 한탄은 조선문화 전반에 있어서의 '발전의 결여'라고 여겨지는 것을 비판하기 위해 이용되고 있다. 이 거시적인 해석은 『문학계』 판본에서 수정되어 더 명료하게 이루어진다.

> 무라야마 : 조선문화의 장래는 현재, 어찌하여 이런 상태에 놓여 있는
> 가를 확실히 하지 않으면 발달할 수 없는데, 문학에 관해서는 나중
> 에 자세히 다루도록 하고, 지금은 이 점을 어떻게 하면 좋을지……
> 를 우리가 논해야만 한다고 생각합니다.[34]

전략적인 검열과 더불어 "아무것도 모른다"는 사실을 인정함으로써 이루어지는 해석상의 비약을 통해 하나의 특정 장르에 관한 논의는 조선문화 일반의 개탄스러운 상황에까지 확장되었는데, 이 개탄스러운 상황은 과거의 유물, 특히 유교와 중국문화의 영향에서 직접 비롯

---

33) 『京城日報』 제3회분, 1938. 12. 2.
34) 『文學界』, 274쪽.

된 것으로 여겨졌다. 여기에 암시되어 있는 것은, 조선문화가 조선왕
조 시대 이후로 정체되어 왔다는 것, 그리고 지금 벌어지고 있는 좌담
회처럼 해결책을 모색하는 호의적인 논의를 통해 일본의 근대적 감수
성의 도움을 받음으로써 이 문제를 해결할 수 있다는 것이다. 이는 그
시기 식민지에서 경제학부터 민족적 성격에 대한 본질주의적 일반화
에 이르기까지 다양한 영역에서 개진된 제국주의적 논법에 공통적인
것이었다.

　이러한 진단과는 반대로, 조선의 비평가들은 현재 상황의 문제들의
뿌리를 반드시 그처럼 먼 과거에서 찾을 필요는 없다고 말한다. 김문
집은 일본의 검열이라는 문제를 직접 거론하면서 조선 문화계의 현재
상황을 평가한다.

　　이전엔 잡지도 여러 가지가 있었습니다만, 요즘에는 적어졌습니다.
　일간신문도 마라톤으로 유명한 손기정의 사진, 즉 일장기 문제로 정간
　되고, 겨우 작년 6, 7월경 허가를 받은 동아일보라는 것이 있습니다만,
　중앙일보는 없어지고 매일신보 외에 조선일보라는 것이 있을 뿐입니
　다. 잡지도 제법 있었는데, 종이값이 비싸지고 총독부의 의향도 있어
　서, 점차 줄어들었습니다. 우리의 밥그릇이 줄어들었습니다.[35]

　김문집은 과거의 유물을 비난하거나 조선왕조 이래의 조선 문화계
의 정체를 가정하기보다는, 최근에 급격한 개악(改惡)이 발생했다는
점을 분명히 하고 있다. 그는 문제의 뿌리를 중국적인 과거에서 찾기
보다는 당대 일본의 제국주의적인 미디어 정책 내에서 이루어지고 있
던 검열과 규율적 통제라는 근대적 테크놀로지의 효과를 지적하고 있
다.

---

35)『京城日報』제1회분, 1938. 11. 29.

　이처럼 식민지 문화계 내의 동일한 경험적 상황을 대하면서도, 양측은 그들의 관점과 제국에서의 불균등한 위치의 차이로 인해 완전히 상충되는 상황진단에 이르고 있다. 식민지 체제의 문화정책을 옹호해야만 하는 일본측이 현재의 검열의 문제를 전략적으로 회피하고 문제를 진단하기 위해 과거로 눈을 돌리는 데 반해, 조선인들은 현재 일본의 제국주의 정책이라는 맥락을 지적하고 있다.

　과거에 초점을 맞추는 일본인과 현재에 초점을 맞추는 조선인이 쟁점에 대해 서로 눈을 맞추지 못했던 것은 여기에서만이 아니다. 조선에서의 출판물의 부족과 작가들의 생활의 궁핍은 직접적으로 식민지에서의 언어정책이라는 문제와 연결된다. 그리고 여기서 양측은 다시 최선의 해결책을 찾는 논의에서 합의에 이르지 못한다. 그들은 근본적인 문제를 서로 다른 차원에서 이해하고 있었기 때문이다.

　이 같은 의견의 충돌이, 과거의 문화적 산물들을 둘러싸고 대화가 이루어질 때는 드러나지 않는다는 점이 중요하다. 과거는 안전한 주제였고, 양측 모두에게 노스탤지어적인 기억으로 충만한 주제였다고 생각된다. 탈춤, 인형극 등 조선의 과거 민속예술들을 둘러싸고는 유쾌한 잡담이 길게 이어졌는데, 조선의 민속예술은 일본 비평가들, 특히 조선 공예품을 상당히 수집하고 있었던 무라야마에게 꽤 흥미를 불러일으켰고, 하야시는 일본의 전통극 중 일부가 조선문화에서 영향받았음을 관대하게 인정하기까지 했다. 하지만 조선인들이 현재의 자신들과 관련해, 특히 제국 내에서의 조선어의 운명과 관련해 가장 긴급한 쟁점들로 논의를 진행시키고자 하면─그들은 아마도 이런 방식으로 에둘러 말하는 데 지쳤을 법한데─누구든 긴장을 느낄 수 있을 정도로 일순 분위기가 바뀌고 만다. 대화과정을 좀 더 살펴보자.

　이태준 : 아키타 선생에게 좀 여쭙고 싶습니다만, 조금 전에 조선어로

쓰든 국어(내지어)로 쓰든 괜찮다고 말씀하셨는데, 우리로서는 중대한 것이라서 본론과는 조금 다릅니다만 질문 드립니다. 내지의 선배님은 우리 조선의 작가가 조선어로 쓰는 것을 마음으로부터 희망하고 계십니까, 아니면 내지문으로 쓰는 것을 보다 더 희망하고 계십니까.36)

임 화 : 조선 사람은 내지문으로 쓰는 것이 좋은가, 조선문이 좋은가 하는 것입니다.

아키타 : 우리 작가의 요망, 그리고 대중의 요망으로, 즉 대상을 대중에 두는 작가로서는, 국어가 좋다고 생각합니다.

무라야마 : 그렇습니다. 조선문화를 조금이라도 많은 사람에게 읽히게 하고, 요컨대 내지의 사람들의 반향을 얻으려면 말이죠. 조선어로 쓴 것은 내지인이 읽을 수 없으니 반향이 없다고 생각합니다. 역시 조선에도 실제로 국어가 보급되었으니까, 실제에 입각해서 생각한다면 국어로 쓰는 편이 널리 읽히게 된다고 생각하기 때문에 국어가 좋습니다.

아키타 : 국어로 써서 널리 읽히게 하고, 일부를 조선어로 번역한다면 좋겠죠.

정지용 : 양쪽을 다 써도 좋다고 생각합니다.37)

여기서 우리는 일본측의 인물들이 조선인들과는 전혀 의사소통이 이루어지지 않는 데 반해서 마치 몰래 자기들끼리 논거를 짜맞추기라도 한 듯이 공조하면서 서로 상대방의 말을 되풀이하고 있음을 볼 수

---

36)『京城日報』제4회분, 1938. 12. 6. 이 직접적인 질문은 아키타가 순간적으로 잘 알아듣지 못할 정도로 그에게 제법 충격을 주었던 것으로 보인다. 직접적인 질문에 접했을 때 그가 답한 수수께끼 같은 답변이 아마도 이 좌담회에 충만한 갈등을 드러내 보여줄 수 있을 것이다. "아키타 : 뭐라구요, 잘 못 들었는데요……."(『京城日報』제4회분, 1938. 12. 6). 이 어색한 순간은『문학계』판본에는 물론 삭제되어 있다.
37)『京城日報』제4회분, 1938. 12. 6.

222

있다. 여기서 정지용의 발언은 논의 과정과는 상관없는 거의 뜬금없는 소리처럼 들린다. 이 어려운 문제를 끌어들이고자 한 조선인 작가들의 시도에도 불구하고, 또 조선인들의 욕망을 끌어들이기 위해 식민자측이 애초에 내건 관용의 발현에도 불구하고, 쟁점이 결코 교섭 가능한 것이 아니었다는 사실은 금세 명백해졌다. 거기에서는 피식민자에게 허락된 자비(慈悲)의 한계만이 드러났을 뿐이다. 계속 엿들어보자.

> 하야시 : 국어의 문제가 나왔는데, 이것은 대단히 중대한 것이라고 생
> 각합니다. 우리로서는 조선의 제군에게 말씀드리지만, 작품은 모두
> 국어로 써 줬으면 합니다.
> 아키타 : 그것을 번역하면 됩니다.
> 임　화 : 이것은 큰 문제입니다.[38]

우리는 이 대화에서 중요한 단절이 생기는 것을 다시 보게 된다.

> 무라야마 : 조선어로 쓰면 표현할 수 있지만 국어로 쓰면 표현할 수
> 없다고 하는 조선어의 독특한 어떤 것이 있다면, 즉 뜻을 국어로
> 표현해도 부족하다고 하는 어떤 것이 있다면, 대단히 안타까운 일
> 이라고 생각합니다만, 그렇지 않은 한, 거의 여기까지 오면 눈앞의
> 문제로서는 국어로 써도 지장이 없는 것 같으니, 조선어로 쓰지 않
> 으며 안 되는 것이란 없다고 생각합니다.[39]

여기서 무라야마는 지루한 동어반복으로 이치에 닿지 않는 말을 늘어놓으면서 단숨에 자기모순에 빠지고 있다. 하지만 달리 보면, 이 '일

38) 『京城日報』 제4회분, 1938. 12. 6.
39) 『京城日報』 제4회분, 1938. 12. 6.

본의 선배들'이 제시한 이유는 상당히 실용적이고 그럴듯한 것으로 여겨지고, 그들의 충고는 자신들에게 무엇이 가장 좋은지를 알기에는 '너무나 완고'하고 '옹졸한' 후배들을 위해 베풀어진 관대한 선물의 언어로 전달된다. 작가들이 생활을 영유할 수 없을 만큼 출판물이 부족한 상황, 그리고 조선에서 더 많은 독자를 기대할 수 없는 상황은, 조선인들이 조선어로 쓰는 것이 경제적이지 못하다는 사실을 받아들여야 할 실용적인 이유가 된다. 이처럼 우월한 언어로서의 일본어는, 이 논리적인 '선택'을 기꺼이 받아들여야 할 피식민자에게 강제된다. 조선인들이 지적한 결핍의 핵심에 놓여 있는, 일본의 제국주의 정책에 의한 검열이라는 근본적인 쟁점은 일본인에게 전달되지 못한 채 간단히 폐기된다. 또 다른 차원의 검열이 수행된 것이다.

이러한 합리적인 상명하복의 명령에도 불구하고, 조선인 참석자들은 쉽게 포기하지 않고 조선어로 쓰고자 하는 자신들의 욕망을 식민자들에게 납득시키기 위해 그들과의 교섭을 계속해서 시도한다. 그들은 기꺼이 가능한 한 많은 작품들을 일본어로 번역하고자 하지만, 시나 언어의 맛처럼 번역에서 놓치는 측면들이 있는데, 이에 대해 하야시는 이렇게 말한다. "그러면 번역불가능론이지 않습니까. 번역에는 번역의 사명이라는 것이 있습니다."[40]

조선인들에게 논리가 결여되어 있다고 조롱하는 듯 지적하는 하야시의 언급이 『경성일보』 판본에는 빠져 있고 『문학계』에 나중에 첨가되었다는 점은 흥미롭다. 이 첨가는 고쿠고(국어)에 논거를 뒷받침해 주고, 동어반복보다는 뭔가 이론적으로 세련된 것처럼 보이게 하기 위해 이루어진 계산된 행위로서, 더 이상의 논쟁을 억압하는 기능을 하고 있다. 또한 조선측에 똑같은 편집상의 배려가 이루어지지 않았다

---

40) 『文學界』, 275쪽.

는 점도 주목할 만하다. 사실 그들의 주장이 『문학계』에는 축소되어 있어, 괴팍하고 비논리적인 것처럼 읽힌다. 제국의 주장이 '경계 없는' 제국 내에서의 번역과 경제의 근대적 테크놀로지를 설명하는 합리적 이론에 기초해 있는 데 반해, 조선인들은 아무 것도 모르는 어린아이와 같은 '고집불통'과 옹졸함 때문에 비난받도록 되어 있다.[41]

제국 내에서의 언어와 번역이라는 쟁점을 둘러싼 논의는 그 자체가 역설적으로 식민자와 피식민자의 욕망과 담론 사이에 존재하는 철저한 번역불가능성 또는 통약불가능성을 드러낸다. 그들은 서로 다리를 놓을 수 없을 것 같은 상이한 차원에서 말하고 있다. 한 측은 문화적 생산과 보존이라는 상부구조의 차원에서, 다른 한 측은 실용주의 경제와 시장의 논리적 조건이라는 하부구조의 차원에서 말하고 있는 것이다. 문화적 생산과 경제라는 이 두 차원이 식민지 근대의 맥락 속에서 긴밀히 연관될 가능성은, 이처럼 상충된 대화에는 받아들여질 수 없었다.

이처럼 실제적으로 금지되고 검열되는 자신들의 언어를 구제하고자 한 조선인들의 합법적인 시도는 이론의 차원에서 해석되었으며, 비합리적인 식민지 민족주의의 본질주의로서 좌절되었고 침묵을 강요당했다. 만일 그들의 주장이 때때로 본질주의적 경향에 떨어졌고, 번역 행위를 간단히 처리해버린 것이 사실이라면, 그것은 제국의 언어인 일본어로 번역된 것이 조선어로 씌어진 작품들보다 분명히 특권적인 위치에 놓이는 상황 속에서, 그리고 작가들이 검열의 다층적인 차원을 뛰어넘고자 시도하는 맥락 속에서 설명되어야 할 것이다.

『춘향전』의 문제로 되돌아가면, 이 조선 '전통'의 핵심적인 상징이 일본어로 번역되었다는 사실은 다양한 측면에 따라 아주 상이한 의미

---

41) "하야시 : 그런 고집은 부리지 않는 게 좋습니다."(『文學界』, 277쪽).

를 가진다는 것이 분명해지게 된다. 일본측은『춘향전』공연을 과거
성의 특유한 유물을 극화한 것으로 보았다. 무라야마 등은『춘향전』
같은 과거의 문화적 산물이 소중하게 보존될 것이기 때문에 조선문화
가 사라지는 일은 없을 것이라고 조선인들을 안심시켰다. 하지만 임
화는 문제가 되고 있는 현실적인 쟁점은 과거 유물의 보존에 관한 것
이 아니라 현재의 문화적 생산에 관한 것임을 곧바로 지적했다. 즉,
"그와 같은 박물관적인 것을 말하는 게 아닙니다"라고 했다.42) 좌담회
가 제국의 우월한 언어인 일본어로 행해지고 있다는 사실에도 불구하
고, 그곳에서 표현되고 있는 갈등하는 욕망들의 번역가능성에는 한계
가 존재한다.

　일본인 비평가들은 조선인들의 주장과는 반대로 춘향의 '본질'43)이
일본어로 번역되어 충분히 전달되었다고 주장한다. 하야시에 따르면,
일본인 관객과 조선인 관객이 모두 함께 눈물을 흘렸다는-『문학계』
판본에는 나중에 웃음이 추가된다-사실에서도 그 점이 드러난다는
것이다. 임화는『춘향전』에 대해 일본 관객이 관심을 갖는 이유를 당
대의 '정치적 시간·맥락'44) 속에 위치지울 수 있음을 지적하지만, 일
본의 비평가들은 다른 견해를 가지고 있다. 춘향전의 어떤 측면이 일
본 관객들을 감동시켰는가를 물었을 때, 흥미로운 수렴현상이 나타난
다.

　무라야마가 "춘향의 정절이 환영 받았던 겁니다"45)라고 말하자 하
야시는 "그 춘향이 몽룡을 생각하며 정절을 지켜가는 점이 훌륭해서,

---

42)『京城日報』제4회분, 1938. 12. 6. 그의 비꼬는 말 뒤에서 어떤 좌절을 느낄
　　수 있다.
43) 무라야마는『춘향전』의 에스프리라고 칭한다(『文學界』, 275쪽).
44) "김문집 : 그것은 시국과 관계된 것이라고 생각합니다."(『경성일보』제3회분,
　　1938. 12. 2 ;『文學界』, 275쪽).
45)『京城日報』제3회분, 1938. 12. 2.

226

나도 도쿄에서 봤지만, 그것은 모든 여성들이 감복할 만한 훌륭한 정신을 통해 사람을 감동시켰습니다"[46]라고 동의한다. 이렇듯 하야시에 따르면, 춘향이 문화를 가로질러 번역될 수 있게 하고 그것에 보편적인 가치를 부여해주는 것은 정절이라는 진부한 이데올로기로 해석될 수 있는 측면에 놓여 있다. 하야시는 이 '보편적인' 특질이라는 것이 조선인들이 실로 수십 년 동안 싸워온 성, 결혼, 자유연애를 둘러싼 역동적 담론과 상충되는 대상이었다는 사실을 전혀 모르고 있는 것으로 보인다.[47] 이 정절이라는 관념을 그가 노스탤지어적으로 찬탄하며 춘향에게서 찾아낸 특질로 부각시킴으로써, 하야시는 성을 둘러싼 당대 조선에서의 역동적인 담론에 대해 스스로 무지하다는 사실을 드러낼 뿐만 아니라, 춘향을 통해 식민지의 독특한 퇴행성에 보존되어 있으리라 공상하는 낡은 젠더 계서제에 대한 자신의 노스탤지어적인 편애도 드러내고 있다.[48]

좌담회를 시작할 때부터 조선에 대한 아무런 깊은 지식이 없음을 인정했던 하야시 및 여타의 일본 비평가들은 춘향을 변하지 않는 과거의 독특한 유물로서 다룰 수 있었을 뿐, 근대성을 둘러싼 당대 논쟁의 주요 부분으로서 춘향을 재생산하고자 한 조선의 담론 상황에서 춘향이 차지하는 중요성의 차원에는 개입할 수 없었다. 여기서 다시 우리는 식민자들에게 조선의 '현재'에 대한 인식이 전적으로 결여되어

46) 『문학계』 판본에는 이 쇼비니즘적인 언급이 '모든 여성'에서 젠더 중립적인 '만인'으로 수정되어 있다. "그 춘향이 몽룡을 생각하며 정절을 지켜가는 점이 훌륭해서, 나도 도쿄에서 봤지만, 그것은 만인이 감복할 만한 훌륭한 정신을 통해 사람을 감동시켰습니다."(『文學界』, 275쪽).
47) 권보드래, 『연애의 시대』, 현실문화연구, 서울, 2003.
48) 식민지를 식민자가 잃어버린 과거의 퇴행적인 유산으로서 간주하면서 나타나는 식민지에 대한 비판과 노스탤지어적 욕망의 공존은 다양한 문맥을 통해 식민자의 담론에서 드러나는 공통된 모순이다.

있음을 확인할 수 있다.

춘향을 '근대화'하고자 하는 장혁주의 창조적인 시도가 논의되지 못한 것과 마찬가지로, 식민지와 종주국의 사이에 자리잡고 있는 번역자로서의 그의 복잡한 역할도 여기서는 간단히 무시되고 있다. 장혁주는 특히『문학계』판본에서 확실하게 일본측으로 배치되어 있는데, 이 판본에는 문자 그대로 조선인 참석자와 일본인 참석자를 분리하는 두꺼운 선이 그어져 있고, 장혁주는 분명히 일본측 중앙 오른편에 자리잡고 있다.[49]

이와 비슷한 맥락에서, 장혁주와 조선인 비평가들 사이의 대화 내용이『경성일보』에서『문학계』로 넘어가는 과정에서 의미심장하게 수정되어 그들 사이의 분리선은 지면(紙面) 위에 더욱 깊이 각인된다. 장혁주의『춘향전』번역을 둘러싸고 이루어진 대화 부분이 두 판본에 어떻게 다르게 기록되어 있는지를 보기 위해 두 판본을 병치시켜보자.

　　　『경성일보』
　임　화 : 그 번역은 좋은데, 춘향전은 적당히 번역되어 있지만, 그 말이 가진 맛을 번역한다는 것은 대단히 어려운 일이라고 생각합니다.
　장혁주 : 임화군, 과거의 조선문화를 장래와 좀 더 긴밀한 관계를 맺을 수 있도록 하고 조선을 제재로 한 것을 내지어로 도쿄에 소개한다는 이 두 가지 취지에서, 도쿄에서 조선어 강연을 하는 것이 현재 불가능한 이상, 조선의 춘향전을 국어로 만들자고, 우선 당분간은 그렇게 하자고 생각해서 승낙한 것입니다.
　유치진 : 그건 어렵죠.

---

49) 이 선은 역설적으로 식민자와 피식민자 사이의 건널 수 없는—번역불가능한—거리, 나아가서는 내선일체의 실패를 암시하는 것으로 읽힐 수 있다. 그것은 또한 주로 일본 문학계에서 일본어로 작품활동을 함으로써 오염된 이주작가 장혁주가 이미 돌아갈 수 없게 되었다는 사실을 암시하기도 한다.

『문학계』

임　화 : 그 번역은 좋은가요? 춘향전은 적당히 번역되어 있습니까?
그 말이 가진 맛을 번역한다는 것은 대단히 어려운 일이라고 생각
합니다.

장혁주 : 임화군, 과거의 조선, 현재의 조선을 제재로 한 희곡을 내지
의 연극계에서 상연하는 것, 그리고 또 하나 조선어로 된 것을 내
지어로 번역하거나 각색해서 내지인에게 소개하는 것, 이 두 가지
는 우리가 반드시 해야 할 일이라고 생각합니다. 조선어 극단이 조
선어 연극을 내지에서 하는 것도 좋지만, 그것이 주는 영향은 극히
한정된 것입니다. 그런 의미에서 내지어로 씌어진 춘향전을 만든
것입니다. 그리고 그 결과도 성공했다고 생각합니다.

유치진 : 그건 어렵죠.

『경성일보』에서 임화의 언급은 특별히 장혁주의 번역보다는 제국
에서 번역의 역할 한계에 더 초점을 맞추고 있다. 사실 그는 장혁주의
번역이 그 자체로 훌륭하다는 점을 인정하지만, 번역을 통해 소통되기
어려운 측면이 여전히 있다는 점도 인정하고 있다. 장혁주 자신도 일
본어로 충분히 전달될 수 없다는 한계를 지적한 이 평가에 동의하고
있다. 그러나 『문학계』 판본에서는 이 대화가 훨씬 직접적인 대립으
로 변화되어 있다. 이 수정된 판본에는 물음표가 첨가됨으로써, 임화
의 언급은 의심으로 가득 찬 질문으로 바뀌었고, 그래서 유독 장혁주
의 번역에 대해 힐난하는 것 이상으로는 읽히지 않는다. 또한 장혁주
의 반응은 성공적으로 번역되었음을 확신하면서 상당히 거만하고 방
어적인 태도를 보이는 것으로 나타난다. 그리고 유치진의 언급은 이
거만함에 대한 직접적인 힐책으로 읽힐 수 있을 뿐이다. 반면에 『경성
일보』 판본에서 장혁주의 진술에 대한 유치진의 반응은 보다 논의의
여지가 있다. 『문학계』에서는 구두점의 조작과 그 밖의 사소한 수정

을 통해, 제국의 문맥에서의 번역의 역할, 그리고 점증하는 검열과 문화생산의 억압이라는 커다란 쟁점이 식민지의 개인들이 개인적으로 서로를 공격하는 사소한 논쟁으로 번역되고 말았다.

나아가서 『경성일보』에서 장혁주는 『문학계』 판본의 장혁주에 비해 당시의 언어 상황에 대한 관심을 다른 조선인들과 더 많이 공유하고 있는 것으로 보인다. 그는 『경성일보』에서 자신이 일본어로 번역한 이면의 이유에 대해 이렇게 설명하고 있다. "도쿄에서 조선어 강연을 하는 것이 현재 불가능한 이상, 조선의 춘향전을 국어로 만들자고, 우선 당분간은 그렇게 하자고 생각해서 승낙한 것입니다." 이 진술이 『문학계』에는 의미심장하게 수정되어 있다. "조선어 극단이 조선어 연극을 내지에서 하는 것도 좋지만, 그것이 주는 영향은 극히 한정된 것입니다. 그런 의미에서 내지어로 씌어진 춘향전을 만든 것입니다." 이 두 번째 판본에는, 일본어로 쓰기로 결심하는 과정에서 겪은 식민지 작가의 갈등의 흔적이 지워져 있다. 첫 번째 판본에서는 조선어판이 허락되지 않는 상황에서 일본어로 쓰기로 했다는 장혁주의 결심 뒤에서 딜레마를 읽어낼 수 있다. 『문학계』에서 그는 두 가지의 동등하게 가능한 선택지를 가지고 있었던 것으로 보이며, 따라서 그는 조선어로도 충분히 할 수 있었음에도 불구하고 기회주의적으로-편의적으로, 실용적으로-일본어를 선택한 것이 된다.

식민지 작가에게 주어져 있던 한계에 대해 아무런 언급도 하지 않음으로써, 좌담회는 식민지 작가가 평등과 선택의 자유를 가지고 있는 것처럼 형상화하고, 내선일체의 조화를 극화하고자 한다. 하지만 교묘하게 조작된 텍스트 배후에서 만들어진 그릇된 재현을 읽어냄으로써, 우리는 외적이면서도 내적인 권력의 불균형과 검열의 진정한 본질을 상상할 수 있으며, 그러기 위해서도 두 가지 판본 사이의 공간적이고 시간적인 거리/간극을 가로질러 읽어야 할 것이다.50) 일본측이 조선어로 쓴다고 하는 생각을 점차 더 강하게 거부하면서 언어와 관련된 쟁점을 둘러싸고 조선인과 일본인 사이에 열띤 대화가 진행된 후, 하야시는 갑자기 조선인 작가가 전선으로 선전활동을 하러 갈 수 있도록 총독에게 요청하겠다고 제시한다. 유진오는 진심으로 동의한다고 말한다. 그리고 『문학계』 판본에는 그의 언급 뒤에 조선인 작가들의 열의를 강조하는 박수가 첨가되어 있다.[51]

5. 식민지 타자의 검열

논의가 검열이라는 주제로 넘어가자마자 좌담회가 급작스럽게 끝나버리게 된다는 점은 의미심장하다. 열린 대화를 하겠다는 호의적인 분위기 속에서 총독부 도서과의 검열관인 후루카와는 식민지 작가들이 검열 과정에 대해 무엇을 물어보든―하야시가 관대하게 약속한 것처럼 '현재 상황에 대한 불만까지도'[52]―답해줄 수 있는 입장으로 좌담회에 초대되었다. 하지만 겉보기에 개방적인 것 같은 이 초대의 한계는 대화가 진행되자마자 곧 드러난다.

첫째, 식민지 작가들의 질문은, 그때까지 그들에게 검열 기준과 관

---

50) 최경희는 잉크로 지우거나 복자 처리 등을 통해 검열된 지면에 가시적인 흔적을 남기는 식민지 초기에 외적인 검열이 후기로 가면 자기검열이라는 규율적 상황으로 이행해간다고 주장한다.(〈조선문화연구회〉 발표, 와세다대학, 2006).

51) 『문학계』 판본에 나타난 것처럼 조선인들이 실제로 열성적으로 박수를 쳤다면, 지금까지의 우리의 독서전략에 따라 읽어온 결과에 비추어볼 때, 박수 배후의 의미가 단순히 명백한 '친일적' 정서로 환원될 수 없다는 사실을 짐작할 수 있을 것이다. 하지만 검열된 텍스트를 앞에 두고 여기서 작동하고 있었을 복잡한 심리학과 정치학에 접근하기란 어려운 일이다.

52) 『文學界』, 279쪽.

련된 아무런 지침도 제공된 적이 없었다는 사실을 보여준다는 점에서 주목할 가치가 있다. 이와 관련하여 직접 질문을 받자 후루카와는 "반사회적인 것, 반일적인 것은 반드시 단속합니다"[53]라고 모호하게 답변한다. 이 짤막한 대화에서 드러나는 것은 당국에게 '분명'하고 당연한 것처럼 보이는 것이, 그런 규칙(또는 규칙의 결여)에 의존해 생계를 유지해가고 있는 사람들에게는 전혀 그렇지 않았다는 것이다.

유진오는 검열관이 가끔은 작품 전체를 읽지 않은 채 검열을 하는 것 같다고 말한다.[54] 그러자 후루카와는 이렇게 대답한다. "공산주의가 하는 방식을 계속 쓰고 마지막 5～6행에서……라서 안 된다 하고 말하는 식은 설령 언뜻 보기에 결론이 좋은 것처럼 보여도 [선전의 가치를 가질 수 있기 때문에] 도장을 찍습니다."(『문학계』, 279쪽).[55] 유진오는 이렇게 주장한다. "도중의 단계가 나빠도 결론이 좋다면 좋다고 생각하는데요." 그러자 후루카와는 "그렇지 않습니다. 도중이 나쁘다고 지금 말한 것처럼……."[56]

하지만 대화와 좌담회는 하야시가 "이제 이 정도로 그만합시다"[57]라는 말로 끼어들면서 돌연 중단된다. 『경성일보』 판본에서는, 내내 입을 다물고 있던 데라다가 "여러분 감사합니다"라고 말하면서 좌담회를 어색하게 끝내고 있다. 반면 『문학계』 판본에서는 이 어색함이 완화되어 있다. 즉 다음과 같은 진술이 추가되어 하야시의 갑작스런 방해가 완화되어 있는 것이다.

하야시 : 이 뒤는 술이라도 마시면서 이야기합시다. 이 좌담회는 내지

---

53) 『文學界』, 279쪽.
54) "결론까지 보지 않고 도장이 찍히는 건 곤란합니다만……"(『文學界』, 279쪽).
55) 괄호로 묶은 부분은 『경성일보』에만 실려 있는 것이다.
56) 『文學界』, 279쪽.
57) 『文學界』, 279쪽.

의 『문학계』에 실었으면 좋겠다고 생각합니다. 그리고 내지의 사
람들에게 읽혀졌으면 하고 생각합니다. [박수] 대단히 감사했습니
다.[58]

　두 판본의 끝부분을 병치해 읽는 것은, 그것들이 이 좌담회 자체의
모순을 드러내준다는 점에서 여러 차원에서 의미를 갖는다. 처음에는,
식민자와 피식민자를 토론장에 함께 초대함으로써 개방적인 의사소통
을 시도하는 듯이 보이는 관대한 태도가 검열관 후루카와에게 자신들
의 관심사('불만까지도')를 제기하도록 촉발하기까지 하면서 내선일체
의 조화를 과시하는 진정한 사례처럼 보인다. 그러나 피식민자들이
이러한 제안을 받아들이자마자 대화는 갑작스럽게 침묵으로 전환되
고, 우리는 이 '개방성'이 식민자들이 그어 놓은 보이지 않는 테두리
안에서만 허용된 것임을 알게 된다. 인쇄매체에 발표될 때 이루어진
검열작업은 하야시가 급작스럽게 종결시켜버린 애초의 상황에서 어색
함과 적대감을 감소시키고, 대화가 폭력적으로 침묵당한 것이 아니라
다른 장소에서 계속 이어지리라는 것을 보여주면서 동등한 관계에서
우호적이고 자연스럽게 종결되었다는 외관을 만들어냈다. 『문학계』
판본에는 『문학계』에 대한 자기 언급의 서술이 첨가되어 좌담회가 『경
성일보』에 앞서 실렸다는 사실을 지우고 있으며, 마지막 진술은 참석
한 모든 이들을 끝까지 조화로운 공동체처럼 묶어주는 열성적인 박수
로 끝맺고 있다.
　좌담회의 두 판본을 겹쳐 들음(overhearing)으로써, 우리는 제국의
이데올로그들에 의해 의도된 좌담회를 역설적으로 다르게 읽을 수 있
었다. 우리의 독해는 관대하게 열린 대화의 장을 마련해준 식민자들
의 박애정신을 강조함으로써 내선일체의 조화를 보여주기보다는, 오

---

58) 『文學界』, 279쪽.

히려 이 상황에서 의사소통이 불가능했음을 드러냈다. 좌담회가 진행되는 내내 식민자와 피식민자 사이의 갈등하는 욕망과 비전의 표현에서도 드러났듯이, 의사소통의 실패는 이 갈등이 재생산되고 재억압된 인쇄매체의 지면에서만이 아니라 다양한 차원에서 발생하였다. 두 판본의 행간을 읽음으로써 우리는 이 좌담회가 식민자와 피식민자 사이의 권력의 불균형을 드러내주는 증거로서 엿들을 수 있다. 이러한 불균형으로 인해 유토피아적 미래를 향한 길에 서로 뜻 깊게 참여할 수 있도록 하기 위해 개방적인 대화와 표현의 자유 위에 구축되리라는 공동체의 가상이란 저지될 수밖에 없었다.

6. 맺음말을 대신하여

나는 타자와의 대화적 만남에 대해 몇 가지 생각하면서 글을 끝내고자 한다. 앞서 인용한 논문에서 악젤은 가다머가 데리다와 교류한 이후 대화에 대한 사상에 결정적인 변화가 발생했음을 지적한다. "가다머가 데리다와 만난 후 계속해서 주장했던 것처럼, 대화나 대담에 진입한다는 것은 자기를 넘어선다는 것, 타자와 더불어 생각한다는 것, 그리고 마치 다른 사람인 듯이 자기에게 복귀한다는 것이다."[59] 여기서 보듯이 가다머의 새로운 정식에 있어서도, 그리고 다른 사람(이 경우에는 데리다)과의 상호교류를 통해 변형된 사상에 있어서도, 대화의 의의란 우리가 자신의 선입견들을 넘어서서 타자의 사상에 스스로를 개방할 수 있게 하는 방법에 있는 것으로 보인다. 타자의 욕망

---

59) Diane P. Michelfelder and Richard E. Palmer, ed., Dialogue and Deconstruction : The Gadamar Derrida Encounter, Albany : State University of New York Press, 1989, p.110(Aczel, p.608에서 재인용).

에 대한 진정한 '듣기'가 부재했기 때문에, 우리는 좌담회의 만남에서 어떠한 대화도 발생하지 않았다고 결론지을 수 있을 것이다. 그러한 실패는, 타자와의 대화를 배제하는 불균등한 권력관계와 역사적인 기반에 의해 중층결정된 식민지의 맥락을 드러낸다.

마찬가지로 식민지와 종주국 사이의 공간적 간극이 결국 제국의 불균등한 맥락에 다리를 놓을 수 없었던 것처럼, 우리는 타자로서의 과거의 텍스트와 시간적으로 격리된 만남을 하고 있다는 제한성을 자각할 필요가 있다고 생각한다. 검열 및 역사적 잔재들의 다양한 층을 관통하여 전달된 과거의 텍스트와 관계하려는 시도의 한계와 어려움은, '엿듣기'라는 우리의 독서전략이 보여주듯이, 우리의 특수한 역사적 국면에는 들리지 않는 목소리들을 들을 수 있기 위해 이 텍스트들에로 반복해서 되돌아갈 필요가 있음을 상기시켜준다. 과거의 텍스트를 단 한번에 최종적으로 이해할 수 있다고 가정하기보다는 『진리와 방법』에서의 가다머의 통찰, 즉 과거와의 만남은 언제나 현재를 통해 투사된 과거이지 결코 과거와의 객관적인 일치일 수 없다는 통찰을 잊지 말아야 할 것이다.[60] 텍스트, 특히 식민지의 유산들과의 중층결정된 만남은 지속적인 (다시)읽기와 (엿)듣기를 요구한다.

* 시간적인 제약 속에서 영어와 일본어로 이루어진 이 논문을 한글로 번역해 준 차승기씨에게 감사드린다. 또한 일본어 자료를 구하는 데 도움을 준 미즈노 나오키(水野直樹), 마쓰다 도시히코(松田利彦), 도베 히데아키(戸邊秀明) 선생들께도 감사를 표한다.

---

60) Hans Georg Gadamer, Truth and Method, London : Sheed and Ward, 1985.

'가정'과 '여성성'의 추상화와 감각의 리모델링
-1930년대 잡지 『여성』을 중심으로-

신 지 영[*]

1. 근대의 감각을 질문한다는 것

1930년대 후반, 잡지『여성』을 중심에 놓고 제국적 감각의 매개로서 '가정'이 기능하는 과정을 살펴보려고 한다. 이는 제국적 감각을 지닌 신체로서 여성성이 리모델링되는 과정이기도 하다. 근대는 철도를 들여오는 일이기도 했지만, 레일을 내는 일이기도 했다. 사람들이 낯선 철도에 매혹되기도 하고 철로를 내는 과정에서 고통을 겪기도 하며, 그에 따라 삶을 구성하는 시공간의 감각, 삶의 습속이 변화하는 그 모든 과정을 포함한다. 만약 1930년 후반의 상황을 제국주의화라고 이름 붙일 수 있다면, 제국적 시스템을 이식하는 것과 그것이 작동하는 과정은 별개의 원리를 갖는다. 제국적 시스템이 작동하려면, 그 시스템을 작동시킬 수 있는 동력이 필요하다. 이것은 그 이전의 민족주의적으로 규율된 신체를 제국주의적 명령에 반응하는 신체로 리모델링하는가의 문제였다.

따라서 일제식민지에 대한 연구는 제도가 어떻게 신체를 규율함으로써 감각의 질서 혹은 욕망의 구조를 구성해 가는가를 물어야 한다.

---

* 연세대 박사과정, 국문학.

1930년대 후반을 둘러싼 기존의 친일여부 논의는 근대적 '시스템'을 국민국가나 민족성의 경계에 따라 굳어진 것으로 사고함으로써, 제국주의적 시스템을 작동시킨 동력을 질문하지 못했다. 더구나 대립의 선을 '국민국가' 혹은 '근대성'이라는 좌표계 안에 설정함으로써, 제국주의와 민족주의의 동형성을 사고하지 못한 것은 아닐까? 따라서 한국의 근대성을 끌어왔고 지금까지도 우리의 식민성으로 남아있는 진보에 대한 환상을 비판적으로 제기하지 못했다. 진보에 대한 환상이 문제인 것은 그것이 복잡한 위계화의 선을 통해 작동하며 자본주의적 욕망을 관철시킨다는 데 있다.

그렇다면, 왜 1930년대 후반인가? 추상적 실체지만, 구체적 실감으로 다가오는 '세계'와 대면해야 하는 시기가 있다. 그런 점에서 동아시아는 비슷한 역사적 경험을 공유한다. 일본은 1867년 메이지 유신과 만주사변이 일어난 1931년에서 1945년이라는 두 번의 시기일 테고, 조선은 1894년 갑오개혁과 카프가 해체된 1935년 이후라는 두 번의 시기일 것이다. 그리고 한미 FTA와 마주한 우리는 지금 또 한 번 세계와 대결해야 하는 시기에 봉착한 것일지도 모른다.[1] 이 세 계기를 관통하는 것은 근대 이후 한 번도 자유로워지지 못했던 '진보에 대한 매혹'이 아닐까? 세계와 대면해야 했던 1900년을 전후한 첫 번째 시기, 아시아에서 근대는 곧 서구문명을 의미했다.[2] 1930년대에 제기된 일본의 서구적 근대비판과 '동아협동체론'이 갖는 의미는 바로 이 지점에서 부각된다. 1930년대 후반에 서구나 근대문명은 쫓아가야 할 대상이나 방어해야 할 대상이 아니라, 1차 대전과 경제공황의 원흉이 된다. 1930년대는 그런 점에서 자본주의적 위기일 뿐 아니라 근대성에 대한

---

1) 柄谷行人, 「革命と反復」, 『at 0号』, 7쪽.
2) 다케우치 요시미 지음, 서광덕·백지운 옮김, 「일본인의 아시아관」, 『일본과 아시아』, 소명, 2004, 213쪽.

다양한 정치문화적 헤게모니가 투쟁했던 전환기였다. 일본에서 서구식 '근대'가 무언인가를 질문하기 시작한 것이다.

그러나 역설적으로 서구식 근대에 대한 비판은 아시아와 일본의 위치에 대한 질문으로 돌아온 듯하다. 만주사변(1931)부터 태평양전쟁에 이르는 시기의 일본에서의 담론적 지형을 그대로 노출시킨 것이 근대초극론 좌담회라고 할 수 있다.3) 이 좌담회의 논의에서 흥미로운 것은 "사상적으로는 아무 내용이 없"는 것이었음에도 서양식 근대에 대한 다층적 질문으로 이루어져 있다는 점이다. '질문과 텅빈 내용'이라는 형식이 보여주는 것은 일본이 처음으로 근대의 문제를 단지 '따라가야 할 것'이 아니라, '자기자신의 문제'로 자각하기 시작했기 때문에 드러난 혼돈은 아니었을까? 맹목적 근대추구가 아니라 근대비판과 근대초극이 과제로 주어질 때, 그 과제가 돌아온 자리는 '일본의 현실'이었다.4)

1930년대의 경제사회질서의 변동은 식민지를 예외로 하지 않았다. "근대성의 분화가 시간적일 뿐 아니라 공간적으로-따라서 공시적으로-전개되고 있었기 때문에 (중심이 아닌) 주변에, 그리고 (현재가 아닌) '과거'에 위치한 식민지는 '근대의 위기'를 더욱 집약적으로 경험할 조건"이었다.5) 그런 점에서 1935년 카프의 해체는 단지 좌파활동

---

3) 이경훈 역, 「근대의 초극 좌담회」, 『다시읽는 역사문학』, 1995, 평민사.
   근대 초극 좌담회는 세 번에 걸쳐 이루어지는데 첫 번째는 1942년 7월 23일, 24일 이틀에 걸쳐 『문학계』 동인의 발의로 도쿄에서 개최된 좌담회이다. 이후 이 좌담의 내용은 『문학계』 1942년 9월과 10월호에 게재된다. 잡지에 게재된 제목은 "문화종합회의 심포지엄-근대의 초극"이지만, 1943년 7월 소겐샤에서 출판된 단행본의 제목은 "지적협력회의 근대의 초극"이었다. 이 좌담회 이후 '근대의 초극'이라는 말은 하나의 심볼로서 정착된다.
4) 미키 기요시 지음, 「世界의 現實」, 『讀賣新聞』 1935. 6. 25(『三木淸 全集』 16, 岩波書店, 1967, 34쪽 재인용).
5) 차승기, 「'근대의 위기'와 시간-공간 정치학」, 『한국근대문학연구』 8, 2003,

에 대한 일제의 탄압의 결과로만 이해해선 안 된다. 오히려 "근대적 이성이 비합리적 전체주의에 의해 부정되는 세계사적 전환의 징후를 강하게 내포"[6]하고 있었다. 이는 마르크스주의자들의 국제적인 감각 이 근본적인 환멸에 직면했음을 의미하기도 했다. 첨단의 서구이론이 봉착한 한계와 자신들이 직면한 식민지라는 현실의 괴리는 1930년대 후반 좌파 지식인들을 '주체'와 '생활'에 대한 성찰로 이끌었다. 김남천 이 자기고발문학을 주장하고 『대하』와 같은 풍속소설론과 장편소설론 을 통해 근대의 성립과정의 실감과 과정을 드러내려 했던 것은 그런 노력의 일환이었다. 그러나 일본의 근대초극론이 특수주의를 가장한 보편주의로 귀결되었던 것처럼, 한국의 카프 이후에 이루어진 '생활'에 대한 천착은 일본의 제국주의와 다층적으로 결탁한다.

왜 신여성을 포함한, 식민지 지식인들은 제국주의의 한계를 알고 있었음에도 제국주의적 동원에 포섭되어 버렸을까? 여기에는 '진보'에 대한 믿음으로 규율화된 신체의 문제가 있다. '일본의 모범생문화'라 고 다케우치가 지칭했던 그것은 마르크스주의 안에도 내재하고 있는 일원론적 보편주의이다. 따라서 1930년대 후반, 일본 제국주의의 문제 는 1900년대 초기와의 관련 속에서 파악해야 한다. 따라서 이 글에서 는 1930년대 후반의 생활을 재조직한(혹은 황국식민화시킨) 감각의 문제를 1900년대 이후의 근대화 과정과의 연속성 속에서 살펴보려고 한다. 물론 신여성과 엘리트 남성 지식인들은 각각 처한 사회적 위치 가 다르다. 엘리트 남성 지식인에 비해 신여성들은 이중의 마이너리 티의 위치에 있었다. 식민지 지식인으로서의 위치와 여성으로서의 위 치가 그것이다. 그러나 그렇다고 해서 신여성들이 그러한 진보의 환

240~241쪽.

6) 손정수, 「1930년대 비평에 나타난 생철학의 수용양상」, 『개념사로서의 한국근 대비평사』, 역락, 2002, 177쪽.

상으로부터 자유로웠다고 말할 수는 없다. 마이너리티의 위치는 권력의 중심에서 배제되는 만큼, 그 권력의 중심으로 들어가려는 욕망이 강할 수도 있다. 권력의 중심으로 들어가려는 욕망과, 중심에서 탈주해 새로운 삶을 구축하려는 욕망이 다층적으로 갈등하는 장이 마이너리티의 장이기 때문이다. 이 논문에서는 중심화된 권력에서 벗어나려는 흐름보다는 권력의 중심으로 들어가려는 흐름에 초점을 맞춘다. 이는 진보의 환상을 작동시키는 욕망의 구조를 비판하고, 그런 반복되는 역사성에서 벗어나기 위해서이다.

그렇다면, 왜 잡지『여성』인가? 여태까지 여성잡지에 대한 연구는 『신여성』을 중요하게 다루어 왔다. 긴 발행기간,『개벽』,『어린이』와 함께 3대 개벽사 잡지라는 점, 여성 기자를 뽑았고 2,000부가 넘는 구독률을 보였다는 점 등이 중요하게 다루어진 이유일 것이다.[7] 그러나 1920년대 중반에서 1930년대 초중반까지 간행된『신여성』[8]과 달리,『여성』이 간행된 시기가 갖고 있는 특수성이 있다. 만주사변 이후, 중일전쟁까지의 사회 분위기를 여성과 관련된 문화나 담론지형 속에서 잘 드러낸 잡지이기 때문이다.『여성』은 1936년 4월 1일에 간행되고, 1940년 8월『조선일보』가 폐간된 조금 뒤인 12월에 폐간된다. 통권 57호, 4×6배판이며 매호 100쪽 내외로 호화로운 도색인쇄로 이루어졌다.『신여성』이 동아일보를 배경으로『개벽』지와 함께 발행되었던 것처럼『여성』은 조선일보사 출판부에 의해『조광』[9]과 함께 발행된다.『여

---

7) 김수진,「1920~30년대 신여성 담론과 상징의 구성」, 서울대 박사학위논문, 2005, 145~147쪽.
8) 김수진, 위의 글, 145쪽.
9) 김근수 저,『한국 잡지사 연구』, 한국학 연구소, 1992, 158쪽.『조광』은 월간 종합지이고, 이른바 신문잡지로서 편집이나 내용, 부피에 있어서 잡지계에 군림했다. 1935년 11월 1일부터 1944년 8월 1일까지 통권 110호로 종간된다. 발행소는 조선일보사였고, 편집 겸 발행인은 역시 방응모였다.

240

성』지에는 당대의 내로라하는 문인들이 대거 참여하는데,『조광』의
영향일 수도 있겠지만, 워낙 파격적이었던 고료 탓도 있는 것 같다.[10]
더구나 1년 뒤 발행되는『소년』지와의 관련성도 무시할 수 없다. 지금
은 이미 익숙해진 연령, 계층별 잡지구성이지만, 가족주의적 구조 속
에『여성』을 배치시켜 볼 수 있다. 그것은 "『조광』-아버지 혹은 남편,
『여성』-어머니 혹은 아내,『소년』-아이, 미래의 국민"이라는 배치였
다. 실상『여성』지의 배치가 바로 1930년대의 여성담론의 배치를 그대
로 표시한다.『여성』을 이 구도 속에 놓을 경우, 공적영역으로서의『조
광』의 영역과 사적영역으로서의『여성』의 영역이 나누어지는 듯한 환
상을 준다. 가정이란 공간의 제도화와 추상화는 잡지『여성』과『조광』
의 담론 배치를 비교하면 확연해진다.

　『여성』과『조광』은 동일한 담론적 배치 속에서 작동했으나 잡지에
실린 글들은 비슷한 주제를 공유할 때조차도 다루는 공간적 범위에서
차이를 보인다.『여성』과『조광』의 발행기간 동안 일어난 '중일전쟁'
기사를 살펴보자. 1937년 7월 7일 발발한 중일전쟁은 식민지 지식인에
게 끼친 영향이 막대했다. 그 과정 속에서 강한 일본의 힘을 본 조선
의 많은 지식인들도 제국 안에서 보편적 주체로서의 자리를 획득하는
쪽으로 기울어지게 되기 때문이다. 더구나 중국의 거센 반발에 부딪
쳐 발표된 1938년 12월 22일 고노에 후미마로 제3차 성명은 일·만·
지 삼국의 '선린우호, 공동방공, 경제제휴'를 새로운 질서의 기본 원칙

10) 이소연,「일제 강점기 여성잡지 연구-1920~30년대를 중심으로」, 이화여대
　　석사학위논문, 2002, 24~25쪽.『여성』은『신가정』과 함께 해방 전 여성지의
　　쌍벽을 이룬 잡지였으며, 해방 전 여성잡지로는 최장수였다. 편집 겸 발행인
　　은 방응모였고, 편집진에는 윤석중, 노천명 등이 참여하고 있었다. 이 잡지는
　　문예물을 중심으로 하되 가정생활의 과학적 관리와 여성문제에 중심을 둔다.
　　신여성의 연애, 결혼, 생활양식 개선에 관한 것이다.『여성』이 긴 명맥을 유지
　　할 수 있었던 것은 신문사의 자금력 등이 뒷받침되었기 때문이었다.

으로 하고 중일전쟁을 서구 제국주의에 종속되어 있는 중국을 해방시
켜 새롭게 건설될 동아신질서의 일 주체로 세우기 위한 전쟁으로 규
정한다.11) 『조광』에서도 1937년 9월 「권두언, 북지사변과 우리의 태
도」, 「일지는 전쟁을 할 것인가-지나의 작전계획과 총동원의 전모」
등의 글을 싣는다. 그러나 『여성』에서는 중일전쟁이나 중국과의 관계
에 대해선 1937년 안에 공식적인 형식의 글이 실리지 않을 뿐 아니라
언급도 찾아보기 힘들다. 또 한 예로, 일본은 1940년 6월부터 육군을
중심으로 나치스류의 전체주의적 국민조직을 만들려는 신체제 운동을
펼친다. 10월에는 총리대신 고노에 후미마로를 총재로 하는 대정익찬
회가 발족했고, 이 회는 태평양전쟁 시기 국민동원체제의 중핵이었다.
이에 따라 조선총독부에서도 1940년 9월부터 「전시국민생활체제 확립
기준안」의 홍보를 시작한다. 『여성』과 『조광』의 기사는 이 흐름과 연
동한다. 그러나 이때 설정하고 있는 홍보 범위엔 차이가 있다. 『조광』
은 1940년 9월(6권 9호)에서 「근위내각의 신정책」, 「근위내각의 외정」,
「근위내각의 재정경제책」, 「사치품제한령과 우리의 생활태도」 등의
글을 싣고 있다. 이 글들은 새롭게 발표된 신체제의 내용을 전체적인
맥락에서 제시하고 있다. 반면, 『여성』의 기사들은 그 담론의 공간이
'생활'12)과 '부엌',13) '현대여성'으로 제한된다. 즉 신체제의 질서 속에
서 여성이 참여하는 공간은 담론 상에서도 '생활', '부엌'이라는 측면으
로 한정된다. 즉 총후의 역할을 담당하는 존재로서 '가정'이라는 추상
적이고 제도화된 공간 속에서 정의된다. 이런 분리는 마치 국가와 가
정이 따로 있는 듯한 환상을 준다. 이 환상은 여성성을 규정하고 국가

---

11) 정종현, 「식민지 후반기(1937~1945) 한국문학에 나타난 동양론 연구」, 동국
    대 박사학위논문, 2005, 44쪽.
12) 「생활과 신체제」, 『여성』 5권 11호, 1940. 11, 62~64쪽. 여기서는 금니, 다방,
    스포츠, 연지, 키네마, 메뉴 등의 신체제를 이야기하고 있다.
13) 「부엌의 신체제」, 『여성』 5권 10호, 1940. 10, 34쪽.

242

적 노동력으로 여성을 이용하는 데 일조한다. 그러나 실상 이렇게 '가정'으로 갇힌 공간이야말로 여성들을 국가주의적으로 포섭한 기반이었다. 1930년대 후기 여성들은 전시 후방의 경제를 책임지고 그 구체적인 공간으로 가정을 지키는 신체로 재조직된다.[14] 그것은 재생산 노동에 종사함으로써 그 누구보다 재빨리 새로운 삶에 적응하고 그 안에서 균열을 냈던 신체이기도 했고, 다른 한편 제국주의적 감각을 내면화했던 신체이기도 했다.

여성의 삶과 노동이 감각과 신체의 변화와 밀접한 관련을 맺고 있음에도 여성지라는 특성 때문에 1930년대 후반 연구에서 전면에 부각되는 것은 쉽지 않았다. 그러나 바로 이러한 소소한 일상이 변화하는 감각을 포착하는 것이 중요하다. 그런 점에서 『여성』 잡지의 구성형태는 흥미롭다. 여성에게 화제가 될 만한 전체 주제가 있고, 생물학적으로 접근해서 가사일이나 여성의 몸의 변화에 대해 설명하는 코너, 가족법이나 혼인법에 대한 설명, 유명한 작가들의 연재물이나 단편과 시, 전통적 여성상을 강조하는 짧은 설화, 각 도의 여성들의 특징 소개, 스위트 홈 탐방기, 학교나 학교 여선생 소개 코너, 유명한 연예인 소개, 유행하는 물건이나 화장품이나 음식 소개, 광고들, 오락을 위한 현상문제 등으로 이루어져 있다. 담론의 층위나 내용은 일관된다기보다 서로 상충되는 부분이 많다. 1937년 2월호를 참고로 살펴보면, '신여성 재음미호'로 기획되었음을 알 수 있다. 동시에 '현상문제 크로스-워드'라는 퀴즈코너가 신설된다. 어떤 면에서 진지하지만 이미 대중적이 된 주제를 다루는 동시에 가벼운 오락거리를 신설하는 구조, 『여성』이 가진 구조는 이런 것이 아닐까? 담론적이거나 역사적인 차

14) 이러한 공사영역의 구분을 통한 여성공간의 추상화는 1900년대부터 형성되었지만, 특별히 1930년대 후반에는 이 구분을 정당화하는 다양한 감정교육이 행해진다.

원에서 접근할 때조차도, 훨씬 노골적이고 감각적이다. 또한 생활의
미시적인 부분을 관리하려는 측면들이 잘 드러나 있다. 잡다한 것들
이 섞여있는 잡지의 구조와 글 자체가 바로 사적영역과 공적영역이,
혹은 과거와 현재가 서로 길항하며 국가적 정체성과 욕망을 형성해가
는 과정을 드러낸다. 이것은 1930년대 후반 조선의 상황이 더 이상은
단일한 근대성으로는 작동할 수 없게 되었음을 상징하기도 한다.

　근대의 욕망에 사로잡히지 않는 공간, 위계화되거나 추상화된 공간
에서 벗어난 시공간은 어떻게 모색될 수 있을까? 이것은 우선 1930년
대 후반 개개인의 경험을 규정했던 감각의 변화를 살펴보는 것을 통
해 시작해야 할 것이다.[15)]

2. 제국과 생활의 매개로서의 '가정'

1) 근대계몽기 '부인'이라는 호칭

　공사영역을 사회와 가정으로 분류하면서 여성을 국가적으로 포섭
하는 과정은 근대계몽기부터 이루어진다. 근대계몽기 초기 여성들을

---

15) 쑨꺼 지음, 류준필 외 옮김, 『아시아라는 사유공간』, 창비, 2003.
　　나는 '털끝만큼의 실수로 엄청난 차이를 초래'하기도 하는 그러한 미묘한 정
　　감이 실제상황에서 가장 처리하기 어려운 문제임을 갈수록 절실하게 느꼈다.
　　지금처럼 이렇게 유동적이고 불균형적인 '일체화'의 세계에서 가장 실제적이
　　고도 가장 해소하기 어려운 차이는 결코 거시적인 대범주 안에 존재하지 않
　　는다. 그것은 매우 미세하고 심지어는 개개인의 경험이라는 층위에 존재한다.
　　이데올로기적으로는 이른바 특수성을 기반으로 한 논술을 완전하게 제거할
　　수 있으며, 나아가 참으로 실제적이고도 광범위한 상호연동체계를 구현할 수
　　도 있다. 그러나 우리들은 여전히 아도르노가 말했던 개인생활이나 사회생활
　　의 주름진 곳에 은폐되어 있는 그러한 '문화삼투력'－이는 이데올로기 비판으
　　로 간단하게 해체할 수 있는 '개별경험'이 절대로 아니며 또한 '개인화된 경험'
　　도 결코 아니다－을 해소하는 데에는 상당한 어려움을 느낀다.

부르는 언표행위를 보면, 여성은 관계의 주체가 아니라 관계를 구성하는 매개로서 기능해 왔음을 확인할 수 있다. '여성'이라는 생물학적 성이 있거나, 여성이 활동하는 '가정'이라는 공간이 있는 것이 아니라, 여성이라는 정체성과 활동을 규정하는 제도와 제도를 움직이는 메커니즘이 있다. 여기서는 '여성'에 대한 호칭의 변화와 국가와 생활을 매개하는 공간으로 제도화되는 '가정'을 통해 여성을 국가적 신체로 리모델링해 간 메커니즘을 살펴보려고 한다.

위생담론이 신체와 일상을 관리하는 국가적이고 문명적 시스템으로 작동하며 비국민을 국민으로 포섭할 때, '가정' 안에서의 여성의 배치를 규정한 언표는 '부인'이었다. 부인의 용법을 살펴보자. 첫째로, '부인'은 국가 기념일이나 학교의 개교, 운동회 등의 의례에 참여하는 조선에 온 대사관의 아내를 지칭하는 말이었다.16) 대사관 부인들은 교육사업, 자선사업 등을 활발히 벌였고 따라서 '부인'이란 용법은 '개화된 여자'라는 이미지를 흡수하면서, 1910년대 이전에 보다 광범위하게 분포한다. 둘째로, 영웅의 아내나 여걸을 지칭하는 의미로 쓰인다. 『가뎡잡지』 2년 3호(융희 2년 4월)를 보면, '가리발디의 부인 마리아'란 제목의 글이 실리는데, "가리발디 장군이 나라일을 위ᄒᆞ여 몸을 바치고 집의 가난ᄒᆞᆫ 것도 조곰도 유심치 안이ᄒᆞᄂᆞᆫᄃᆡ" 가리발디의 "부인의 ᄆᆞ옴도 장군의 ᄆᆞ암과 ᄀᆞ터"라고 씌어 있고, 여걸에게 붙이는 '부인'의 칭호는 「라란부인전」 등을 비롯한 다른 번안물에도 이어진다. 셋째로, 좀더 개화된 여성을 지칭하는 말로 '부인회, 찬양회' 등 여성의 사회단체활동을 묘사할 때 등장한다. 1898년 12월 7일 『독립신문』 잡보에 실린 「부인회 쇼문」이라는 제목의 기사는 "찬양회 부인들은 비양 긔회 ᄒᆞᄂᆞᆫ 눌을 당 ᄒᆞ면 응장 셩식에 각식 금은 보픠들며 비단

16) 「논셜」, 『독립신문』 1897. 11. 13.

두루마기에 ᄉ인교 쟝독교들을 타고 구름 ᄀᄎ치 모혀"라고 쓰고 있다. 넷째로, 거의 대다수의 여성들을 기사에서 지칭할 때 적당한 말이 없으면 '부인'이라는 언표를 광범위하게 사용한다.

부인이란 남편이나 아이라는 배치 속에서만 통용되는 언표이다. 즉 '~의 부인'이라는 한정어를 앞에 붙이기 마련이고, 이는 신여성들이 자유연애를 주장했던 것과는 별개로, 이미 '결혼한 여자, 가정 안의 여자'라는 공사영역의 구분을 전제로 한 언표였다. 또한 근대계몽기의 국가주의적 호명은, '부인'이라는 의미를 국가적 사업이나 행사 속으로 끌어들여, 먹을 것을 만들거나, 남편의 뜻에 합당한 역할을 하는 사람을 지칭했다. 즉 여성들은 가정에서의 '~의 아내'와 '~의 어머니'라는 매개적 위치를 통해 국민이 된다. 여성의 신체성과 수행성은 결국 '가정' 안에서의 네트워크 행위자로서만 규정된다. 따라서 삶정치를 구성하는 여성의 위치, 재생산노동은 국가장치의 생산으로 포섭된다. 이 역할이 이성과 결혼한 여자를 모델로 한다는 것은 말할 필요도 없다.[17] "아들을 낳는 어머니"는 딸을 낳지 않는다. 그리고 아들은 부모의 것이 아니라 국가의 것이 된다. 『가뎡잡지』 1년 3호(광무 10년 8월)의 '론셜'은 "아둘 보기를 내 것으로 보지 마시고 이 셰샹에 일ᄒ러온 일군으로 아시고 진심ᄒ고 용밍스러운 일군을 만들기를 힘쓰시요"라고 주장하는 것이다. 아들은 공공의 것이자 국가의 것이고 '보통인류'나 '세계사람'을 길러내는 '교육상 ᄉ업'이 된다.[18] 어머니는 이 양육과 교육의 담지자로 호명된다. 사적 영역인 '가정'의 메타포는 공적 영역인 국가로 확장되고, 결국 공론장은 '애국심'이란 동심원 안에 감정적으로 포섭된다. 이때 성을 관리하는 위생담론은 여성을 '조혼제 비판'과 '축첩제 비판'을 통해 전통적인 며느리로서의 위치와 분리시킨다.

---

17) 쥬디스 버틀러 저, 김윤성 역, 『의미를 체현한 육체』, 인간사랑, 2004, 23쪽.
18) 량긔탁, 「가뎡교육론」, 『가뎡잡지』 제1년 3호, 광무 10년 8월, 4쪽.

246

여성은 '부인', 즉 '양육'과 '자선'이라는 두 가지 역할을 담당하는 신체로 규정된다.

양육과 자선은 마치 가사노동과 사회활동으로 영역이 구분된 다른 활동처럼 보인다. 그러나 실상 여성의 공적 활동이란 양육과 돌봄이라는 가사노동이 사회적으로 확대된 것에 불과하다. 국채보상운동에 여성들이 대거 참여하는 것도 그런 특성을 드러낸다. 여성은 국가적으로 호명된 역할대상이며, 사적 영역이란 공적으로 재편된 공간일 뿐이다. '자명종 초침소리'라는 '이십세기의 현상'을 목도한 이 급박한 '싱존경쟁의 활동무대'에서 여자들이란 개개인이 아니라 '우리 일반 녀즈'이며, '공변'된 일만 추구할 뿐, '사사'는 없는 세계에서 신체적 역할 모델을 규범화한다.[19] 그것을 잘 보여주는 것이 '자선활동'이다. "인자 ᄒ고 착ᄒᆫ 마음이 남즈보다 녀즈가 더 잇슴"으로 부인회에는 자선회가 있다는 것이다.[20] 이제 사적인 가정에서 규범화된 양육과 돌봄을 맡는 여성 신체역할은, 공적인 모든 영역으로 확대된 의무이자, '자연스런 본성'처럼 규범화된다. 여성의 신체는 가정 안에서는 양육하고 남편 뒷바라지하며, 밖에서는 고아원, 맹아원, 양로원, 적십자를 설립하여 "고아를 규죠ᄒ며 벙어리와 장님을 가라치며 병든 사름을 치료 ᄒ야 완전무결ᄒᆫ 나라 빅셩되기를 지도ᄒᄂ" 역할을 담당하게 된다.[21] 매개자로서만 호출되는 여성이, 민족국가의 타자들을 교육시키는 위계화의 한 매개를 차지하는 교육자가 된 셈이다. 가정(남편―아내이자 어머니―아들)의 위치는 사회(남성주체―자선가이자 교육자이자 매개자―고아, 병신, 노인 등의 타자)로 확장된다. 그러나 여성들의

19) 회장차현겸, 「정업는 것도 지일원이오 반가운 것도 지일원이라」, 『자선부인회잡지』 1, 융희 2년 8월, 12쪽.
20) 「자선 부인회 잡지 발간 취지」, 『자선부인회잡지』 1, 융희 2년 8월, 1쪽.
21) 「본회기략」, 『자선부인회잡지』 1, 융희 2년 8월, 45쪽.

노동은 여기서 그치지 않는다. 이 많은 사업들을 하기 위해선 재정이 필요하다. 자선사업에 대한 강조가 '녀공권업소'라는 공장노동에 대한 강조와 함께 배치된다. '자유활동'이라는 말로 포장된 '녀공권업소'는 가사노동을 사회적 노동으로 재배치하면서도, '가사노동'이라는 그 내용은 그대로 유지한다는 점에서 보다 문제적이다. 즉, 여성들은 사회적 노동을 하는 것이 아니라, 사회 속에서도 가사노동을 한다. 찬양회 부인들은 연설회에서 음식을 만들고, '녀공권업소'에서는 "지봉, 직조, 염식, 쌀닉, 비누 만들기, 뽕을 심어 누에치기" 등의 가사노동을 한다.[22] 더구나 이것은 여성의 돌보기 좋아하는 성질에 기반한 자선사업이란 말로 포장된다. 가정에서도 사회에서도 의무를 다하고 봉사하는 슈퍼우먼의 신화, 혹은 여성성의 고착화는 이때부터 만들어지고 있었다. 그러나 거꾸로 이런 현상은 가사노동이 결코 '가정'이라는 사적 공간의 구별 속에 규정될 수 없는 것이었고, 오히려 '사회적 노동'이었음을 뒤집어 증명해 주는 것은 아닐까?

한편 가사노동을 정교하게 과학적으로 만듦으로써 '가정'을 통해 여성의 신체를 관리하기도 한다. 여성들은 잡지, 여성회 등의 교육을 통해, 젖먹이는 시간, 빨래하는 법, 청소하는 법 등에 대한 미시적 활동을 교육받는다. 청소는 단지 깨끗하게 하는 것이 아니라 "믹 삭에 한 번이던지 두 번이던지 긔약을 뎡하여 두고 집안을 힘껏 씨는 것이 긴요흠"[23] 우유는 "시간에 따라 조절"하여 "점차 우유 양을 늘"이며, "사람의 젓이던지 우유던지 반듯이 시간을 뎡하여 먹일 것이요 운다고 젓을 넘어 먹이지 않을 것"을 경고한다.[24] 전 세계를 동일하게 분

22) 「쟈선 부인의 담화」, 『자선부인회잡지』 1, 융희 2년 8월, 17쪽.
23) 「긔약을 뎡ᄒ고 집안을 크게 쎌 일」, 『가뎡잡지』 제1년 5호, 광무 10년 10월, 17쪽.
24) 「소아 교양」, 『가뎡잡지』 제2년 3호, 융희 2년 4월, 24~25쪽.

248

절하는 시계적 시간과 기록을 중시하는 근대적 신체 시스템은 '가계부를 기록'하고 '국가경제를 이해'할 것까지 요구한다. 『가뎡잡지』 제2년 3호(융희 2년 4월)의 「가뎡경제」라는 코너를 보면 "한 집안의 얼마 쓰고 얼마 싱기는 것 아는 것이 한 집안 경제의 가쟝 중요한 것"이므로, 가계부를 쓸 것을 권장한다. "뎡당히 쓰"고 "랑비하지 않으려면 물가의 고하"를 알아야 하며, "물건 쓰는 것과 싱기는 것을 기록"하거나 "물품 출입에 긔록ᄒᆞ는 문서"를 쓰면, "그 출입ᄒᆞ는 죠목이 니 눈에 요연"해서 가정경제를 운영하는 데 큰 참고가 될 것이라고 쓴다. 품목화하고, 문서화하고 미리 계산하는 근대적 경제논리가 적용되고 있다. 가정경제의 시간화와 절차화, 이처럼 미시적인 부분으로 스며든 근대적 시스템과 위생의 논리는 공사영역의 허구적 구별을 통해 여성노동을 근대화하며 국가경제와 맞물린다. 공사영역을 분리시키고, 여성공간을 가정으로 규정하는 한편, 동시에 사회적 노동력으로 끌어내는 방식, 특히 가정 자체를 근대적으로 제도화하는 방식이 이 과정 속에 드러난다. 이 과정을 통해 여성의 감각과 신체는 '국민'이자 '근대적 신체'로 리모델링된다.

2) 1930년대 말, '총후부인'이란 호칭과 가정의 제도화

1930년대 특히 부각되는 여성의 공간은 '가정'이다. 1920년대부터 여성을 지칭하던 용어로는 '가정주부'가 독보적이다. 이 호칭은 일본유학생 잡지였던 『학지광』을 중심으로 대두된 '신가정', 'Sweet home'론의 결과이다. 이것은 실상, 서구의 부르주아 핵가족의 형태였다.[25] 『여성』을 통해 살펴보면 1930년대 말 '가정'은 국가와 생활을 매개하는 특권적인 제도로 부각된다. 여성의 시공간적 분류를 통해 '가정 안에서

25) 김수진, 앞의 글, 328쪽.

양육, 출산하는 재생산 노동자로서의 여성'을 부각시키고 있다. 실제로 당시에는 생계를 위해 미숙련 노동에 싼 값으로 이용되는 여성(고물상, 카페 종업원, 음식 종업원), 섹슈얼리티 자체를 노동으로 팔아야 하는 여성(접객부, 여급, 빠걸, 공창, 군 위안부 등)도 함께 공존하고 있었음에 분명함에도 '가정주부화'만이 부각되고 있다.26) 이때 '가정'은 하나의 제도이자 여성이 경험하는 생활의 폭으로 규정된다.

첫째, 결혼은 근대초기 '낯선 서구의 문물'이자 '계약'을 통해 성립된다는 '제도' 자체의 낯설음에서 '결혼의 지속'이 화두가 된다. 1900년대 초 신소설『혈의 누』의 구완서와 옥련이는 계약결혼을 할 때 '영어'를 사용한다. 자유연애나 계약결혼은 이처럼 '영어'라는 낯선 문명의 표상으로 국가를 위해 몸 바칠 것을 약속하는 교육의 장이었을 뿐, 둘 사이의 애정이나 욕망을 확인함으로써 단란한 가정생활을 영위하기 위한 것은 아니었다. 근대초기엔 결혼절차 자체가 이미 하나의 근대적 경험이었으며, 사랑이나 맹세와 같은 익숙치 않은 감정을 배우고 신체에 새기는 과정이었다. 그러나 1930년대의 양상은 '자유연애'나 '계약으로서의 결혼'을 넘어서 '결혼'을 통해 '가정'을 어떻게 유지할 것인가에 초점을 맞추고 있다. 『여성』1937년 8월호 「연애론」에서 김기석은 연애란 "단순한 향락은 아니다. 인간의 실존의 가장 엄숙한 광경을 그것이 대표"한다고 주장한다.27) 1920년대 '자유연애'에 실려 있던 무게감이 '결혼'으로 옮겨온다. 연애는 '생리현상'이기는 하지만 '단순한 생리현상'에 그치지는 않으며 "자기를 단순한 내체의 세계인 자연으로부터 한정 또는 주장"할 수 있어야 한다고 말한다.28) 이때 '가정'

---

26) 정혜영, 「여성 노동공간의 다양화와 식민화」, 『한국의 식민지 근대와 여성공간』, 여이연, 2004, 339쪽.
27) 김기석, 「연애론」, 『여성』 2권 8호, 1937년 8월, 26쪽.
28) 김기석, 「연애론」, 『여성』 2권 8호, 1937년 8월, 26~27쪽.

이란 자연적이고 생물적인 개인을 사회적인 한 주체로 길러내는 장소로서 그려지고 있다. 이런 해석은 1937년 2월호에 실린 홍종인의 글에서도 드러난다. 그는 "결혼과 리혼을 생각"할 때 '개인의 발전'을 생각하게 된다고 쓴다.29) 연애란 결혼을 위한 것이고 결혼이란 다른 말로 연애를 통해 노동할 수 있는 신체를 만들어내는 일이었다.30) "인간의 현실구조는 진실로 이 신체노동 및 인격의 입체적 연관"이기 때문이었다. 즉 연애보다 결혼과 결혼의 유지를 통한 노동이 중요해질 때 더 이상 가정은 사적인 공간이 아니라 이미 공적인 흐름 속에서 작동한다. 즉 온갖 종류의 위기로부터 결혼이라는 법, 즉 가정이라는 공간을 지켜내는 것이 중요해진다. 동시에 과도한 연애는 비판의 대상이 되며31) '결혼 후 연애'를 주장하게 된다. 근대 초기 결혼문제가 조혼제, 축첩제에 의해 논의되었다면, 1930년대 가정의 위기는 '권태기'에 의한 위기로 변화한다.

둘째, 가정은 전통적인 '가문'의 논리와 단절한다. 가정은 가문과 같은 공적 영역에서 독립하여 국가라는 거대한 구성체의 한 세포이자 분자로서 구성된다. 그것이 부부와 자녀로 이루어져 양육과 재생산노동이 강조되는 '가정'과 '가정주부'인 셈이다. "재래의 관념과 새로 수입된 서양관념이 서로 충돌"하여 "역사상 가족의 범위는 점점 좁아"든 것이다.32) 그 결과 가정을 구성하는 구성원 사이의 관계와 위계도 변화한다. 고황경은 「조선여성과 가족제도」에서 그 변화를 다음과 같이 설명한다. 여자의 교육이 가족제도를 동요시킨다는 것은 결국 "외적으로 나타나는 관습, 풍속, 가풍이라는 것보다도 내적으로 가족제도를

29) 홍종인, 「결혼에 나타난 신여성」, 『여성』 2권 2호, 1937년 2월, 18쪽.
30) 김기석, 「연애론」, 『여성』 2권 8호, 1937년 8월.
31) 이상호, 「결혼의 위기」, 『여성』 제3권 9호, 1928년 9월호, 33쪽.
32) 홍기문, 「가족이야기」, 『여성』 1권 2호, 1936년 2월호, 12~13쪽.

지배하는 도덕의식의 변동을 말하는 것"이라고 하며 다음과 같이 주장한다. 첫째로, 결혼에 대한 태도의 변화를 든다. 배우자를 스스로 선택하는 것은 당연한 전제가 된다. 둘째로 시부모와 시형제에 대한 태도이다. 결혼이 파괴되더라도 정절을 지키며 시집살이를 했던 것에서 벗어나, 결혼계약이 파기되면 그 관계도 파기되는 것으로 파악한다. 셋째로 이혼에 대한 태도다. 당장 직업전선에 나가야 할지라도 과감히 이혼할 수 있다. 넷째로 자녀에 대한 태도이다. 자녀는 전가족 혹은 일가정 중의 공동소유물이 아니며, "종중(宗中)의 이익을 위하여" "자기의 자녀의 권리를 침범하는 간섭을 배척한다"는 것이다. 실상, 이 변화는 가정을 전통적 가치관에서 단절시켜 국가와의 관계 속으로 봉합한다. 그 근간을 이루는 사상이 현모양처론이다. 1930년대 현모양처란 어머니와 아내로서 규정된 존재다.[33] 이런 여성의 역할과 공간에 대한 추상적 제도화는 이후 총후부인의 논리를 받아들일 수 있는 감각을 형성하고 있었다.

셋째, 공적 노동의 장에서조차도 '가정'이라는 공간은 특권화된다. 1900년대 초기를 살펴보았듯이 직업여성, 공장노동 여성들이 하는 행위는 실상 집에서 하는 재생산 노동의 확장이었고, 그런 측면은 1930년대에도 크게 달라지진 않는다. 그러나 이 모든 행위들이 '가정'이라는 분리된 공간을 안정적으로 만드는 것을 전제로 해야 한다는 담론이 강력하게 작동한다. 즉 직업여성, 자유주의적 여성 모두 가정을 등한시해서는 안된다는 말이다. 따라서 당시의 수많은 직업여성들은 그

---

33) 홍양희, 「한국 : 현모양처론과 식민지 '국민' 만들기」, 『역사비평』, 2000 가을호, 370~371쪽, "현모양처는 며느리보다 어머니와 처의 역학에 그 핵심이 있다.……여성에게 근대국가 공동체 건설 및 유지관리라는 사업에서 일정한 역할을 분담시키자면 먼저 국민으로 만들어야 했고, 이를 위해 이전 시어머니와의 관계에서 형성되었던 예속관계로부터 며느리로 해방시키는 것, 즉 여여평등의 달성이 선결과제로 요구되었다."

들이 가사노동에도 능하며, 모성애가 깊다는 사실을 누누이 강조한다. 『여성』 제2권 제2호, 즉 1937년 2월호를 보면 정신여학교의 졸업생을 자랑하고 있는데, 그 자랑의 내용은 가정주부로 훌륭하다는 것이다. "보성전문 설립자이신 김성수씨 부인이 우리 학교 졸업생이시며, 평양 숭전 교수 채필근씨 부인이 우리 학교 졸업생이십니다", "이처럼 정신 여학교는 이 반도강산에서 정신적 함양에 잇어서는 유일무이한 학교 입니다", "사람은 물질보다 정신의 건전한 것이 제일입니다"[34]라고 소개한다. 여학교 선생님들의 평판을 실으면서 "모양도 내는 법이 없고 머리도 늘 한 모양으로 아무렇게나 따서 둥글게 틀어언고 얼골에 분은 커냥 크림 한번 올라가는 것 갓지 안타고 한다", "어찌도 인정스러운지 어머니가트며 결혼하지도 얼마 안되며 자미있는 가정을 갖이시고 늘 웃는 낯을 하신다고"[35] 등의 말로 여선생들의 기반을 '가정'안으로 끌어들인다.

이와 같은 '가정'의 제도적 부각은 어떻게 귀결되는가? 이는 가정이라는 공간이 민법의 공간으로 재편되는 과정을 보여준다. 여성을 국가 총동원 체제 속에서 후방을 책임지는 세력으로 담당하는 것은 가정이 민법의 공간, 즉 국가적으로 제도화됨으로써 가능했다. 『여성』 2권 1호(1937년 1월)에 실린 이선영의 「도장」은 그런 법의 세계 속에 부딪쳐 적응하지 못하는 아내의 모습을 보여준다. 큰 마누라는 "도장에 대한 지식"을 통해 이혼을 거부하고 있지만 결국 남편의 속임수에 걸려들어 삶의 전체 지반을 내놓아야 하는 상황이다. 즉 가정은 도장과 법이 되었고 그 제도의 감각을 익히지 않으면 여성의 삶은 갈 곳이 없어진다. 『여성』지에 정조법, 혼인계 등의 법률상의 여성관련 법안이 계몽적으로 소개되는 이유도 여기에 있다.[36] 1939년이 되면 군인 유

---

34) 「우리 학교자랑—정신여학교 편」, 『여성』 2권 2호, 1937년 2월, 74쪽.
35) 「경성 각 여학고 평판기」, 『여성』 2권 8호, 1937년 8월, 66~68쪽.

가족 분쟁을 해결하는 법이 만들어지기도 한다. "골육상쟁과 가정분쟁을 비밀리에 손쉽고 원만하게 해결함이 목적이다. 절대 비밀리에 사건을 진행시키기 때문에 여성들에게 적지 않은 도움이 될 것이다"라고 이야기한다.[37] 여성에게 소개되는 이 모든 법들은 실제로 형법이 아닌 가정법, 민법의 세계이다. 민법의 세계, 그 권위를 국가가 인정해주는 고도의 추상화된 제도로 가정을 포섭하고 추상화시키는 것. 그것이 여성을 가정 안에 머물게 하는 동시에 가정을 넘어서 제국주의적 매개로서의 기능을 담당하게 했다.[38] 즉 삶을 관리하는 국가적 법률의 통로가 가정이었다.[39] 추상화된 여성성과 여성의 정체성은 민법이라는 일상을 관리하는 법률 속에서 고도로 추상화되고 그것을 통해 전 사회적으로 여성노동의 역할은 제한됨으로써 커질 수 있었던 역설이 가능했던 것 아닐까?

3) 1930년대 말, 여성노동의 다층화와 '가정'으로의 포섭

가정 속으로 제국주의적 질서, 자본주의적 질서가 파고드는 것은 전세계적 감각이 가정과 연동한다는 것 외에, 그 반대의 작용을 통해서도 가능했다. 왜냐면 1900년대의 양육과 자선의 동형성이 보여주듯, 공사영역의 분리, 가정영역의 특권화에 따라서 여성노동의 성격이 규정되는 것이 아니기 때문이다. 여성노동은 가정 밖으로 나갔을 때조차 '집에서 하던 재생산 노동'의 범위를 쉽게 벗어나지 못한다. 혹은

36) 윤원상, 「법률상으로 본 정조-여자로서 꼭 알아 두어야 합니다」, 『여성』 2권 2호, 1937년 2월, 82쪽.
37) 성인기, 「부인지식-새로될 법률」, 『여성』 4권 4호, 1939년 4월.
38) 이정구, 「혼인법 강좌(가정법률)」, 『여성』 2권 11호, 1937년 11월, 66쪽.
39) 가와모토 아야, 「일본 : 양처현모 사상과 '부인개방론'」, 『역사비평』, 2000 가을호.

254

남성 노동자의 산업예비군 정도로 취급되기 때문에 열악한 노동조건, 낮은 임금, 비정규직의 고통을 감내해야 한다. 특히 1930년대의 여성들의 노동은 직업을 얻지 못하는 남성들의 누수를 막고 있는 상황이라는 점에서 1900년대의 상황과 구별된다. 다방걸들이 다방에서 본 남성들의 무기력과 실업의 상태는 다음과 같다. "매일 찻값은 어디서 나는지 하루도 빼지 않고 한 식은 오십니다. 대학은 졸업햇으나 취직을 못한 분들이겠지요", "다방에서 바라본 세상 그것은 유위한 청년들이 뜻을 얻지 못하고 많이들 놀고 있다는 것입니다"[40] 라고. 1920년대 일본의 대규모 섬유산업이 조선에 진출하고 1930년대 이후 조선에 공업화 정책이 시행되자, 많은 조선인 노동자가 생긴다. 이때 이 노동자 중 30% 정도가 여성이었고, 특히 방적업의 경우엔 80%를 넘었다. 그러나 조선에서는 노동조건에 대한 법령의 시행 자체가 일본에 비해 많이 늦었고, 심야노동 금지, 산휴 등 여성보호에 관한 부분이 없었으며, 하한 연령이 낮았다. 이처럼 '내지'에 비해 보호받지 못하는 상황에서 동원에 대한 법령만이 시행되어 여성도 노무자원 조사에서의 동원 가능한 노동력으로 계산되어 동원된다.[41] 일본과의 관계 속으로 눈을 넓혀 보면, 실상 일본 여성에게는 모성을, 조선인 여성에게는 창부나 노동력을 요구했다.

한편, 도시의 새로운 직업여성들도 탄생한다. 그들의 경우 자본주의적 감각을 전면적으로 흡수할 수 있는 상황이었지만, 동시에 비난의 대상이 되기도 한다. 이상호는 『여성』 3권 8호(1938년 7월)의 「여성과 직업」이라는 글에서 "사회적 생산사업과는 담을 쌓고 지내던 인류의 반수를 차지한 여성대부대", 즉 "가정이라는 단위를 통하야 사회와 관

---

40) 「직업소녀의 항의서」, 『여성』 3권 7호, 1938년 7월, 85쪽.
41) 가와 가오르, 김미란 옮김, 「총력전 아래의 조선 여성」, 『실천문학』, 2002 가을호, 300~301쪽.

계를 맺고 지내던 여성"들이 "남편과 그 아버지를 중간다리로 놓지 않고" 직접적으로 사회적 기능을 하게 되었다고 쓴다. 그가 열거하는 여성직업은 "은행회사의 여사무원, 초등학교 선생, 타이피스트, 교환수, 간호부, 산파, 미용사, 각종 공장의 직공, 카페나 빠-이나 식당의 녀급 외에 요지음은 일종의 애칭 같이 '껄'이란 말을 부처서 '뻐스껄', '숍껄', '깨솔린껄', '엘레베이터껄', '에어-껄' 등"이며 이런 변화에 따라 "직업녀성 문제라는 까다로운 말성"이 나고 있다고 말한다. 1938년 7월호에 실린 「직업소녀의 항의서」는 당시 직업여성의 출현과 직업여성에 대한 담론들의 층위들을 다각적으로 드러내고 있다. 이 글은 버스껄, 백화점 점원, 엘레베이터껄, 다방껄, 깨소링껄, 방직여직공, 극장 티켙껄 등 다양한 서비스 직종들에 종사하는 여성들의 발언을 담고 있다. 엘레베이터껄 장명희는 「처녀는 수접다」라는 글에서 엘리베이터에 올라 성희롱을 하는 사람들에 대해 말한다. "겁을 집어먹고 겨우 핸들을 돌리면 어느 틈에 작난꾼의 손길이 뺨을 쓰다듬고 손목을 잡습니다. 너무 창피해서 하는 수 없이 이칭과 삼칭 사이에 잠간 엘리베터를 세우고 맙니다"[42]라고. 이런 현상은 간호부들에게도 예외가 아니었다. 조경애는 「P환자와 간호부」라는 글에서 간호부를 카페걸 정도로 대하는 상황을 비판한다. 당시엔 "어여쁜 간호부들이 자주 좀 들어와 노래도 불러주고 땐스도 하여주며 술은 못 따라 주나마 냉수라도 한잔 딸아서 우리를 위로하여 주어야 옳지 않겠소? 겨우 약이나 주고 신열이나 측정하러 드르오고 그 외에는 종이나 처야 마지못해 들어오니 어디 간호 아가씨의 자미를 보겠소?"라는 불평도 많았던 것이다.[43] 그러나 이런 경우 그들은 "누이동생같은 간호부들에게 그게 무슨 말슴입니까"라는 말로 보호되는 동시에 가족 관계 안으로 묶인다.[44] 동시에 카

42) 엘레베터껄 장명희, 「처녀는 수접다」, 『여성』 3권 7호, 1938년 7월, 84쪽.
43) 이꽃메, 『한국 근대 간호사』, 한울 아카데미, 2003, 42쪽.

페나 여급과는 구별된 '도덕적 존재'로서 구성된다. 더구나 저임금의
상황도 심각했다. 장명희의 고백을 보면, "한손으로 핸들을 잡고 한손
으로 문을 잡고 입에 침이 마르도록 떠들어야 겨우 일급 사십전이 생
깁니다"라고 말한다. 소녀차장 김인숙은 「발등과 십원」이란 글에서
"버스차장같이 고닲흐고 속상하고 그리고 수입적은 노릇은 다시 없을
것입니다"라고 토로하고 있다. 여성들이 종사하는 직종이 결국은 공
적 영역에서도 서비스업, 즉 모성과 여성성을 강조하거나 싼 임금에
단기적으로 고용된 직업이었다.

더구나 이런 직업여성을 보는 시선은 곱지 않다. 우선 도덕적인 의
미에서 여급이나 카페걸과 혼동되었으며, 여성의 과도한 사회진출은
'가정'이라는 단위를 유지하는 데 위협이 되었기 때문이다. 여성은 가
정을 위해 직업여성이 되어야 했지만, 한편 가정을 유지하기 위해 직
업여성이면 안 되었다. 다른 말로 이 두 가지를 다 잘 할 수 있는 슈
퍼우먼이 되어야 했다. 1930년대 후반이 되면, 신여성들은 사치, 허영
이라는 말로 비난받을 뿐 아니라 스파이 담론의 희생자가 되곤 한다.
한편 직업여성들 중, 가정을 돌보지 않거나 여급과 같은 성매매로 빠
지는 여성들에 대한 타자화가 일어난다. 그들이 '가정'의 유지에 위협
적이었기 때문이다. 직업여성에 대해서는 '결핵균의 안식처'라는 비유
가 쓰이기도 한다.[45] 자유주의적 신여성들의 비참한 최후는 이런 국
가적 총동원체제 안에서 이미 예고된 것이라고 할 수 있다. '가정'으로
포섭되지 않는 위협적인 세력은 용납될 수 없었기 때문이다.[46]

스위트홈의 대두와 현모양처로서의 역할 강조, 부부중심의 가족관

---

44) 조경애, 「실화-P환자와 간호부」, 『여성』 2권 11호, 1937년 11월, 54쪽.
45) 정근양, 「의학상으로 본 신여성」, 『여성』 2권 2호, 1937년 2월, 21쪽.
46) 권명아 지음, 『역사적 파시즘-제국의 판타지와 젠더 정치』, 책세상, 2005, 196
쪽.

계로의 재편, 산업예비군, 직장여성 등으로의 여성노동의 다양화와 가
정으로의 포섭. 이 모든 변화에서 두드러지는 특징은 무엇일까? 1900
년대가 공사영역의 구분을 통해 여성노동을 계속해서 공적인 영역으
로 끌어냈다면, 1930년대는 공적인 영역으로 이미 확산된 여성노동을
다시금 국가를 유지하기 위한 단단한 가정이라는 공간 속으로 포섭하
는 역할을 하고 있는 것은 아닐까? 그 과정 속에서 '가정'의 성격은 추
상화되고 제도화된다. 즉 가정을 추상된 여성공간으로 규정해 놓는
것이야말로 여성을 '총후'의 임무를 담당하도록 이용하기에 적절한 장
치였다. 또한 '가정'이야말로 여성의 노동을 가장 제국주의적 형태로
전유했다는 점에서 가장 사회적인 공간이기도 했다. 공사구분의 허구
는 결국 여성을 '가정'이란 공간과 '총후'라는 역할로 추상화시키고 재
생산 노동을 담당하게 했다. 우에노 치즈코에 따르면 급진적 페미니
즘이 '시장' 외부에서 발견한 두 영역은 '자연'과 '가족'이었다. 마치 자
본이 자본의 외부를 발견하기 위해 제3세계를 발명한 것과 마찬가지
이다. 그 시장은 늘 가족이나 자연이라는 외부에 짐을 지며 발전했다.
결국 시장이란 환경을 유지하려면 그만큼 비용이 든다는 뜻이었고, 이
는 결국 가족 안에서 이루어진 여성의 노동이 많은 가치를 생산해왔
음을 입증한다. 그러나 당시 이런 여성노동은 마치 총후의 의무이자
유일한 역할인 것처럼 추상화되고 만다.[47]

---

47) 우에노 치즈코, 이승희 옮김, 『가부장제와 자본주의』, 녹두, 1984, 18쪽.

3. '가정'의 제국주의화에 따른 감각의 변화

1) 전시체제와 연동하는 가정경제의 시공간 감각

　가정이 제국주의적으로 제도화되고 고도로 추상화됨으로써 여성의 역할을 부여했다고 해서, 그 역할이 잘 수행될 수 있는 것은 아니다. 시스템에 작동하는 동력을 보려면 그 과정에서 '가정'을 직조해냈던 여성들의 감각과 신체가 어떻게 변화했는가를 봐야 한다. 문제는 공사영역의 분리가 허구라고 해도, 그 허구가 감각적인 현실을 만든다는 데 있다. 그것은 이미 신체와 감각이 제국주의적 시스템을 받아들일 수 있는 작동원리를 내재하고 있기 때문이다. 따라서 이 장에서는 단순히 '전시동원'이라는 차원으로 설명되지 않는 당시 여성노동의 양상들을 통해, 새롭게 획득되고 있는 신체와 감각의 문제를 살펴보려고 한다.

　여성노동의 경우, 그것이 가정 밖에서 이루어질 때조차 매일매일의 삶을 구성하는 과정과 함께 움직였다. '가정'이 특권화되면서 직조된 여성노동은 전시체제의 상황을 매일의 삶 속에서 마주치게 된다. 더 이상 그것은 일상도 아니고 가정도 아니며 사적 영역도 아니다. 그러나 동시에 삶의 리듬을 파괴하는가 아닌가에 민감하게 반응하는 경험과 감각의 영역을 만들어낸다. 그 과정에서 어떤 감각들이 획득되고 있었을까?

　첫째, 시공간에 대한 감각의 변화가 있다. 시간과 공간은 일국단위, 심지어 한 마을 단위였던 것에서 벗어나 세계로 넓어진다. 이것은 한국, 일본, 서구(미국)가 하나의 커뮤니케이션 공간 안에서 작동할 수 있을 때 가능하다. 『여성』 1937년 2월호에서 잡문의 여점원 아이는 일본에서 간행되는 잡지인 『킹』, 『일출』, 『소년 구락부』를 본다. "신문기관에서 통신기관을 이용하고 있는 실례를 들어 말하면, 경성과 동경, 대판 등지는 곧 전화로 말을 주고 받게 되어 있으므로, 어떤 일이 생기던, 서울에 앉아서, 동경 안의 중대사건을 불과 사오분 이내에……알게 되고……동경에서 생긴 일이 삽십분 내지 한 시간 안이면, 넉넉히 서울 독자에게 보도될 수 있습니다"라고 쓰고 있는 것처럼 당시 동맹 통신사가 동경에 있었고, 세계의 소식이 빠르게 전달되었다.48) 『여성』 3권 8호(1938년 7월)에 실린 김남천의 소설 「세기의 화문」에는 1936년 프랑스에서 개봉된 줄리앙 뒤비비에 감독, 장가방과 미레이유 발랭이 주연을 맡은 〈망향(PEPE LE MOCO)〉 이야기도 등장한다. 2년의 간격이 있기는 하나 소설 속에 등장한다는 점에서 영화는 거의 동시대적으로 공유했던 듯하다.

둘째, 일본의 전시체제는 조선의 가정경제에 세계정세의 변화가 직접 영향을 주는 독특한 시공간으로 구성된다. 가정경제는 이제 전세계적 자본주의의 흐름과 전세계적 전시상황 속에 위치하게 되는 것이다. 이건혁은 1937년에 접어들면서 『여성』에 전세계적인 물가등귀에 대한 보고를 통해 가정주부의 역할을 강조하는 글을 여러차례 연재한다. 이 글은 가정경제가 전세계적 경제 흐름 속에 있음을 드러낸다. 그중 1937년 4월의 「물가등귀와 주부의 각오」를 보면, 특히 곡류, 식료품, 양복, 우피값 등이 전쟁에 필요한 철 수요나 미국과 일본의 경제관계 등에 따라 영향받고 있음을 확인해 볼 수 있다.49) 첫 번째로 드는 것이 군사비의 증가이다. "만주사건이 생기엇슬 소화 륙년의 군사비 절정액은 사억오천사백만원이었던 것이 히로다 내각(廣田內閣 : 1936년 3월 9일~1937년 2월 2일)은 십이년도 군사비를 약 삼배인 십사억구백만원으로 작정했고, 공업생산은 늘지 않아, 물가가 오르는 것이

---

48) 홍종인, 「부인지상견학-신문사편」, 『여성』 3권 11호, 1938년 11월, 70~73쪽.
49) 이건혁, 「물가등귀와 주부의 각오」, 『여성』 2권 4호, 1937년 4월.

다." 둘째, "세금을 올린 것이니 이 증세는 처음에는 일본내지 전체의 국세에 잇서 사억이천만원 평년도 오백구천만원의 대증세로서 이것이 물가를 높이게 된다."

셋째, 물가등귀는 일본뿐 아니라 전세계적으로 다 그러한 것이다. (밀, 콩, 잡곡 등 농산물/고무, 구리들이 오른 것은 다른 나라의 시세가 오른 것) 넷째, 통화 팽창―"물가등귀는 세계적 대세일 뿐 아니라 이후에 어늬 내각이 생기어 어더케 되던지간에 방대한 군사비 예산은 광전내각 예산 때보다 별로 큰 틀님이 업슬 것이오, 물가고등도 이에 쪼차서 오르게 될 것"이다. 왜냐면 지금 세계 각국의 정세가 울퉁불퉁하여 어디서 전쟁이 날지 모르는 위태로운 상태인 만큼, "군비경쟁을 하고 있는 판에 일본만 가만히 안저 잇슬 수 업고 규모를 크게 하야 빗을 내서라도 군비경쟁에 쪼차가야 나라를 막는 데 필요하겟기 때문"이라는 것이다. 이 상황에서 후방을 지키는 주부의 역할이 강조되는 것은 말할 것도 없다. 또한 이런 전시경제를 살리기 위해 각 가정을 관리해야만 한다. 이건혁은 글에서 "왼 나라 백성들의 각 가정 살림까지 싸훔하는 데 유리하도록 각 사람의 생활을 곳치도록 방침"을 세우고 있다고 주장하면서, 전쟁기 불안심리로 발생할 수 있는 폭리취체를 하지 말 것을 당부하고 있다.[50] 상황은 점차 악화되어 1939년 2월호를 보면 가정생활 개선에 대한 좌담회가 열린다. 총독부에서 현하 비상시 생활개선에만 힘을 쓰고 있지만 전시인 만큼 "더 한층 일반이 가정에 주력하여" "가정경제라든가 모든 것에 있어 시급한 개선을 필요"로 하기에 열린 것이다.[51] 이 논의는 결국 자녀 양육과 가정경제의 절약으로 귀결된다. 그러나 더 중요한 것은 조선의 가정경제가 세계경제와의 관련 속에서 움직인다는 감각의 경험이다. 이 경험들은

---

50) 이건혁, 「장기전과 가정경제」, 『여성』 3권 1호, 1938년 1월, 96쪽.
51) 「좌담회―가정생활 개선」, 『여성』 4권 2호, 1939년 2월, 18~23쪽.

'가정'이라는 공간 안에 저 밖의 것들이 깊숙이 연관되어 있다는 것을 느끼는 경험이기도 했다.

2) 자본주의적 욕망과 연동하는 여성의 근대 감각

한편 여성의 직업여성, 노동자로의 진출, 가정으로 파고드는 미디어의 역할을 통해 당시 여성의 생활감각은 변화하고 있었다. 제국주의적 질서로 동원된다고 할 때, 그 의미는 단지 사상적 선택이나 전향을 의미하지 않는다. 오히려 그 안에는 이처럼 다양한 형태의 감각의 변화를 일으키고 유혹하는 자본주의적 감각과의 결탁이 있다.[52] 당시 『여성』 잡지 속에는 담론적 논의 외에 피서지, 계절 스포츠, 화장품 광고, 조미료 광고, 옷 만드는 법, 잡다한 가정 상식, 이색적인 외국 요리, 백화점 여직원들의 인터뷰, 스위트홈에 대한 소개 등이 많은 지면을 확보하고 있다. 바로 이런 감각의 변화들이 여성의 공간을 장악하려는 담론들 틈새를 메우고 있었다. 일제와 함께 들어온 것은 물자절약이나 가정경제의 관리뿐 아니라, 사람들의 감각을 자극하고 매혹하는 외관, 상품이기도 했다. 더구나 그것은 일본을 경유해서 들어오는 미국적인 취향이거나, 서구적 취향이었다.

첫째, 피서의 경우를 보자. 그곳은 전쟁과 연동하는 가정과는 다른 시공간을 펼쳐 놓는다. 집에 있을 때는 "먼 일가 아저씨만 와도 버선 벗고 맨발로 나서기를 주저하는 수집은 아가씨들", 게다가 "짓구진 바람이 치마 자락을 걷어 치면 기절을 하드시 몸 간수를 하는 단정한 아

---

52) 이경훈 「요보, 모보, 구보―식민지의 삶, 식민지의 패션」, 『일제의 식민지배와 일상생활』, 혜안, 2004, 200쪽. "양주 역시 그러하려니와, 이보다 훨씬 더 화장품이나 의약품 등은 단순한 사물이라기보다는 과학과 시장을 동시에 표현하고 일상화하는 풍속적 계기이다. 그 점에서 그것들은 지극히 근대적인 것이다."

262

가씨들", "전차ㅅ간에서 남자들의 옷자락만 손길에 스쳐도 까닭없이
불쾌를 깨닫는 순결한 감정의 임자들"이 "해수욕장이란 별천지"에선
"까다로운 예절과 군색스런 절차"를 모두 잊고 "준라체로 세상 잊어버
리고 뛰"논다는 것이다.53) 따라서 그곳에선 일상에서 벗어난 사건들
이 일어난다. 1938년 7월, 『여성』 3권 7호에 실린 「특집실화-바다까
에서 주은 이야기」를 보면, "푸른 커틴을 느린 이층 양관"을 몽금포
모래언덕에서 해수욕을 뒤로 하고 그리던 중, 그 집의 서양 아가씨를
만나 놀았던 회상(「몽금포 모래언덕」, 남해림), 동경에 있다가 원산에
서 여름방학을 보내던 때, Y군은 P양을 만나 결혼을 약속하지만, P양
은 서울 종로 빠에 있던 여자로 남편과 아이들도 있는 유부녀였다는
이야기(「송도원과 P양」, 김우영), 월미도 가는 버스에서 한 여성을 만
났고 바닷가에서 다시 만나 즐거운 시간을 보냈으나 사기를 당했던
일(「버스에서 만난 여자」, 이지영) 등이 실려 있다. 이처럼 해수욕장
은 이국적인 장소이자, 일상적이지 않은 경험을 할 수 있는 곳으로 소
개된다. 이곳에선 결혼이 아니라 연애만이 가능하다. 더구나 해수욕장
은 먼 곳에 있는 것이 아니라, 바로 전시체제로 절약을 일삼는 바로
그 담론의 틈새에 있듯이, 삶의 한가운데에 있다. 다음 글을 보면 피
서를 멀리 가는 것이 아니라 도심에서 일요일마다 갈 수 있는 방법을
소개한다. 그 장소들은 대중교통수단의 중심이었던 전차의 노선도를
따라 소개된다. 즉 근대성이란 전차의 길을 따라 피서지를 가보는 것
이기도 했다.54) 그러나 이때에도 여가는 여가로서만 존재하지 않는다.

---

53) 이상호, 「여름과 유혹」, 『여성』 3권 7호, 1938년 7월, 35쪽.
54) 이영태, 「경성근교 납량지 순례」, 『여성』 3권 7호, 1938년 7월. 한 가지 경우를
    예로 들면 다음과 같다. "이야기는 서울서도 한복판 종로 네거리를 중심으로
    동서남북 전차길로 갈라 가지고 시작됩니다." "전차는 떠났습니다. 여러분은
    시방 '하루피서'를 떠나신 것입니다. 일요일이라 손님이 많습니다.……경성역
    입니다. 인제 나리십쇼. 어디로 가실가요. 가실 만한 데는 두 군데 올시다. 하

여름 한철 더위와 빈대에 대해 "현대 입체전을 연상시키는 수많은 적군의 공습과 돌격, 그리고 턱턱 숨막히는 염열 속에서 부대끼게 되었습니다"라고 표현한다. 자본과 전쟁은 이렇게 연동한다.

둘째, 스포츠는 스포츠복, 스포츠에 적당한 머리, 스포츠 기구 등으로 서구화의 첨단임을 드러냈고, 건강한 육체의 표상이기도 했다. 특히 스포츠의 소개와 배급은 여학교들을 중심으로 이루어졌고, 하이킹에 대한 열의가 높았다.

"산에 오르자면 남자의 양복 바지 비슷한 것을 넓게 해서 입으십시오. 부라우스는 앞이 쭉 찢어진 와이샤스형이 좋으리라고 생각하는데 여기서 주의하실 것은 비단을 입지 마시라는 것입니다. 다음은 구두 문제로 당신네들이 신는 굽높은 구두로는 애여 산에 오를 생각도 마십시오."55)

"여자는 저지의 원피스인데 그 빛은 오렌지입니다. 그리고 내여 신는 구두는 투백코 브라운의 스웨드인데 구멍이 많이 뚫어진 로힐입니다. 사나이는 말쑥한 컨츄리 웨어는 보기만 해도 상쾌하게 에티켓이 다 맞었습니다.……팬츠는 그레이 플란넬이 제일 좋은 것입니다."56)

나는 인천해수욕장입니다. 왕복차표면 이환인해줍니다. 여덟시 오십분과 아홉시 오십오분 차가 기다립니다. 오십오분이면 인천역에 나립니다. 차창 풍경도 오래간만에 맛보니 몹시 시언합니다. 뻐쓰를 타실가요? 그냥 거러가세요. 월미도까지 뻐쓰면 오분 차삯이 십전이지만 거러가시면 십오분 차삯이 긋습니다. 바답니다. 좌우가 왼통 바답니다. 수영복을 가지셨습니까? 그럼 수영을 하실가요. 그러나 별안간 오래 볕에 게시면 살이 디어 벗습니다. 조심하십쇼. 월미도는 너무 번잡스러우세요. 그럼 새로난 송도로 가시지요. 여긴 뻐쓰를 타셔야 할 걸요. 역시 십전입니다. 월미도 보담 여긴 더 넓고 시언합니다. 그럼 오늘 하루 맘껏 놀다 오십쇼."

55) 조순영, 「여성과 등산」, 『여성』, 1936년 7월, 39쪽.
56) 김상용, 「여학교 하이킹 광」, 『여성』, 1936년 4월, 4~5쪽.

스포츠를 하기 위해 갖추는 복장은 일본을 통해 들여온 미국문화를 흉내낸 것이었고, 스포츠를 하는 것은 지식인, 근대학교 교육을 받은 엘리트임을 드러내기도 했다.57) 이화여전 교사로서 "6인제 농구의 도입, 소프트볼, 배드민턴" 등을 1938년 한국에 처음으로 소개했으며, "학교에 출근할 때 자전거를 이용해 장안의 명물"이 되기도 했던 김신실의 존재는 스포츠에 대한 인식이 했는가를 잘 보여준다. 그녀는 "일반인의 체위향상 방법으로 라디오 체조를 장려"하고, '체육문제연설회'에서 여성체육의 필요성을 주장하기도 한다.58) 스포츠는 당시 여성들의 신체를 '근대화된 주체의 표상'이라는 매혹 속에서 포섭하고 있었다.

셋째, 여성의 신체와 외모는 점차 기업이 원하는 모습이나 서양의 얼굴형태로 변화한다. 현대 여성의 머리는 서구식 노랑머리를 따라하기도 하고,59) "근대인의 심리에 요구되는 눈은 어덴지 으늑한 구석이 있는 어글어글한 눈 소위 '촵잉'한 눈"이 되며, "작은 눈에는 '아이쉐도—'로 '캄푸라쥬'를 한다 또는 속눈섭에 '매스크'나 '아일랫쉬메익업'칠을 한다 가진 기교"를 부리게 된다. 즉 "내리 감으면 룡문산 골작이에 안개가 서린 듯하고 치뜨면 칠면조 꼬리펴듯 눈썹끝이 부채살처럼 돌고니러서야만 소의 첨단미를 갖춘 화장"이 된다는 것이다.60) 이렇게

---

57) 안선경·양숙희, 「한국근대복식문화에 나타난 아메리카나이제이션에 관한 연구-1920년대부터 1930년대까지의 잡지를 중심으로」, 『Journal of the Korean Society of Clothing and Textiles』, Vol.25, No.1, 2001, 58쪽.
58) 유민희, 「한국근대여성의 학교 체육-기독교계 여학교를 중심으로」, 동덕여대 석사학위논문, 2002, 66, 70쪽.
59) 윤성상, 「유행에 나타난 현대 여성」, 『여성』 2권 1호, 1937년 1월, 48~49쪽, "서양사람의 노랑머리를 흉내내느라고 매일 머리에 과산화수소를 바르고, 하루에 일원도 못 받는 숍걸도 하로에 단돈 이삼전도 못밧는 공장 어린 처녀도 돈 잇고 시간잇는 유한마담들의 옷치장을 따르려 하고 점잖은 귀부인도 화류계 여성의 몸가짐을 본뜨려하며."

외모가 서양화되는 경향은 잡지의 곳곳에서 찾아볼 수 있다. 잡지『여성』의 경우, 잡지의 표지나 삽화로 서양이야기가 아닌 경우에도 서양여성의 모습이 많이 등장하며, 심지어 동양여인의 모습도 서양화된 형태로 드러난다.[61] 물론 이런 치장에 대한 비판도 많고, 우리의 진선미를 찾고 자연스러운 화장을 해야 한다는 주장도 만만치 않다. 그러나 이런 서양적이고 근대적인 외모에 대한 취향은 '외모'에 그치지 않고 삶 전반을 구성하는 원리가 된다.

『여성』에는 명사의 스위트홈을 소개하는 코너가 연재되는데, 스위트홈의 모습은 서양품이다. 특히 제3권 9호(1938년 9월호)에 소개된 「그분들의 가정풍경 : 연전교수 최규남씨 택」의 모습은 다음과 같다. 딸 정선은 영어로 "하우두유두 앤티"라고 인사하고, 켄터키 옛집이란 노래를 부르며, "불란서 인형을 안더니 정선양은 인형을 패터너로 멋지게 서양춤을 아주 리드미칼하게 추어"내며, '아침기도'와 '밤기도'를 한다. 헤어질 때는 '빠이빠이'라고 인사한다. 최규남의 취미는 셰파트를 기르는 것이다. 서양과 미국에 대한 감각적 선호는 어린아이들에도 뿌리깊다. 40년 6월 어린이들과의 좌담회 기사를 보면, 가고 싶은 곳이 대개 미국, 동경과 같은 외국이고, 심지어 '외국'이라는 말을 하기도 한다. 그 이유가 "서양풍속을 알고 싶어서요"라는 점에서 외국=서구=동경의 대상으로 등치되었음을 알 수 있다.[62] 또한 기업에서 원하는 여성신체로 규격화된다. 1940년 2월에 실린 기사에는 일류 은행이

60) 오숙근, 「初秋의 化粧」,『여성』 2권 10호, 1937년 10월, 88~89쪽.
61) 안선경·양숙희, 앞의 글, 52~53쪽, "1930년대를 전후하여 신문이나 잡지 광고에서도 두드러진 변화는 등장하는 사진이나 삽화에서 이전의 동양적인 여성이 서구적인 체형을 갖춘 여성들로 변화되기 시작했다는 점이다."(아지노모노 조미료 광고 예).
62) 「좌담회-이 땅의 소영웅들은 이런 희망 속에 큰다」,『여성』 5권 6호, 1940년 6월, 18~19쪽.

266

나 회사에서 원하는 여사무원의 기준이 제시되어 있다. 정리하자면 대개 "연령, 교양이나 교육정도, 명랑쾌활온순정직한 성격, 부모와 함께 사는 미혼일 것, 연애문제가 없을 것, 용모가 아름다울 것" 등이 제시되어 있다.[63] 그러나 '보여지는 몸'으로서 스스로의 몸을 감각한다는 것은 그 이후에도 그러한 몸으로의 훈육을 받아들이도록 한다. 한번 보편적 논리에 몸을 변화시켰다면 그 이후 또 다른 보편에 몸을 변화시키는 것도 가능해진다. 따라서 여성들의 감각과 신체 변화를 요구하는 자본주의는 다른 한편에서 실용적인 국민복과 몸뻬를 입히려는 제국주의적 신체변화와 나란히 서게 된다.[64]

넷째, 가사노동은 점차 과학적 절차와 방법의 도입 속에서 점차 변

63) 「일류은행 회사에서는 어떤 여사무원을 구하는가?」, 『여성』 4권 2호, 1940년 2월, 28쪽.
*채용조건 : 1. 연령의 표준/ 2. 교양정도/ 3. 성격에 대하여/ 4. 용모에 대하야/ 5. 가정상태/ 6. 결혼의 가부/ 7. 연애 문제/ 8. 기타 * 〈화신〉 1. 18세이상/ 2. 중등정도/ 3. 온량 독실/ 4. 단정/ 5. 원만한 가정/ 6. 기혼이라도 근무에 지장이 없으면 可/ 7. 연애문제로 풍기를 문란케함은 절대 불허/ 8. * 〈한성은행〉 1. 17세부터 30세까지/ 2. 乙種 중등학교 이상/ 3. 명랑쾌활정직하고 여자다워야 함/ 4. 용모는 보통이상으로 단정하여 호감을 주는 자/ 5. 중류이상의 원만한 가정/ 6. 미혼기혼을 불문하나 가급적 미혼자/ 7. 常軌를 벗어난 연애만은 찬성할 수 없다. * 〈조선금융조합 연합회〉 1. 18세 이상 33세 이하/ 2. 여학교 졸업 이상의 학력 소유자/ 3. 명랑쾌활/ 4. 열에 하나가 될 만한 용모/ 5. 양친과 동거자를 먼저 뽑는다/ 6. 미혼자가 사고가 적어서 좋으나 기혼자라도 무방하다/ 7. 혼약자 이외의 남성과는 찬성할 수 없다/ 8. 건강하고 상식이 풍부한 사람 등등.
64) 공제욱, 「일제의 의복통제와 국민복」, 『일본 제국주의 지배와 일상생활의 변화』, 한국사회사학회 2005년 심포지엄, 90쪽, "1942년 부인표준복이 제정되었다.……부인 표준복에서 비로소 일본고유복장의 특질을 갖춘 옷이라는 목표를 구현할 수 있었다."; 같은 글, 91쪽, "몸뻬는 식민지 조선의 여성들의 의복으로 널리 보급되어 갔는데, 국민복이 남성 엘리트층이 주로 입는 옷인 반면에 몸뻬는 도시의 중산층은 물론이고 농촌의 여성들도 광범위하게 입은 옷이었다."

화하고 한편 규격화된다. 『여성』에는 '젊은 어머니 독본'이 한동안 연재되는데, 그 내용은 대개 가사노동의 사사로운 부분까지를 교육시킨다. 그 중 옷, 침구, 젖먹이기 등의 경우, 근대적 과학에 따라 시간을 지켜 주고, 시기별 발육 상태를 적는 일기를 쓸 것을 요청하고 있다. 한편 아이들의 발육상태에 따라 장난감과 같은 도구를 줄 것을 당부한다.65) 이런 규범화된 가사노동에 대한 과학적 지식들은 1930년대 들어와 양적으로 증대한다. 이에 따라 가사노동은 과학적인 지식과 근대적 시간 속으로 포섭된다.66)

이런 다양한 장소들에서 여성의 감각들이 변화한다는 것은 무엇을 의미할까? 그것은 총동원령이 가정의 깊숙이까지 파고든 시기, 그 총동원이 가능했던 동력이 무엇인가를 말해주는 것일지도 모른다. 스포츠가 엘리트 계층임의 표시이듯, '보여지는 외모'를 중시하는 감각이 획득되듯, '보편'과 '매혹'을 따라가던 사람들의 욕망은 그 보편이 제국주의로 바뀌었을 때도 동일한 메커니즘으로 작동했던 것은 아닐까? 즉 '미와 매혹의 근대적 화장료'67)는 곧이어 '경제실질 살결의 수호'이자68) '미와 매력(魅力)의 근대적 스피드 화장료'69)로 바뀔 수 있었던

---

65) 이달남, 「젊은 어머니 독본 13화」, 『여성』 3권 9호, 1938년 9월호.
66) 김수진, 앞의 글, 362쪽, "1930년대에 들어 육아와 살림에 대한 지식은 양적을 증대한다. 다루는 분야도 분화되고 지식도 전문화되었다. 그 대표적인 고정란이 '가정수첩'과 '주부독본' 그리고 'Home Section'이다."
67) 당고도랑 7색 55전, 『여성』 2권 11호, 1937년 11월.
   "일반부인/ 빛이 흰분/ 빛이 파리한 분/ 히지 못한 분/ 빛이 창백한 분/빛이 붉은 분" 등으로 나뉘어짐.
68) 「당고도랑의 광고」, 『여성』 3권 1호, 1938년 1월, 89쪽, "황군 이기세요", "무적의 御旗", "평화의 수호", "경제실질의 살결의 수호."
   "크림과 白粉과 화장수와의 三美肌素를 일품에 모여든 애국 화장료, 당고도랑은 살거침을 방지하고, □□을 보전하야, 살결에 제일 위험한 겨울을 직혀 나갑니다."
69) 「당고도랑의 광고」, 『여성』 4권 9호, 1939년 9월, 37쪽, "한번 바르면 몰라볼

것이다. 이 과정에서 생활과 제국을 연결했던 '가정'이라는 공간은 여성들의 소비적인 욕망이 발현되고 진보적 발전논리에 몸을 내어 맡기는 자본주의적 욕망의 공간으로서의 의미도 갖게 된다.[70] 사회적으로 구성된 성이 생물학적인 성과 겹쳐질 때, 더욱 추상화된 여성성의 규정들이 마치 사실처럼 통용되기 시작한다.[71]

특히, 이 양상은 과학적 시간과 위생만을 강조하던 1900년대의 감각과는 차이가 있다. 이제 강조되는 것은 '감정교육'이고, 이때 여성신체에 요구되는 것은 '미'의 재창조이다. 아동교육에 있어서 가장 필요한 것은 "아동심리를 리해하는 것"이며 따라서 아동심리학이 '젊은 여성의 필수과목'이 되어야 한다고 주장한다.[72] 가정 내에서는 "신뢰와 호의와 리해와 동정"이라는 '아름다운 리상'이 있어야 하기 때문이다. 또한 1938년 9월호에 실린 「젊은 어머니 독본」에서 옷과 침구, 안는 법과 업는 법, 발육상태, 젖 먹이는 법 등을 이야기 할 때에도 아이의 심리를 강조하고 있으며 인공영양인 우유, 장난감의 사용 등 양육 기계의 사용에 대해 언급한다. 아동심리와 과학적 법칙이나 기구의 사용, 이것이 새롭게 여성의 노동을 통해 드러나는 신체성이다. 이때 여성의 신체는 건강하고 서구적인 신체로 제시된다. 동시에 이런 신체에 따라 미의 기준도 바뀐다. 정근양의 「의학상으로 본 신여성」[73]을 보면 이러한 변화가 잘 나타난다. 신여성이란 기계문명의 세례를 받은

만큼 이뻐진다! 썩 간편하고, 경제적이고, 쾌속하게……이 점 당고는 절대로 대용품이 업는 총후의 근대적 화장료입니다", "미와 魅力의 근대적 스피드 화장료."
70) 홍양희, 앞의 글, 372쪽.
71) 미셸 바렛 외 지음, 신현옥·장미경·정은주 편역, 「맑스주의 페미니스트 분석의 몇가지 개념적 문제」, 『페미니즘과 계급정치학』, 여성사, 1995, 41쪽.
72) 아동심리, 『여성』 1권, 1936.
73) 정근양, 「의학상으로 본 신여성」, 『여성』 2권 2호, 1937년 2월.

사람으로 "육체적으로나 정신적으로나 조숙"하다. 첫째, 흉부나 둔부
가 발달했으며 월경이 일찍 시작된다. "미인의 표준은 날씬한 허리와
착느러진 억개로부터 쩍 버러진 가슴과 늠름한 골격으로 옮기여지고
있"으며 여자가 직업인으로 나서는 시대다. 그러나 만약 여성이 정신
의 휴식을 취하지 못한다면 기계가 그렇듯 "나날이 쇠약해 질 수밖에
없게 되고 원기를 잃을 수밖에 없을 것이다"라고 말한다. 이 맥락에서
직업부인은 폐결핵의 안식처로서 표시된다. "직업부인에게 폐결핵이
많다는 것도 이러한 점으로써 우리는 과학적으로 넉넉히 설명할 수가
있겠다"고 말한다. 연애와 거리의 향락 대신 심신의 안정을 취할 수
있는 가정으로 돌아가라는 것이다. 따라서 가정은 체조가 이루어지는
아동의 신체단련의 장이자 부부관계의 동등함을 신체에 새기는 공간
이기도 하다. 1936년 1월호엔 종렬에서 횡렬로 남녀가 걸을 것을 강조
하며("나는 남성에 지지 않게 사회인으로서 씩씩하게 활동하고 있는
소비에트 부인과 남방의 근대적 여성에게 탄력과 미를 크게 느꼈소."),
한보용은 「땐스 하기로」라는 글에서 "사교딴스같은 것을 보급시키자
고 주장한다."[74] 전방에서 남자들이 횡렬 종대로 진군해 나가듯이 후
방에서 여성은 남성의 그런 진군과 어깨를 나란히 해야 하는 신체였
던 것이다. 가정은 바로 이런 신체성을 훈육하는 공간이었다. "보건체
조가 라디오를 통해서 매일 아츰 방송이 되니 그것을 사용하시든지
그렇지 않으면 왼가족이 모이는 시간을 사용해서 어머니로 주부로 반
드시 간단히 라디오 체조 쯤은 매일 연습"하기를 요구받기도 한다. 라
디오와 체조, 횡렬의 걸음걸이로서 여성의 신체는 훈육되고 훈육하는
신체로서도 훈육된다.[75] 『여성』 2권 7호(1937년 7월호)의 김택웅의 「유
모어 소설−남편의 변명」이란 글이 가능했던 것은 이런 배경에서였

---

74) 홍양명, 「횡대 행렬」, 『여성』 1권 1호, 1936년 4월.
75) 박봉애, 「가정부인과 체육」, 『여성』 1권 2호, 1936년 2월, 9쪽.

다. 이 글에서 아내는 『XX 여성잡지 부록 부인의전』이란 책을 통해 성형수술을 고민하고 있고, 이를 본 남편은 '개구리 눈에 조갑지 코'가 '가정의 한 마크'가 되어 있어서 "잔돈푼 돌리기와 반찬가가의 외상 같은 금융실업계에서 널리 아는 마―크를 일조일석에 지워버릴 수는 없다고" "히틀러씨를 본받아 치안에 방해가 되는 그 책을 암살"한다.76) 이 훈육이 가능했던 것은 '가정'이라는 안전한 경계선 위에서였다. 아내의 신체란 바로 전방을 위해 봉사하는 후방의 가정경제의 다른 이름이었다.

4. 추상화된 여성성
―신구(新舊)를 분류하고 감정을 교육한다

1930년대 후반 '가정'을 둘러싼 담론들은 신구를 분류하고 감정을 교육한다는 말로 정리할 수 있다. 이 과정을 통해 '가정'은 과거와 미래를 매개하는 동시에 사적영역과 공적영역을 매개하는 훈육의 공간이 된다.77) 특히 이 훈육은 '가사노동'을 구체화시키면서 그 의미를 '여성성'으로 부여하는 추상화의 방식을 통해 작동한다. '가정'의 특권적 지위가 설정되자, 사회지도층과 어깨를 나란히 하려던 자유분방한 자유주의자 신여성들은 비판의 도마에 오른다. 동시에 구여성들의 장점들이 거론되기 시작한다. 신구를 분류할 때, 구시대적인 것, 즉 구여성, 재래가옥, 대가족 제도, 축첩제 등에 대한 비판은 그 이전처럼 강하지 않다. 오히려 구여성은 구시대의 유물이 아니라, 신여성이 결여한 부분을 보충하는 것으로 나타난다. 반면 신여성은 그 이전의 긍정

76) 김택옹, 「유모어 소설―남편의 변명」, 『여성』 2권 7호, 1937년 7월, 94쪽.
77) 권명아, 앞의 책, 163쪽.

적이던 측면까지 '사치와 허영' 혹은 '위험한 부류'가 되면서 거센 비판의 도마에 오른다.78)

『여성』3권 9호(1938년 9월)를 보면, 함상훈의 「조선 가정생활제도의 검토」라는 글이 있다. 이 글에서는 시간에 따라 대가족과 구식가정, 일부일처와 축첩, 신여성과 구여성 등을 나눈다. "구여성이 나으냐 신여성이 나으냐"를 물은 뒤, "정숙하고 남편을 귀중히 여기며, 곤고에라도 참아가는 데는 구여성이 낫다 할지오 시대를 이해하고 사회 물정을 알고, 아르키는 말을 알아듣고 창조적 정신이 있는 점은 신여성이 나을 것이다. 즉 구여성에게는 덕의 아름다움이 있고 신여성에게는 지의 아름다움이 있다"라고 말한다. 신구의 장단점을 취하는 이런 논조는 주부와 직업문제("여자는 고등교육 특히 전문학문을 배우고 사회적으로 봉사하지 않는다면 아무 배운 효과가 없다.……어린 것을 집에 유모나 딴 이이게 매끼고 나간다하면 어린이 양육이 충실치 못하다.……취직은 자녀양육에 아무런 후고 없는 사람이 해야, 주택과 가정생활(문화주택과 재래식 가옥의 장단점), 음식의 자작자급과 상품화(간장과 김치를 담아먹고, 조기젓 궤장을 담아 먹는데 이것이 상품화하지 못한 사회에서만 볼 수 있는 현상임은 말할 것도 없다. 응당 이것들을 대량 생산하는 양식이 생길 것으로 믿거니와 이것 때문에 조선 가정의 경제력이 갑자기 군색 안해진 원인도 될 것)" 등의 분류가 이어진다. 그렇다면 이런 분류와 장단점의 구분이 향해 있는 것은 무엇일까? 이런 담론적 틀은 연예인을 볼 때에도 작동한다. 배구자는 "누구보다도 조선형의 감정을 잘 살닌다. 특히 농촌조선의 이모저모를 우미하게 예술화하여 향토적 호흡에로 끌어"가는 사람으로 "영화로운 민족적 감정에 자존심을 더하게 하고 향토미의 고유성"을 표현

---

78) 권명아, 위의 책, 202쪽.

272

한다.[79] 반면 최승희는 조선민족의 일원이었지만, "제 운이 낫버서 갑자기 세상 정세가 달너진다든지 혹은 그쯤에서 일본사람을 배격하는 일 같은 것이 생기면 어쩔가하고 마음을 조리는 중입니다"라고 할 정도로 외국에 나가면 일본인으로 보였고, 더 나아가 동양의 아름다움으로 상징된다. 즉 배구자는 '가장 조선적인 것이 세계적이다'라는 담론 속에 있고, 최승희는 "새로운 것은 동양적인 것이 서양적인 것을 받아들이는 것"이라는 문명담론 속에 있다.[80] 이런 두 춤꾼의 변화와 배경은 구여성과 신여성을 나누며 각각의 장단점을 논하는 시선과 크게 다르지 않아 보인다. 즉 이것은 '가정'이라는 안락한 공간을 만들듯이 사회를 잘 유지할 수 있도록 변화에 발빠르게 맞춰가는 신여성적 장점과, 사회의 미래를 담당할 어린이를 길러낸다는 구여성적 장점을 추상화시키며 굳어진 여성성으로 구성한다. 국가와 가정으로 공간을 분리했듯이, 구와 신을 구별하는 것이다.

이에 따라 '가정'이라는 공간은 이제 사회 어디에서나 적용된다. 그것도 추상화된 여성성, 감정교육 등을 통해 확산되고, 미시적인 감정의 작동방식을 통해 규율된다. 근대 초기, 여성이 모성적 존재, 어머니가 될 때만 정당한 국민으로 자리할 수 있었던 것처럼. 따라서 매우 높은 추상적 수준에서까지 진행된 '가정'이라는 공간에 매인 여성의 이미지화는 여성 스스로의 욕망에 따라 관리하는 국가적 메커니즘이 된다. 그렇게 구성된 여성성은 다음과 같다. 첫째, '가정'이 '사회의 한 조직체'로서 강조된다. 이광수는 『여성』에 한동안 '모성'과 '결혼'에 대한 글을 싣는다. 그 글에서 이야기하는 부부관계란 "생물학적으로 볼 때 부부는 성관계요 그 목적은 종족의 계속 번식"에 있지만, "인류문

79] 모윤숙, 「향토혼의 예인 배구자 여사」, 『여성』 2권 4호, 1937년 4월.
80) 최승희, 「조선을 떠나면서-오직 여러분의 성원을 바랄 뿐입니다」, 『여성』 2권 4호, 1937년 4월.

화의 측면에서 보면, 남녀 양인의 직장인 가정에는 생식 이외에 문화의 보존 배양 전파의 기능"을 해야 하며 그 중심이 '가정'이라고 쓴다. 가정은 문화를 보존, 배양, 전파하는 기능을 하는 '직장'인 것이다. 부부생활은 이제 '개인생활'이 아니라 사회생활의 의미를 부여받는다. 따라서 가정을 유지하는 것은 사회를 유지하는 것이고, 사회에 법칙이 필요하듯이, 생활도덕이 필요하다.[81] 부부간의 생활도덕으로 드는 것은 첫째는 사랑, 둘째는 공경, 셋째는 믿음이다. 이 세 가지를 통해 '행복한 가정'을 꾸리라고 이야기한다. "가정은 아마 인류와 운명을 같이 하는 제도"가 된다. 이때 가장 중요한 것은 단연코 '자녀양육'이다. 결혼이라는 "부나 처의 향락"보다 "자녀의 건전과 행복"을 위한 "순수한 생물학적, 도의적, 그리고 정신애적 결합"이다.[82]

이 맥락 속에는 여성에게 해방적인 측면도 있었다. 이제 부부는 담론 상에서라도 동일한 인격이었기 때문에 재혼이 정당화되고, 가정을 잘 지키지 않는 남성에 대한 비판도 가능해진다.[83] 그러나 바로 남성에 대한 비판도 가능할 정도로 '가정'이라는 공간이 사회의 한 세포로서 중요해졌다는 것을 반증하는 것이기도 하다. 부부 중심의 가정이란 "권리 의식을 완전히 제거하고 오직 사랑과 의무와 봉사로만 된 조직체에서 인생이 짓는 가장 특수하고 신성한 조직체"가 되었기 때문이다.[84] 이제 가정은 도덕, 그것도 사회적 도덕의 문제가 된다.[85] 이제 가정, 부부관계란 굳이 사적이고 구체적인 영역에서 독립해서 하나의 이데올로기로서 공적 장 전체에 작동할 기반을 갖춘 것이다.

---

81) 이훈구, 「부부도덕론」, 『여성』 4권 2호, 1939년 2월, 12~14쪽.
82) 이광수, 「결혼론」, 『여성』 1권 1호, 1936년 4월.
83) 허화백, 「결혼하야도 죄가 아니다」, 『여성』 1권 2호, 1936년 2월, 37~38쪽.
84) 이광수, 「결혼론」, 『여성』 1권 1호, 1936년 4월.
85) 백철, 「신정조론」, 『여성』 4권 3호, 1939년 3월, 12쪽. 정조란 "육체의 문제"나 "생리의 문제"가 아니라 "윤리적인 문제"이며 "윤리적 정신"이다.

둘째, 모성애가 상징화되고 결국 보편적 인류애로 확장된다. 이광수는 「모성」이라는 글에서 "여자들이 연애는 좋아하고 아이 낳기는 싫어하는……여자가 아이를 낳기는 하여도 젖먹이기를 싫어하는……여자가 제자식 안아주고 업어주고 오줌똥 거두어 주기를 싫여하는 시대"가 오면 큰 변이며 만약 그런 여자가 있다면 "모성애라는 인류의 감정 중에 가장 아름답고 강한 감정을 결한 병신"일 것이라고 비판한 뒤, 여자들이 "가슴이 타오르는 청춘의 정열로다 모성의 사랑이라는 것을 연출"하여 "순결한 연애로부터 곧 성결한 모성애로 들어가고 다시 거기서 백척간두에 일보를 進하야 제 자녀를 사랑하는 깊고도 끝 간데 없는 사랑으로 인류의 모든 자녀들을 사랑하게 될 때에 만일 그러한 시대가 온다고 하면 이 지구에는 새로운 인생의 봄"이 올 것이라고 말한다.[86] 즉 모성애는 순결한 연애 → 성결한 모성애 → 보편적 인류애로 확장된다. 결국 "인류의 평화와 행복은 결코 제네바의 국제회의에서 오는 것도 아니오 괴까다라운 각종의 법률에서 오는 것도 아니오 실로 모성적인 사랑에서만 오는 것"이 된다.[87] 신성한 사랑으로 추상화된 '모성애'는 보편적 인류애로서 공적인 영역에서 통용된다. 그러나 이 모든 모성애와 인류애가 향하는 곳은 어디인가? 바로 '양육'과 '가정경제의 수호'이다.

셋째, 모성애에 대한 분류는 더 나아가 '여성성' 즉 여성의 특성을 규정하는 방식으로 작동한다. 가정에서 시작된 여성의 정체성에 대한 규정들은 이제 그 기원을 잊고 여성 전반으로 확장되기 시작하는 것이다. 콜론타이 여사, 폰드 필드 여사 등 세계의 유명 여자 인사들의 소개를 통해 여성의 특성은 더욱 가정중심적, 이성과는 반대되는 감성중심적, 평화중심적으로 규정된다. 콜론타이 여사를 인용할 때 여성성

---

86) 이광수, 「모성」, 『여성』 1권 2호, 1936년 2월, 12~13쪽.
87) 이광수, 「모성으로서의 여자」, 『여성』 1권 2호, 1936년 2월, 9~10쪽.

은 인류의 참극과 전쟁을 만드는 남자들의 나라와는 다른 '여자의 나라'를 만드는 힘으로 소개되고 "정치가는 모두 여성이 되고 남자는 모두 근육과 기타 발명 방면에만 가게 한다면 세계는 반드시 명랑해지고 따라서 평화해질 것이다. 여자는 결코 양심을 버리지 않을테니까"라고 말한다. 그러나 여성은 아직 그런 정치를 감당하기엔 "너무나 약한 한 마리 비둘기다"라고 말하기도 한다. 폰드 필드 여사는 "여자는 매우 강하다. 세상에 자녀를 위하여 또는 가정을 위하여 눈물로 일생을 바치는 이가 얼마나 많은가"라고 하면서 강한 모성애를 주장한다.[88] 여성성에 대한 규정들은 남성과의 비교, 자녀양육이란 의무 속에서 작동한다. 남성과 비교될 경우, 여성성은 '미신적'이며 '비과학적 허사'이며 "이성이 부족하고 체질이 박약"하며 "조선여자의 머리는 여전히 숙명론이 지배"하고 있어서 "생명보다 미신이 강"하다고 비판한다. 반면 남성의 이기적인 면이 없기 때문에 오히려 이런 점에서 휴머니티가 있다고 말하기도 한다.[89] 김오성 또한 「부인의 지적 생활에 대하여」에서 1939년 5월에도 여전히 여성의 감정적인 면을 강조한다. 그런데 이 글의 가장 큰 특징은 바로 이러한 여성의 이성적이지 못하고 감정적인 면이 고쳐져야 할 이유로 '양육'을 든다는 점이다. "우리들 다음의 새 세대를 대표할 자녀들의 앞날이 더 우려된다. 그들에게 신예한 평가와 양식을 길러주는 것이 무엇보다 긴절한 일이다. '부인들이여! 책임을 느끼소서! 그리하여 당신들의 생활을 지성화하소서!"라고 강조한다.[90] 이런 양육에 대한 강조는 결국 어떤 장난감을 통해 아이들의 성적 정체성을 교육할 것인가의 문제로 이어진다. 서은숙은 「아동과 완구」라는 글에서 장난감을 고를 때, 연령과 성별, 장난감의 견

---

88) 「세계적 여걸 참회기」, 『여성』 2권 6호, 1937년 6월, 60~65쪽.
89) 「남녀공격전 지상」, 『여성』 4권 3호, 1939년 3월, 46~48쪽.
90) 김오성, 「부인의 지적 생활에 대하여」, 『여성』 4권 5호, 1939년 5월, 30~32쪽.

고함, 위생, 색상 등을 고려해야 함을 강조하면서, "남자아이와 여자아이에게 작란감이 구별이 있어야 할 것이다. 어린이 시절에는 그다지 구별이 없다 할지라도 가령 여자아이에게 공을 사다주는 것보다 각시를 사다주는 것이 더 좋지 않을까 한다"고 주장한다.

모성애, 부부도덕, 자녀양육의 성적 차이 등이 강조됨으로써 '가정' 안에서 이루어지는 여성성이 사회 전체의 보편적 윤리로 추상화될 때, 어떤 일이 일어나는 것일까? 여성은 이 구조를 통해 국가의 총동원체제에 동원되는 국민으로 자발적으로 포섭된다. 30년간의 뜨거운 민족적 저항 끝에 맞이한 1930년대 후반의 변화들. 남성들의 경우는 감옥 신세를 지고, '혁명'의 세계에서 '생활'과 '직업'의 세계로 옮겨가야 할 상황에 부딪친다. 그러나 바로 그 생활을 위해 자신의 청춘 시절에 저항했던 대상에게 종속되어야 했다. 그렇다면 여성들의 자발적 모성애 강조와 여성성의 규범화가 의미하는 것은 무엇일까? 혹시 자유주의자 여성들이 다시 결혼을 통해 '가정'이란 공간을 통해 국민으로서의 자신의 자리를 차지했던 것은 아닐까? 그러나 '가정'과 '모성애'로 포섭되지 않는 신여성에 대한 비판은 거셌다. 여성성에 대한 모성담론은 스파이 담론과 함께 움직이면서, 가정으로 포섭되지 않는 여성들을 '스파이'로 몰고 타자화시킨다.[91] 그런 점에서 결혼이란 단순히 남편과의 결혼을 통한 가정 안으로의 포섭이 아니라, 사회적 가치와의 결혼을 통해 국가 안으로의 포섭과정이었다. 여성들의 전향, 그것이 감정교육의 형태로 교묘하게 일어난 공간이 추상화된 모성적 여성, 총후

---

91) 이종모, 「전쟁과 미인계」, 『여성』 2권 10호, 1937년 10월, 50~53쪽, "대체로 남자라야만 적임인 듯 하지마는 실상은 일빈일소로 철석같은 장부의 가슴도 노킬 수 있는 교태를 부리는 연약한 여자로서도 놀랠만한 활동을 한 실례가 적지 않다. 그것은 기왕에만 있은 일은 아니고 현재에도 각국 간에 여자밀정의 활약이 계속되고 있음을 드를 수 있다."

부인으로서의 여성이 사는 제국주의가 재현하려고 했던 가정이 아니었을까?

5. '진보'라는 감각의 리모델링

  일본제국주의의 총동원체제, 특히 1940년 이후 대정익찬회의 신체제론에 발맞춘 조선총독부에서 실행된 신체제란 여성의 공간으로 추상화된 '가정' 혹은 일상의 미세한 부분을 리모델링함으로써 일상에 대한 새로운 감각을 직조하는 것이었다. 이는 공사영역의 분류를 통해 '가정'이라는 영역을 여성이 남성과 평등하게 보편에 참여하는 공간으로 추상화시킴으로써, 여성성을 고도로 추상화시킨다. 이는 근대계몽기 서구적 근대가 '문명이자 진보'로서 추구되었던 감각과 상통한다. 서구적 근대에 대한 열망이 동아시아의 근대에서 극복되지 못한 채 '매혹'의 대상으로 굳건했던 것처럼, 제국주의의 제2신민이 될 수 있다는 희망은 조선의 동아협동체론자에게도, 신여성들에게도 자발적 식민화의 동력이 되었다.

  실제로 당시 지도층이었던 여성들은 스스로 여성들을 계몽하는 주체로 발언하기 시작한다. 몇몇 남성 필자들이 담당하던 총후부인으로서의 임무를 이제 별로 이름이 없던 여성들이 스스로 발언하고 참여를 촉구했다.92) 그 뒤에는 내지 여성들의 총후부인으로서의 활약과 나치 여성들의 자발적 참여93)가 전제되어 있었다.

---

92) 송금선, 「총후교훈-7 : 부녀여 가정을 지키자」, 『여성』 4권 11호, 1939년 11월, 24쪽. "우리 부녀의 손으로 다 제 가족에게 안전을 보증할 수 있도록 그리고 인근 도덕에까지 그것이 밑었으면 하는 것이다."
93) 「나치스 부인 10계」, 『여성』 4권 2호, 1940년 2월, 64쪽. "1. 여섯 살부터 나치스 당원이 될 것/ 2. 스포츠를 할 것/ 3. 일년간의 의무노동을 할 것/ 4. 요리는

278

출정군인의 모로서 부인으로서 영양으로서 가정의 경영에 임무가 내(內)에 중대하여졌다. 그들의 동료 가정의 옹호라던가 국민적 인일로써 그들은 외로 진출하여 가두에로 범람하였다.⋯⋯자본주의적 데모크라씨이에 완전한 세련을 받지 못한 일본 여성들이 이 지나 사변이란 광고(曠古)의 국가적 처사에서 여성적 가두활동을 할 기회를 얻었고"

"('가정을 수호하라'와 같은 표어를 예로 들면서) 전지의 국외전선에 용감히 활동할 국가 경영의 전위 여성으로 절대 필요로 하고 있지 안은가. 전지의 군인과 억개를 나란이 하고 힘차게 명랑하게 진출할 여남이 참말 필요하게 되고 또 감격할 이런 여성이 무수 배출하지 않았는가. 이렇다고 물론 그들은 가정을 떠난 것이 아니다. 이런 때일수록 여성의 총후가정수호가 큰 임무이다.⋯⋯(독일, 이태리 등 전쟁기 여성의 활동을 예로 들면서) 여성의 지위의 향상이라고는 볼 수 있다. 이러한 시련과 계기에서 금후 오려는 여성의 지위는 확실히 인간 여성의 압박을 떨처버리는 개가와 함께 참된 남녀평등의 자리가 아닐가도 생각 키웠다.⋯⋯'좀더!'라는 희망과 아울러 '보수에서 진보에!', '가정에서 가두에!', '도피에서 투쟁으로!' 등 이러한 희망이 다 나도 남성이지만은 남성과 싸워도 좋고 사회와 싸울 기회에 용감히 싸워달라는 격분이다. 그리하여 '노리개의 여성'에서 인간여성에의 환원을 비상히 애원하는 바이다."[94]

물론 이 자발적 참여 뒤엔 삶을 꾸려가기 어렵다는 불평과 불만도 놓여 있었다. 그러나 그럼에도 불구하고 근대에 매혹된 감각을 가진

한회 한 대접으로 할 것/ 5. 땐스(춤)는 아리안계의 춤에 한할 것. 혹인, 유태인의 춤인 폭스트롤이나 란벤웩은 추지 말 일/ 6. 화장하지 말 것. 화장은 야만인의 풍습이다/ 7. 담배먹지 말 것. 담배는 외국산이기 때문에/ 8. 버터어, 우유, 지방은 사용치 말 것/ 9. 폐물은 버리지 말 것. 원료 부족의 우리나라에 요긴한 자원이 되므로써다/ 10. 외국의 방송을 듯지 말 것.

여성들의 발언은 이어진다. 왜냐면 여성들에게 일본제국주의에 봉사하는 총후부인이 되는 것은 곧, 남성과 평등한 지위를 획득하고 공론장을 향해 발언하는 것을 가능하게 했기 때문이다. 물론 여기엔 균열도 있다. 그들은 양복대신 스파를 입고, 쌀값이 폭등하고, 매번 비상사태에 대비해 방공훈련을 하는 것에 대해 불만을 표시한다.[95] 그러나 중요한 것은 이것이다. 이런 불편에도 불구하고 여성들은 왜 자발적으로 일본의 신체제에 참여할 것을 요구했을까? 일제 식민통치를 억압과 저항의 모델이 아니라 '감각의 재조직'이라는 차원에서 보는 것이 중요한 이유는 바로 이 때문이다.

우리, 식민지인에게 뿌리깊은 열등감 혹은 진보에 대한 선망은 일본의 특수를 가장한 보편성에서 출구를 모색했던 동아협동체론자들의 욕망 속에서 발견된다. 또한 남성과의 평등, 혹은 근대적 감각의 매혹을 욕망했던 신여성들의 자발적 신체제 논설에서 발견된다. 물론 이것은 그 외에는 돌파구를 찾을 수 없었던 시대적 한계이기도 했다. 그러나 보다 근본적으로 특수는 보편과 공모하기 쉽기 때문이고, 특수를 주장하는 논리 속엔 늘 보편이 도사리고 잇기 때문이다. 다케우치 요시미는 일본의 '모범생 문화'는 이처럼 서양 근대를 따라하기 바빴고 그것을 주체적으로 내부화하는 작용이 없었다고 비판한다. 다케우치

---

95) 당시 총후부인의 근검절약을 강조하고 대용품 사용을 강권하는 논설 뒤엔 이런 식의 불평을 참으라는 내용이 덧붙여져 있었다. "불평이 있더라도 참읍시다. 직접으로 전장에 나가 싸우는 것과 마찬가지 마음으로 소비절약을 합시다."(이건혁, 「전시하의 가정경제」, 『여성』 3권 8호, 1938년 7월).
"어�든 인제부터 이 혼직물의 의복을 입지 않을 수 없이 된 이상 세탁하실 때와 말리실 때, 대리미질 하실 때, 기타 취급하실 때, 무명등속과는 달리 특별이 주의하셔야 합니다"라고. 또한 불편함에도 스파 혼방물을 써야 하는 이유로 솜이 전쟁에 중요한 물품이며, 독일에서는 전시에 종이로 구두를 만들어 신었다는 내용까지 덧붙인다(A기자, 「모직대용품-스테이플 파이버란 무엇인가」, 『여성』 3권 5호, 1938년 5월, 90~91쪽).

280

는 이런 일본적 특성이 사상적 빈곤을 낳고 패전 이후의 역사적 책임과 기억을 방기하는 문제로 나타난다고 파악한다.

전향은 저항을 못하는 경우에 일어나는 현상이다. 요컨대 자기 자신이고자 하는 욕구의 결여에서 일어난다. 자신을 고집하면 방향을 바꾸는 것이 불가능하다. 나의 길을 걸어가는 수밖에 없다. 그러나 걸어가는 것은 자신이 변하는 것이다. 자신을 고집하는 것으로 자신은 변한다. (변하지 않는 것은 자신이 아니다) 내가 나이기 위해서는 내가 나 이외의 것으로 되지 않으면 안 되는 시기라는 것이 반드시 있을 것이다. 그것은 옛 것이 새롭게 되는 시기이기도 하고, 반그리스도교의 사람이 그리스도 신자로 되는 시기이기도 할 것이다. 그것이 개인에게 드러난다면 회심이고 역사에서 나타난다면 혁명이다. 회심은 겉보기에는 전향과 비슷하지만 방향은 반대다. 전향이 밖을 향해 움직인다면 회심은 안을 향해 움직인다. 회심은 자신을 유지하는 것에 의해 드러나고 전향은 자신을 방기하는 데서 일어난다. 회심은 저항에 매개되고 전향은 무매개다.96)

이는 비단 일본 근대성의 문제만이 아니다. 동양은 서양의 전진에 의해 후퇴로 표시되어 왔다. 따라서 보편적 전진을 긍정할 때 결국은 주인이 되고 싶어 하는 노예 이상이 아니었다. 식민지 지식인들과 신여성들은 시대적 한계 속에서, 더 큰 보편 속에서 자신의 자리를 확보하려고 했다. 그러나 이렇게 되면 좌표 안에서만 변화할 뿐 좌표 자체의 변화를 모색할 수 없다. 중요한 것은 노예감정으로 정의할 수 있는 이런 형태의 전향을 비판하고 근대 세계의 좌표 자체의 변화를 꿈꾸는 것, '노예의 해방'이 아니라, 노예와 주인이라는 이분법을 완전히 벗어나 버리는 것이다. 왜냐면 진보에 대한 환상과 욕망은 여전히 열차

96) 다케우치 요시미 지음, 서광덕·백지운 옮김, 「근대란 무엇인가」, 『일본과 아시아』, 소명, 2004.

의 맨 앞에 타려는 지금 여기의 욕망과 다르지 않다는 의미에서 현재
적인 문제이기 때문이다.

 이때 가장 미시적인 차원에서 욕망을 조직하는 감각의 문제를 살펴
보는 것이 중요하다. 이때 감각이란 제도화만을 의미하지 않는다. 제
도 자체가 야기하는 매혹이고, 모성애처럼 추상화된 것들이 제2의 자
연처럼 현실화될 때의 문제이다. 벤야민이 말한 것처럼 자연은 두 시
대로 구분된다. "첫 번째 자연은 수백만 년에 걸쳐 천천히 진화해온
자연이며, 두 번째 자연인 우리의 자연은 산업혁명과 함께 시작되어
매일 같이 얼굴을 바꾸는 자연이다."[97] 마치 여성이 한번은 '국민'으로
한번은 '총후'로 호명되었던 것처럼. 마치 보편적 진보에 대한 욕망이
한번은 민족주의로 한번은 제국주의로 드러나는 것처럼. 그 문제는
이 추상성이 현실로 작동하게 되는 감각, 욕망을 문제 삼는 것이다.
1930년대 후반 『여성』이라는 잡지는 이 복합적인 감각의 리모델링 과
정들을 드러내고 있다.

---

97) 수잔 벅 모스 지음, 김정아 옮김, 『발터 벤야민과 아케이드 프로젝트』, 문학동
   네, 2004, 99쪽.

식민지 말기 일본어 보급 정책

카와사키 아키라(川崎陽)*

1. 머리말

식민지기의 조선에서 일본어는 '국어'로서의 위치를 부여받았다. 식민지 지배하에서 학교교육의 확충은 말 그대로 일본어 교육의 확충의 역사이기도 했다. 1930년대 후반 일본에 의한 중국대륙 침략을 배경으로 조선에서는 '황민화' 정책이 전개되면서, 학교교육으로서의 일본어 교육이 질·양 모두 강화되는 것과 동시에, 학교 이외의 장소에서 아동 이외의 대상에게 일본어를 가르치는 것도 주목하게 되었다.

본고에서는 당시의 신문·잡지를 통하여, 식민지 조선에서 어떻게 일본어가 보급되었는지, 또 어떠한 일본어 습득이 요구되었는지를 살펴보려고 한다.1)

그런데 현재도 일본에서는 일반적으로 '국어'는 '일본어'와 구별하지 않고 사용하는 경향이 있다. 국가의 언어, 국민의 말로서의 '국어' 이데올로기는 일본 내에서 언어를 강하게 규범화·획일화하여, 방언을

---

* 京都大 박사과정, 동양사.
1) 이 주제에 대해서는, 井上薫, 「日本統治下末期の朝鮮における日本語普及·強制政策」, 『北海道大學教育學部紀要』 73, 1997 및 「日帝末期朝鮮における日本語普及·强制の構造」, 『釧路短期大學紀要』 28, 2001이 자세하다. 필자도 이 주제를 일본어로 「戰時下朝鮮の日本語普及政策」, 『史林』 89-4, 2006. 7에 발표했다.

284

'잘못된 것', '뒤틀린 것'으로 몰아버렸다. 이러한 '국어'는 일본의 지배를 받는 대만·조선에도 그대로 적용되었다. 본고에서 다루는 1930년 대는 일본도, 식민지가 아닌 지역에도 일본군과 함께 일본어가 '진출' 했던 시기이며, '국어'란 무엇인가를 교육 관계자·언어학자·식민지 관료들이 되묻는 시대이기도 했다. 그들 사이에서는 단순하게 언어로 서의 일본어 능력을 묻는 입장과 '국가'·'국민'을 책임지는 언어로서의 일본어의 정신적인 측면을 강조하는 입장이 대립하고 있었다. 본 고에서는 양자를 구별하기 위해, 전자를 '일본어', 후자를 '국어'라고 표기한다.[2]

2. '황민화'와 '국어'

1) 제3차 조선교육령과 일본어 상용의 강조

조선에서 일본어 교육은 개항기까지 거슬러 올라가지만, 식민지가 된 이후에는 일본어가 '국어'라고 여겨져 학교교육에서는 가장 중요한 과목으로서 가르쳐졌다. 곧 '국어'인 일본어를 보급하는 것이 조선인을 '국민'의 한 구성원으로 포함시키려는 시도였다고 말할 수 있다. 그런데, 미나미 지로(南次朗) 총독이 취임한 1936년 당시의 보통학교 취학률은 24.0%이며, 조선인의 일본어 보급률은 9.90%에 지나지 않았다.

중국대륙으로의 침략이 본격화됨에 따라, 한반도의 중요성은 재차 중요하게 인식되었다. '황민화' 교육의 강화라고 하는 질적 변화, 장래의 의무교육 실시를 향한 학교 수의 양적 확충에 의해서, 조선인을 '국민'으로 편성하려는 시도가 있었다. 1937년 8월에 총독부 학무국이 정

2) 일본에 있어 '국어' 이데올로기를 둘러싼 논의는 1990년대부터 주목받아, 이연숙씨나 安田敏郎씨의 연구가 있다.

리한 「(비)국민 교육에 대한 대책」에 의하면, 보통학교 확충계획을 앞당겨 1943년에는 취학률을 60%으로 끌어올리고, 이후 10년 이내에 의무교육 제도의 실시를 고려한다는 방침을 학무국이 가지고 있었음을 알 수 있다. 이러한 학교교육의 보급으로 1952년에는 '국어에 익숙한 조선인 수'는 809만 6,092명(이는 6～49세의 조선인 인구의 42%에 해당함)에 이를 것으로 예측하였으며, 1960년에는 징병적령자 24만 명 중에서 19만 3,000명(78%)이 초등학교 졸업자(1946년 초등학교 입학자에 해당한다)가 되면서부터 일본어 미해독자(未解者)가 20%이하가 될 것이라고 예측하였다. 일본어 보급은 단지 일본어 이해 능력의 문제에 머무르는 것이 아니라, 장래의 징병과 밀접한 관련을 가지고 계획된 것이다.[3)

그 이전부터 학교교육에서 일본어 교육이 강조되었다. 1938년 제3차 조선교육령에 의해 보통학교가 초등학교로 제도적으로 통합되고, 그전까지 보통학교에서 가르쳤던 조선어가 정규 과목에서 제외되었다. 중등학교 중에는 '벌금'이나 '벌찰(罰札)'을 도입하여 (일본어) '상용'을 추진한 예도 있었다. 또 총독부는 통첩에 의해서 학생·생도들이 수업시간 이외의 쉬는 시간이나 등하교시에도 일본어를 사용하는 것을 '장려'하였다. '황민화' 정책을 실시하던 시기는, 일본어 상용이 학교 안에서 학교 밖으로, 혹은 사회와 가정에까지도 강요되던 시기였다. 그러나 1941년 7월에 함경남도 학무과가 "도내 각 학교의 국어 상용 조사를 공격적으로 실시한다"라고 할 무렵에도, (일본어) 상용률은 교내에서 50～70%정도, 교외에서는 10～20%정도이었으며, 특히 사립이 철저하지 않다는 지적이 있는 것처럼 일본어 상용에 대한 저항은 강했다.[4)

---

3) 朝鮮總督府學務局, 「(秘)國民敎育ニ對スル方策」, 1937. 8(『朝鮮人志願兵制度ニ關スル件』, 日本國會図書館憲政資料室所藏, 陸海軍文書 所收).

286

총독부는 제3차 조선교육령 개정 때에, 조선인 학교에서는 "국어의 보급을 철저하게 모색하는 것이 기본방침이기 때문에, 오히려 학교에서의 조선어 교수는 이것을 폐지하는 것이 이상적으로, 중등학교 이상은 높은 수준의 조선어 교수는 신속하게 폐지하며, 장차 초등학교에서 가르치는 조선어는 학부형에게 통신을 보내는데 불편을 일으키지 않는 언문의 정도로 그치며, 향후 수년 내에 조선어 교수를 폐지할 의향"을 가지고 있었다. "현재 공립보통학교의 교원 수는 1만 3,000명 내외로, 내지인 1, 조선인 2의 비율이지만, 장래 그 비율은 적어도 1대 1 정도로 할 의향이며, 이미 쇼와 12년부터 사범학교 학생을 모집할 때 내지인의 수를 증가하였고, 더 나아가 이제부터는 내지의 현직 교원을 매년 200명 정도 초빙하려고 한다"5)는 것처럼, 일본인의 교원 비율을 증가시키려고 하였다. 이것은 일본어를 모국어로 하는 교원에 의한 일본어 지도라고 하는 성격도 있었다고 생각된다. (이에 대해) 모리타 고로(森田梧郎, 총독부 학무국 편수관)는 1942년에 다음과 같이 말하였다. "조선어를 전혀 모르는 내지인이 처음 입학한 조선인을 일년 동안 가르친다는 것은 기이한 것이 아닙니다. 기이한 것이 아닐 뿐만 아니라, 나는 오히려 그 쪽을 권장하고 있습니다.", "내지인의 국어와 조선인의 국어에는 너무나 당연한 일이지만, 정확함이나 아름다움에 격차가 있습니다. 처음부터 정확하고 아름다운 국어로 귀를 훈련하는 것이 국어교육에서 가장 중요합니다."6) 경상남도 동래읍에 사는 어떤 학부형은 1940년 7월, 다음과 같이 신문에 투서하였다.

4) 「國語の常用調査」, 『大阪每日新聞朝鮮版』 1941年 8月 1日付.
5) 「(秘)朝鮮敎育令改正ニ關スル樞密院ニ於ケル說明資料」, 1938. 2(『本邦ニ於ケル敎育制度並狀況關係 朝鮮敎育令改正參考資料』, 日本外務省外交資料館藏, 茗荷谷硏修所旧藏記錄 I 35 所收).
6) 森田梧郎, 『國語の敎へ方』(協和叢書 第16輯), 中央協和會, 1943. 8, 15쪽.

보통학교 1학년으로 갓 입학한 아동에게 조선어를 할 줄 모르는 내지인 선생님을 담임시켜, 선생님이 아동의 이름을 불러도 아동은 무슨 말인지 몰라 선생님의 입만 바라 보고 있으니, 가르치는 선생님도 배우는 아동도 서로가 괴로워하는 모습은 정말로 보고 있을 수 없을 정도다. 특히 상·하급생을 불문하고, 교내는 물론이거니와, 교외에서 조선어를 사용하다가 동급생에게 발각되어 담임 선생님에게 보고되면, 그 아동은 엄중하게 처벌된다고 한다. 이렇게 무리하게 가르치지 않는 더 자연스러운 교수 방법은 없는 것일까?[7]

조선어를 이해하지 못하는 일본인 교사가 일본어를 이해하지 못하는 조선인 신입아동을 가르치도록 하는 '직접법'은 조선인 아동에게, 또 일본인 교사에게 부담을 주어 일본어를 '체득'하는 효과가 높다고 하여 추천되었던 것이다.[8]

2) 사회 교육으로서의 일본어 보급

그런데 학교는 아직도 조선에서 충분히 보급되지 못한 교육기관이었다. 특히 초등학교의 보급이 더딘 농촌지역에서는 농촌진흥운동이라는 명목으로 '야학회', '학술강습회'가 열리고 있었다. 일본어는 야학회에서 가르치려는 과목의 하나였지만, 전국적으로 모두 가르치고 있었던 것은 아니었다. 1938년, 학무국은 장래 모든 조선인에게 일본어를 보급시켜 '국어를 완전히 이해한다'는 구상을 세워, 농촌을 중심으로 조선 전 국토에 우선 3년간 1,000개소의 '간이 국어강습회'를 열어,

---

7) 「半島の聲國語問題是非(3)」, 『朝日新聞朝鮮版』 1940年 7月 11日付.
8) 1939년 6월에 조선인을 수용한 초등학교 일학년 학급은 3,822개가 있었는데, 그 중 내지인 교사가 담임이었던 경우는 전체의 12%, 475학급이었다(森田梧郞, 앞의 책, 15쪽).

30만 명에게 일본어를 보급한다는 운동을 시작했다. 학무국은 교과서인 『국어독본』을 편찬해 강습회에 무료로 배포했다. 따라서 1938년은 조선 전 국토에 걸쳐 사회교육기관을 통한 일본어 보급이 실시된 해로서 일획을 그었다고 할 수 있을 것이다. 이러한 강습회의 대부분은 초등학교(1940년부터 국민학교라고 함) 교실을 이용하였으며, 초등학교의 훈도 등이 지도를 담당하였다. 1938~40년의 '간이 국어강습회'가 종료된 이후, 학무국은 1941년에는 청년단을 단위로 일본어 강습을 실시하였고, 42년 이후는 초등학교 부설의 일본어 강습회를 계획하였다. 1941년에 총독부가 작성했다고 보이는 「국어 강습소 설치에 관한 자료」[9]에 의하면, 국민학교 부설 강습회의 운영 비용으로 전임 촉탁 월급 70엔, 수급비 월액 30엔 등 연액 1,448엔으로 계산하여, 국민학교 약 3,000교에 부설하는 것을 기준으로 전액 국고에서 보조한다고 하였다. "일단 이 계획에 의거하여 일관되게 국어 강습을 하도록 계획했다."라고 밝히고 있어, 국민학교 부속의 강습회를 통해 일본어 보급을 계획하고 있던 것으로 보인다. 초등학교는 아동·학생뿐만 아니라 지역에 대한 일본어 보급의 거점이 되었던 것이다.

함경북도 나남 혼마치 소학교(羅南本町小學校)는 '가정은 국어교육의 못자리(苗床)'이라는 슬로건 아래 1940년부터 '국어의 집(國語の家)' 제도를 실시하였다. 이 제도는 가정으로 일본어를 보급한다는 점에서 주목되었다.[10] (이 제도는) 아동 가족의 일본어 이해도를 조사해, 미해독자에게는 학교가 주최하는 강습회에 입학해야만 하는 의무를 부여하는 운동으로, 노인을 제외한 가족 전원이 일본어 이해자가

---

9) 「國語講習所設置に關する資料」, 國會図書館憲政資料室, 大野綠一郎文書 1412.
10) 江原繁, 「朝鮮に於ける國語敎育と"國語の家"設定に就いて」, 『文敎の朝鮮』 186, 1941. 2.

되면 '국어의 집'으로 인정하는 것이었다. 운동을 추진한 훈도(訓導)인 에하라 시게루(江原繁)는 소학교는 "학교교육이라고 하는 좁은 시각에서 탈피하여 사회교육이라고 하는 넓은 시각"에서 지역의 교화를 담당해야 한다고 말하면서, 교원에게 "교육자임과 동시에 통치자의 일원"으로서의 자각을 요구하였다.11) 초등학교 교사는 지역 교화의 책임자로서 이후의 '국어강습회'나 '특별청년연성소'에서도 일본어 보급의 최선봉에 서게 되었다.

　이외에도 사상보유연맹(후에 다이와학원)이나 청년단 등이 '민간'의 위치에서 일본어 보급을 추진했다. 1938년에 결성된 국민정신총동원 조선연맹(1940년 10월, 국민총력조선연맹으로 개편됨)은 '국어생활의 여행(國語生活ノ勵行)', '국어의 보급(國語ノ普及)'이라는 슬로건을 내걸었지만, 연맹 자체의 활동이 아직 조직화되어 있지 않은 단계였기 때문에 슬로건에만 머무르고 있었다. 애국 반장조차 일본어를 이해하지 못하는 상황이었다. 1940년도 조선연맹의 예산에 '국어보급 공로자 표창비' 2,500엔이 처음 편성되어 도시지역에서 반상회·애국반을 통한 강습회 개최가 '권장'되었다. 그러나 일본어를 현장에서 보급하는 데 연맹이 적극적인 관여를 보이는 것은 1941년 1월에 평양부 연맹이 애국반을 통해서 '국어보급'의 요강을 통지해 '강습회'를 개최한다는 방침을 나타낸 사례,12) 1941년 8월에 경성부 연맹이 국어강습회 개최에 대한 요강을 만드는 정도였다. 조선연맹이 전국적으로 일본어 보급운동에 등장한 것은 1942년 5월의 '국어보급운동요강'에 이르러서

---

11) 학교에 다니는 아동 가족 1,239호 7,879명 중 일본어 미해독자는 3,773명, 그 중 모친(1,004명)의 일본어 해독불능이 높고, 부친도 342명이 미해독자였다. 일본어 이해율은 남자 66.59%, 여자 36.43%, 합계 52.05%였다. 136채의 '국어의 집'은 '모범 가정'으로서 표창하고, '설정식'을 개최해 지역에 주지시켰으며, 또 휘장을 주어 집 문에 내걸게 했다(江原繁, 위의 논문).

12) 『大阪每日新聞朝鮮版』 1941年 1月 26日付.

였다.

3. '황민화'와 조선인의 말

언어는 의지를 전달해 감정을 표현하는 수단이다. 식민지하의 조선
에서 조선인들은 일본인과의 상거래나 고용 관계를 원활히 진행하기
위해서, 또 일본어를 통해야만 가능한 일본이나 여러 나라에 대한 지
식, '문명'을 흡수하기 위해서 일본어를 배웠다. 식민지 상황 속에서
지배 민족인 일본인의 언어를 배우지 않으면 불리하다고 말하는 경우
도 있었지만, 조선인은 일어를 수단으로서 '선택'해서 '배운다'는 것
이 가능했다. 일본어 습득이 반드시 조선 민족을 부정하는 것은 아니
었다. 조선인이 일본어를 이용해 획득한 지식이나 재산은 '민족'의 테
두리를 유지하면서도, (조선의) '근대화'를 이룩할 수 있는 것이었다.
 한편, 어느 특정의 언어가 규범화되어 '근대국가'의 언어인 '국어'로
서 자리매김될 경우, '국가'를 구성하는 '국민'은 '국어'를 배우지 않으
면 안 된다. 일본의 식민지인 조선에서 '국어'로서 '국가'나 '국민 정신'
을 지탱하는 일본어의 역할은 지배 민족인 일본인으로부터 강하게 요
구되었다. 조선인은 선택의 여지없이 일본어를 '국어'로서 배워야만
하였다. 이때 '조선 민족의 말'로서의 조선어는 비'국어'로서의 열악한
지위에 놓이게 되고, 동시에 민족을 단결시키는 조선어의 지위는 반
(反)'국어'적인 것으로서 부정되었다. 1930년대 후반 이후의 '황민화'기
에는 후자인 '황국신민'으로서의 '정신적'인 '국어'가 강조되면서, 후자
의 '국어'와 전자의 실용적(기능적)인 '일본어'의 마찰은 더욱 격렬해졌
다.
 1939년 문부성 및 식민지·점령지의 담당자가 출석한 가운데 열린

'국어대책협의회'에서 '일본어의 해외 진출'을 논의하였는데, 이때 식민지 조선의 대표로 출석했던 사람은 총독부 학무국 편수관 모리타 고로(森田梧郎)였다.

　모리타는 "조선인은 말할 필요도 없이 일본인입니다. 그러니까 조선인에게 국어를 가르치는 것은, 중국인이 상업활동에 필요한 국어를 알고 있는 것과 같은 수준이어서는 안 됩니다.……그렇게 말하는 방편으로 (국어를) 머무르도록 해서는 안 된다는 것은 말할 것도 없습니다"[13]라고 말해 당시의 '국어개혁'에 대해서 비판적인 의견을 말하는 등 국체론적인 주장을 하기도 하였다. 그러나 모리타도 조선인이 일본어와 다른 "조선어라고 하는 모국어를 가지고 있다"[14]라는 것을 알고 있었다. 조선인에게 일본어 교육을 실시하기 위해서는 우선 조선어를 어학으로서 아는 것이 필요하며, 사범학교에서 조선어를 가르쳐야 할 필요성도 주장하였다.[15] 모리타는 미해독자에 대한 '일본어' 보급과 학교교육에서의 '국어' 보급을 의식적으로 구별하고 있었다. 학교교육이 조선인을 '국민'으로 통합하는 수단으로 생각하여, (학교) 생활을 통해 철저하게 일본어에 길들여지도록 요구하였다. 조선 인구의 80%를 차지하는 농민이나 노동자 등 '국어 미해독자'에 대해서는 표음식 가나로 표기된 교본을 사용하여 국어 교육을 추진하였는데, 이는 "어쨌든 민첩하게 국어를 이해시키는 이른바 속성법"[16]이라고 평가되었다. 모리타는 총독부의 일본어 교본 편찬에서 중심적인 역할을 하였는데, 그는 '화청본위(話聽本位)'의 교본 편찬에 주력하였다.

　여기서 1940년 여름, 일본에서 발행되었던 『아사히 신문』의 조선판

---

13) 森田梧郎, 앞의 책, 28쪽.
14) 森田梧郎, 위의 책, 41쪽.
15) 森田梧郎, 위의 책, 59쪽.
16) 「敎本の仮名遣い統一／國語常用運動に拍車」, 『京城日報』1942年 6月 25日付 夕刊 2面.

투서란에서 있었던 일본인과 조선인 사이의 논쟁을 살펴보도록 하자. 조선에서 판매되었던 『아사히 신문(朝日新聞)』(1940년 9월 이후에는 『오사카 아사히 신문(大阪朝日新聞)』으로 표제가 변경됨)은 오구라(小倉)에서 인쇄되었다. 『아사히 신문』의 조선 전용 지방판은 1940년 당시 『북선판(北鮮版)』, 『서선판(西鮮版)』, 『중선판(中鮮版)』, 『남선판(南鮮版)』(2판) 등 5판이 있었고, 1940년 9월 당시 약 10만 부가 판매되고 있었다.[17] 「반도의 소리」는 지방판의 투서란으로, 비정기적으로 1통 내지 몇 통의 투서를 게재했다.

일본인과 조선인 사이에서의 '국어문제 시비'를 둘러싼 논쟁은 1940년 6월에 평양부 밖에 사는 '내지재적자(內地在籍者, 필명)'부터 시작되었다. '내지재적자'는 조선인 '인텔리'층이 가정에서 '국어'를 상용하지 않는 상황, 또 사용하는 '국어'의 용법이 부정확하여 "국어가 단지 생활의 수단이라고만 생각되어지고 있는 것이 아닐까"라고 한탄하였다.

1억 동포가 동일하게 일본인이라면, 국어를 존중해, 생활의 방편으로서의 국어가 아닌 일본인으로서의 국어가 되도록 해야 한다. '현재의 내선일체는 내지인의 것이다'라는 잘못된 생각은 버리고, 진실로 허심탄회하게 생각해보면 이 문제도 저절로 충실하게 될 것이다. 오늘 내지인 측에서도 '내지재적자' 등과 같은 새로운 용어를 사용해야 할 정도로 (국어를) 멀리하는 시대이다. 반도재적자(半島在籍者) 여러분, 국어는 생활어이며 조선어는 가정어라는 차별적인 취급을 그만두고, 진정한 내선일체를 실행해 주셨으면 합니다.[18]

---

17) 大阪本社販賣百年史編集委員會編, 『朝日新聞販賣百年史(大阪篇)』, 朝日新聞大阪本社, 1979.
18) 「國語の不徹底」, 『大阪朝日新聞朝鮮版』 1940年 6月 18日付, 「半島の聲」欄.

이에 대해 청진에 사는 안○용이 "인식이 너무나 성급하고 피상적임을 유감으로 생각한다"라고 하며, "조선인의 국어 상용은 장려해야 할 일이지만 결코 강제해야 할 성질의 것은 아니다"라고 반론을 제시하였다.

국어를 사용해야 하는 학생이 일상 국어를 사용하지 않는다고, 그렇게 비난할 하등의 이유는 없다. 국어보다 조선어가 익숙하여 사용하기 쉽기 때문이다. 국어를 사용하지 않기 때문에 황국신민 의식이 없는 것처럼 생각하는 것은, 그 자체가 너무 협소한 것이다. 조선어는 조선어로서의 존재 이유가 충분히 있는 것이며, 나는 오히려 조선어에 의해 문화가 한층 더 고양되어지기를 바라는 것이다.[19]

안○용도 조선어 문화의 발전이 "소아병(小兒病)적인 민족의식에 구애받아, 건국의 정수에 배치되는 것과 같은 경우는 단호하게 제한해야 한다"고 말하고 있지만, 한편으로 "조선인에 대한 대다수 내지인의 인식이 얼마나 독선적이고, 무반성적인가"에 대해서 일본인의 '반성'을 촉구하였다. "자기 자신은 은혜를 베풀었다고 하는 천박한 사고 이면에 값싼 우월감이 존재한다는 것을 부정할 수 없을 것이다. 강요된 은혜가 고맙지 않은 것은 당연하다." 안○용은 더 나아가 "폴란드의 통치에 러시아어의 철저한 강제에 의한 제정 러시아의 동화정책"을 환기시키고 있다.[20]

이 2명을 포함해 7월 중순까지 모두 10회, 13명의 투고자가 일본어 보급 문제, 나아가서는 '황민화'의 문제를 논하였다. 조선인 투고자는

19) 「國語問題に就て」, 『大阪朝日新聞朝鮮版』 1940年 6月 25日付, 「半島の聲」欄.
20) 「國語問題に就て」, 『大阪朝日新聞朝鮮版』 1940年 6月 25日付, 「半島の聲」欄.

294

'내선일체'의 슬로건 아래서도 계속되는 일본인의 편견의 눈빛을 비판
하면서, '국어'의 능력과 '황국신민'이 되는 것은 별도이며, 그것을 고집
하는 일본인은 '너그럽지 못하다'라고 비판하였다. 경성부 학생인 민
내채(閔內彩)는 조선인이 '황민화'에 노력하고 있음을 주장하면서, 일
본어 사용은 '형식적'인 일이며, "내지인은 너무 작은 것을 가지고 좀
스럽게 굴지 말고, 더 큰 데에 주목해 일본인과 조선인이 서로 제휴하
여 동양의 영원한 평화 확립에 매진해야 할 것"이라고 말하였다.21) 일
본어를 독해할 수 있는 조선인들 중에서만 신문사에 투고했다는 제약
된 조건이 있었지만, 조선인들 사이에는 일본어는 어디까지나 실리적
인 언어라는 의식이 강하였다. 이에 대해서 "조선에 거주한 일본인(在
朝日本人)이 최근 조선어에 의한 예술 문화의 보존 및 드높이자는 요
구를 하는데, (이는) 비상식적이며 말도 되지 않는다"라고 말한 '평양
의 다카야마 세이(高山生)'22)는 "교육자와 같이 느긋하게 조선어 자연
소멸을 기다리는 소극책은 단호하게 반대한다. 즉시 조선어 철폐를
요구한다"라고 하였다. '다카야마 세이'는 '즉시 철폐'의 구체적 방안은
아무 것도 제시하지 않았지만, 조선어 문화의 보존을 요구하는 조선인
을 "이조시대로부터 한 걸음도 나아가지 못하고 있다"라고 비판하면
서, "분별이 있는 조선인 여러분, 반박하기 전에 반성해 주세요. 조선
이 편안한 것은 목숨을 건 동포의 피와 땀의 결과이다"라고 하였다.
이러한 주장을 한 '다카야마 세이'는 '근대'를 지향하는 조선에 (일본
이) 발전과 번영을 가져왔다고 말하는 재조일본인(在朝日本人)의 한
유형을 극단적으로 보여주고 있는 인물일지도 모른다. 최초의 투고자
가 '내지 재적자'라는 필명을 가진 사람이라는 점에서 볼 수 있듯이,

21) 「國語の不徹底に抗議」, 『大阪朝日新聞朝鮮版』 1940年 6月 28日付, 「半島の
聲」欄.
22) 「朝鮮語と時局」, 『大阪朝日新聞朝鮮版』 1940年 7月 10日付, 「半島の聲」欄.

재조일본인에게는 이 시기 총독부의 '황민화' 정책조차도 '조선인에 대해서 융화적·타협적이다'라고 생각하는 견해가 일반적이었다. 조선총독부조차 '조선어 폐지'라고 하는 표현이 공식 방침으로 받아들여지는 것을 적극적으로 부정하였다.

또 쟁점이 된 문제는 가정에서의 언어 상황이다. 일본인으로 보여지는 경성부의 '배산세이(拜山生)'는 "아무리 아이가 학교에서 국어를 배워도, 가정의 부모나 노인들이 '우리들은 조선인이다, 일본어를 쓰는 것은 바보!'라고 하는 의식이 계속 남아 있는 한 학교의 국어교육은 소용없다"는 주장을 하면서, 조선인 가정에 일본어의 침투를 강력하게 요구하였다. 이는 조선 통치상의 문제인 '내선차별'은 조선인에게 원인이 있으며, 조선인의 '자각'에 의해서 '차별'을 제거할 수 있다고 하는 재조일본인의 의식이 강하게 반영된 것이다. 일본인과 조선인 사이의 메우기 어려운 불신감은 총독부의 '내선일체'라는 슬로건에도 불구하고 근절하기 어려운 것이었기 때문에, 조선어로 말하는 것과 조선인의 '황민화' 정도를 둘러싼 문제에 영향을 미치고 있었다. 이 불신감은 조선인을 일본병사로서 징병할 즈음에 보다 뚜렷한 형태의 대립을 낳았다.

4. 아시아·태평양전쟁하의 일본어 보급운동

1) 국어보급운동요강

1941년 12월 8일, 일본군의 말레이 반도 상륙과 진주만 공격으로 일본제국의 전쟁은 아시아·태평양전쟁으로 확대되었다. '새로운 시국 전개'를 맞이해 학무국은 혼다(本多) 학무과장(學務課長), 다카하시(高橋) 교학관(敎學官), 이치무라(市村) 시학관(視學官)을 파견해 조

선 각도를 순찰하고 지방교육 담당자와 간담회를 열도록 하였다. 이
때 총력연맹의 조직을 활용한 일본어 보급의 필요성이 논의되었다.
조선 전역에 걸쳐 일본어 보급운동의 활성화가 요청되었다.

결론을 미리 말하자면, 1942년 5월 6일 국민총력조선연맹 지도위원
회는 '국어보급운동요강(國語普及運動要綱)'을 결정하였다. 1944년부
터 조선인 징병 실시가 결정된 것은 이보다 2일 후, 즉 5월 8일이었다.
총독부 관료 중에는 사전에 징병제 실시 결정을 몰라 놀라워하면서
맞은 사람이 많다고 하지만, 미나미 지로 총독 등 최상층 멤버는 징병
실시를 이미 알고 있었다고 생각된다.

1942년 4월 14일 정례국장회의에서 미나미 총독은 "국어는 국민의
사상 정신과 절대 분리될 수 없다. 국어가 없는 일본문화는 없다. 반
도인의 진정한 황국신민화는 반도 민중 모두에게 국어를 이해시키고,
국어를 상용하도록 하는 것이다. 국어보급이 내선일치의 절대적 요건
이다"라고 훈시했다.[23] 4월 20일부터 23일까지 열린 도지사 회의에서
도, 총독 스스로가 일본어를 보급하기에 좋은 도(道)와 어려운 도(道)
를 분류한 뒤, 지방행정기관에 일본어 보급운동에 대한 대책을 요구하
였다. 임지로 돌아간 도지사들은 부윤(府尹)·군수회의를 개최하여,
일본어 보급에 대한 구체적인 방법을 부윤·군수에게 자문을 구한 뒤,
제출된 답신을 정리하여 총독부에 보고서를 제출하였다.[24] 이리하여
총력연맹 조직을 이용해서 조선 전 국토에 걸친 일본어 보급운동이
시작되었다. 미나미 총독은 5월 4일의 경찰국장회의에서도 "내선일체

---

23) 朝鮮軍事普及協會編, 『朝鮮徵兵準備讀本』, 1942, 97쪽.
24) 일본 국회도서관 헌정자료실에 보관되고 있는 오노 고쿠이치로 문서에는, 함
경북도에서의 자문 답신서가 남아 있다. 또 한국 국가기록원에는 모든 도의
자문 답신서가 소장되어 있는데, 구마타니 아키야스(熊谷明泰)씨가 이를 자
료로 편찬하였다(熊谷明泰, 『朝鮮總督府の「國語」政策資料』, 關西大學出版
部, 2004).

의 지름길은 국어의 보급에 있다"라고 훈시하였다. 이와 같이 4월부터 5월에 걸쳐, 미나미 지로 총독에 의해 일본어 보급운동은 그 기반을 갖추게 되었다.

1942년 5월 6일에 결정된 '국어보급운동요강'은 생활에서의 '국민의식을 구현'하기 위한 것으로, 조선 민중이 모두 '국어'를 이해하여(全解), 생활 속에서 항상 '국어'로 이야기하도록 하자는(常用) 취지를 내걸었다. 이 요강에는 우선 '국어 상용에 대한 정신적 지도'로서 아래와 같은 3가지 방침이 제시되었다.

① 황국신민으로서 국어를 이해하는 긍지를 감득(感得)시키는 것
② 일본 정신의 체득 위에, 국어 상용이 절대 필요한 이유를 이해시키는 것
③ 대동아공영권의 핵심인 황국신민으로서 국어의 습득 상용이 필수의 자격 요건임을 자각시키는 것

'국어' 이해가 '국민'의 조건이라는 종래의 논리에 '대동아공영권의 핵심 민족'으로서의 조선인의 '자각'이 새롭게 요구되고 있다. 여기에 이용된 것이 '남양 토인(南洋土人)'의 이미지였다. 1942년 4월 도지사 회의 뒤, 충청남도의 마쓰무라(松村) 지사는 다음과 같이 말하였다. "충남(출신)의 반도인 노무자가 남양에 나갔을 때, 토인이 일본어로 말을 건넸지만 대답을 하지 못하여, 일본 국적을 의심받았다. 이것은 대동아공영권 지도자의 자격을 상실하는 결과가 될 것이다."[25] 이 에피소드는 일본어 보급운동이 전개되는 동안 "남양 토인도 국어를 한다"는 표어로 되어 반복적으로 언급되었다. "우리는 '남양 토인'과 동급이 아니다"라는 조선인의 감정을 자극하면서, '대동아공영권'에 대해

---

25) 『京城日報』 1942年 4月 23日付 夕刊.

조선인이 '핵심 민족'으로서 '지도적 지위'를 차지하는 것을 담보로 제
국의 전쟁에 적극적인 협력을 이끌어 내려고 한 것임을 알 수 있다.
조선 내 비조선인(화교나 '터키 타타르인')이나, 일본의 점령지인 화북
이나 프랑스령 인도차이나에서도 현지인들이 일본어를 열심히 습득하
고 있다는 신문 기사를 이 시기에 볼 수 있는데, 이는 조선인이 '핵심
민족'으로서 일익을 담당하도록 함으로써 일본 제국의 위신을 드러나
도록 하기 위한 것이며, 동시에 조선인의 '자발성'을 끌어내기 위한 것
이었을 것이다.

　'국어보급운동요강'은 '국어를 이해하는 사람에 대한 대책'으로서,
관공서·학교에서의 상용, 회사·공장·각종 단체에서의 상용 장려를
규정하고, "국어를 이해하는 사람은 반드시 국어를 사용하는 것은 물
론, 모든 기회에 국어를 이해하지 못하는 사람을 교도(敎導)하는데 노
력해야 할 것"을 요구하였다. 특히 관공서 직원은 일본어를 상용해야
한다고 규정되었다. 1942년 5월 평양 부청에서는 직원의 국어 상용 성
적이나 조선어 사용 빈도수를 기입한 '국어독려명부'를 각 과마다 배
치하였다. 부청 산업과에서는 '一般御客樣國語常用(일반 손님 국어
상용)'이라고 적힌 종이를 책상 위에 두고, 일본어 상용자를 우선적으
로 처리하도록 하였다.[26] 이러한 관공서에서의 일본어 상용은 이용자
들이 일본어를 하도록 하기 위한 압력이었다. 물론, 이러한 상용 운동
이 가능했던 것은 일본어 보급률이 높은 도시지역이었으며, 농촌 말단
의 면사무소에서는 행정문서의 일본어를 몰라 날짜나 수신인을 바꿔
보내는 경우도 있었다고 한다.[27]

---

26)「國語常用に新作戰/朝鮮語には黑星」, 『朝日新聞朝鮮版』(西鮮版) 1942年 5
　　月 27日.
27)「決戰半島の眞姿/內務省委員·總督府幹部對談會(3)」, 『京城日報』 1943年
　　6月 17日付 夕刊 1面.

'국어보급운동요강'은 '국어를 이해하지 못하는 사람에 대한 대책'으로서 각종 강습회의 개최, 라디오나 잡지의 일본어 강좌, 국어교본의 배포나 평이한 일본어 신문의 발행 등을 들고 있다. 1938년 이후의 간이 국어강습회에서 이용되었던 '국어교본'은 농촌 생활에 잘 맞는 내용이었지만, 편집을 담당한 학무국의 모리타 고로에 의하면 (국어교본은) 수준이 높아 가르치기에는 곤란했다고 말한다. 이러한 경험을 고려하여, 1942년에는 국어보급운동용 교과서가 3종류 편찬되었다. 모리타 등 학무국 관료나 교육자들이 편찬하고 9월에 조선연맹이 발행한 『コクゴ(코쿠고, 국어)』는 그 중 평이한 것으로, 400만 부가 인쇄·배포되었다.[28] 일본어 교본 표기 문제에 대해 총독부 학무과는 각 도지사에게 민간에서 이용하는 국어교본의 가나사용법은 '속성법'으로서 표음식 가나사용법으로 통일하도록 통첩하고, 능숙해질 경우 역사적 가나사용법을 가르치게 하도록 방침을 내려보냈다.[29] 당시의 '국어'인 일본어 정서법은 발음과 표기가 일치하지 않는 '역사적 가나사용법'이었지만, 현재의 일본어 표기에 가까운 '표음식 가나사용법'은 초등교육에서 편의적으로 이용되던 것이었다. '역사적 가나사용법'은 고대 이래 일본의 전통에 기반한 표기였기 때문에 정신적인 면에서 매우 중요하였다. 이 때문에 가나사용법을 둘러싼 문제는 당시 일본어 교육자·문학자들 사이에서는 중대한 문제 중의 하나였지만, 조선에서는 보급을 최우선으로 했기에 이런 선택을 했던 것이다.

각종 강습회는 총독부 학무국이 관할하는 국민학교에 부속된 것, 도 등 지방행정에서 보조하는 것, 지역이나 직장에 의한 것, '유지'에 의해 실시되는 것 등 그 형태가 몇 가지로 나누어진다. 국어강습회는 '매일 2~3시간, 3개월간'인 단기 강습이 많았으며, 교본으로는 학무국

---

28) 國民總力朝鮮連盟, 『朝鮮における國民運動』, 173쪽.
29) 『京城日報』 1942年 6月 25日付 夕刊.

편찬의 『コクゴ』 외에 국민학교 교과서나 각 도 등에서 독자적으로
편찬한 교과서 등이 이용되었다. 행정에서 주도한 경우는 국민학교를
강습회장으로 하고 교원을 강사로 하여 강습회를 설치하고 그 지역의
일본어화를 도모하였다. 이 경우 각종 단위마다 일본어 이해 상황을
조사해 명부에 의거하여 의무적으로 수강시키고, 여기에 경찰로의 호
출이나 배급 제한 등의 제재를 가하는 방식으로 출석률의 향상을 도
모하였다. 애국반·정(町)연맹 단위의 강습회는 일본어 이해자(관
리·교원·학생)들이 '유지'로서 이웃에게 일본어를 가르쳤다. 이러한
'유지'들의 활동이나 일본어 상용을 위한 창의적인 공부는 신문에서
미담으로 취급하여 각지에 개설된 강습회의 활동이나 거기에 모이는
학생들의 모습을 소개하면서 '국어 열기'라고 표현하였다. 미취학 청
년들은 2년 후의 징병제 실시를 위해 최우선적으로 보급 대상이 되었
는데, 처음에는 청년대(靑年隊)나 지역의 강습회에서 이들을 가르쳤
다. 그러나 1942년 10월에 '조선특별청년연성령'이 제정되자, '조선특별
청년연성소'에서 미취학 청년들에게 주로 일본어 교육을 중심으로 하
는 징병 준비훈련을 실시하였다. 이 때문에 '국어강습회'에서 배우는
사람들 가운데는 주로 여성들이 많았다.

'국어보급운동요강'은 '운동 요목'으로서 '국어보급 연차계획'을 내걸
었지만, 조선총독부나 국민총력조선연맹이 조선 전 국토를 대상으로
일본어 보급계획을 입안한 흔적은 없었다. 3~5년 단위로 누구를 대상
으로 일본어를 보급할 것인가에 대한 계획은 도나 일부 부의 수준에
서 검토·발표되었는데, 이것을 신문에서 크게 보도하였다. 어느 학교
나 서당을 강습회장으로 하는지, 교원을 어떻게 확보할지에 대한 구체
적인 입안·수행을 한 것은 부나 군이었다. 처음부터 의도된 것인지
아닌지는 단언할 수 없지만, 도·부·군마다 '국어 보급률'에 대한 통
계조사를 실시하였는데, 이것은 각급 행정기관끼리의 경쟁을 초래하

였다. 이런 조치가 일본어 보급에 '효과'를 준 것은 틀림없다. 물론 일
본어가 보급된 데에는 사람들에게 일본어를 기억하도록 하기 위한 관
리나 '유지'들의 '노력', 다양한 '창의적인 공부'가 있었다. 그렇지만 (관
리나 유지들의 노력, 다양한 창의적인 공부도) 쉽게 권력에 의한 강제
와 결합하고 있었다.

2)『매일신보』의 일본어 지면과 국어강습회

'국어보급운동요강'에서는 일본어 보급을 위한 각종 미디어의 활용
을 언급하고 있다. 라디오의 일본어 강좌, 신문에 평이한 일본어 지면
의 설치가 주요한 것이었다. 영화나 연극에서도 일본어화가 시도되었
다. 이외에도 민중에게 효과적인 미디어로는 종이 연극(紙芝居)이 있
었는데, 총독부 정보과에서는 '국어 종이 연극(國語紙芝居)'을 모집·
표창하였다. 올바른 발음을 전달하는 것으로서 라디오에 대한 기대는
컸지만, 조선인 가정의 라디오 보급률은 1%에도 못 미칠 만큼 낮았다.
총독부는 지역의 집회소나 직장 등 공공 장소에 라디오 등을 설치했
다. 공장과 같은 장소에서는 라디오를 사용한 일본어 강습회도 열리
고 있었다.

조선인에게 일본어를 보급하는 미디어 중에서는 신문이 큰 역할을
차지하였다. 조선에서 발행된 일본어 지방 신문에 일본어 학습란이
설치되기도 하였다. 경성일보사는 총력연맹 말단 간부 등을 대상으로
평이한 일본어로 쓰여진『황민일보』를 발행하고 있었지만, 조선인 대
상의 일본어 보급에 큰 비중을 차지했던 것은『매일신보』였다. 이하
에서는『매일신보』일본어 지면을 중심으로 살펴보겠다.

1940년『조선일보』,『동아일보』폐간 이후 이 시기에 조선어로 발행
된 신문은『매일신보』였다. 이 신문은 총독부의 어용 신문으로 간주

되었다. 그러나 이 신문은 약 50만 부가 발행된 신문으로서, 조선 민중들에게 가장 가까이 있는 조선어 미디어였다고 할 수 있다. 『매일신보』에는 「국어란」이 설치되었는데, 일본어 보급운동에 따라 「국어면(國語每新)」이 설치되었고, 1942년 7월부터는 타블로이드판의 별쇄부록으로 「국어교실」(최대의 경우, 주 3회 발행)이 등장하였다. 이 일본어 지면에는 평이한 일본어로 쓰인 시국 뉴스나, 일본어 학습을 위한 칼럼이 실렸다. 『매일신보』의 일본어 지면은, 일본어 습득을 하려는 조선인 독자들에게 일본어로 말을 거는 매체였다. 초심자 전용의 가타카나(カタカナ) 표음식 가나사용법, 국민학교 아동에게 맞춘 히라가나(ひらがな) 역사적 가나사용법, 국민학교 졸업 정도의 수준을 위한 평이한 한자가 섞인 문장 등 3종류의 문체가 지면에 혼재하는 상황은, 가나사용법을 둘러싼 문제의 복잡함을 엿볼 수 있게 한다. 전쟁상황을 포함한 뉴스나 시사 해설, 일본의 전통이나 '국체'에 관한 칼럼·연재 기사, 후방의 일상생활을 다룬 것, 그리고 때때로 총동원체제에의 협력을 호소하는 만화를 실은 이 지면은, 강습회 등에서 '살아있는 일본어'를 배우게 하는데 도움이 되었다고 생각된다. 『매일신보』「국어교실」은 1942년 9월 27일에 국어강습회에서 배우는 독자로부터 일본어 작문을 모집한다고 알리고, 원고를 모집하여 일본어 지면에 실었다.

작문의 내용은 일상생활이나 신변잡기 등 다방면에 걸쳐 있지만, 본고에서는 국어강습회의 풍경을 다룬 작문을 중심으로 살펴보겠다. 작문이 강습의 일환으로서 행해졌고, 내용에 대해 강사의 첨삭이 들어 있었고, 또 신문 게재 때문에 취사선택이 되었다는 것을 고려해야 하지만, 이 작문들에서 강습회의 모습이나 혹은 일본어 습득에 '요구되어진 모습' 등을 엿볼 수 있다.

「講習會一年ヲ迎ヘテ」金堤郡龍池洞國語講習所 大山慶順
　"私ノ村ノ講習會ハ昨年(1942년 : 필자주) 八月五日ニ始マリマシタ.
講習會ノケウシツハ　アキヤヲ　カリマシタ.……(중략)……講習ガ始
マッタ時ハ 學校ノ先生ガ 國語讀本一サツヲ 持ッテ來テ 二十日間
ヲシヘテ下サイマシタ ソノツギニハ バンニマハシテ 村ノ □山様ガ
ヲシヘテ下サイマシタ ソノツギ 十月一日カラハ二クミニワケテ 村
ノ□山先生ト 幸村先生ガ 毎バンネッシンンニ カヨッテ ソノ本ヲ
ゼンブ ヲシヘテ下サイマシタ ソノツギニハ 國民學校ノ 二年生ノ本
ヲ □山先生ガ 買ッテ 來テカラ 私タチニ ワケテ下サイマシタ.……
(후략)……"30)

이 작문에서는, 교과서조차 제대로 없는 상황에서 강습회가 시작되
었던 것을 알 수 있다. 물자의 부족에도 불구하고 교육에 정열을 쏟는
강사들의 모습은, 일본어 보급운동의 선두에 선 강사의 '이상적인 모
습'으로서 독자들에게 어필하였을 것이다.

「父のよろこび」咸南永興郡宣興面城里講習會「特殊部」金剛玉局
　"私は こうしゅうかいに かよってから もはや 半年になりますが は
じめのうちは『アイウエオ』『一二三四』を ならいましたが 其のとき
まえから かよった 女の人たちが じょうずに かく ひらがなが とて
も うらやましくて たまりませんでした.
　十二月二十九日の夜に ひさしく ならってゐた 國語 まきの三をお
へました. そのとき先生が お正月からは あらたなきぶんをもって あ
らたな四のまきに はいるつもりですが まず ひらがなの べんきょう
を はじめようと おっしゃした. ながいあひだ まちにまった ひらがな
の べんきょうができるので 私は あまりの うれしさに なんだか ゆ

30)「ミナサンノサクブン」,『每日新聞』1943年 11月 22日付 2面,「國語教室」.

めのやうな かんじがしました. それから すぐに家へかへり『ろうそく
』のしたで 叺をおるお父うさんに さう申しますと 父は うれしさに
思はず 私のそばに よってきて きもちよさそうに わらひながら いろ
いろ べんきょうに ついてのおはなしをし どこまでもがんばって 人
にまけない 國語をつかふやうにと いって くれました."31)

이 작문 중에는 '히라가나'의 공부를 시작했던 것이 쓰여 있고 작문
도 히라가나로 쓰여 있다. 여기에는 언어나 문자를 습득하는 것의 기
쁨이 그려져 있다고 생각된다. 작문에서 그려진 '이상적인 강습회'는
곤란을 초월하는 정열을 기울이는 강사와 자발적으로 일본어 습득을
목표로 하는 학생과의 따뜻한 배움의 공간이라는 이미지이다. 딸의
일본어 학습을 이해하며 격려하는 아버지도 '내선일체'를 내세우는 식
민지 당국에 있어서는 바람직한 모습일 것이다.

「私タチノヤクソク」 全北谷山郡望城面茂形里國語講習會生 國本
先童
"私タチノ コウシウカイデハ マイツキ キソクヲ キメテ ソレヲ マ
モッテイマス.
一. コクゴジョウヨウ. コクゴハ ジノトオリ オクニノ コトバデス.
デスカラ ダレデモ 國語ヲ ツカハナケレバ ナリマセン. 國語ヲ シリ
ナガラ ツカハナイヒトガ イマスガ コレハ ゼンゼン シラナイヒトヨ
リモ イケマセン. コンナイミデ 私タチ コウシウセイハ ワカルコトバ
ハ カナラズ 國語デ ハナスコトニ シマシタ. モシ ワカルコトバヲ ツ
カワナイト 三日カン ソウジヲ スルコトニ シマシタ.(후략)"32)

---

31)「ミナサンノサクブン」,『毎日新報』1943年 2月 24日付 4面,「國語毎新」.
32)「ミナサンノサクブン」,『毎日新報』1943年 2月 26日付 4面,「國語毎新」.

한 번 일본어를 배운 이상, 일본어를 사용하지 않으면 안 된다. 수료자에게 휘장을 수여해 일본어를 사용하도록 독려했던 강습회도 있었다. 작문의 행간에는, '국어'가 가지는 강제성이 때때로 명확하게 보인다.

경성 병사부장 이쿠누마(生沼) 대령은 1942년 11월 무렵, 강원도의 산 속에서 9시가 넘은 한밤중에 다음과 같은 풍경에 접했다고 어느 좌담회에서 말하였다. "복도에 가 보면, (너무 많아서) 방에서 밀려나온 아기를 업은 부인, 새근새근 잠 자는 아이를 안은 여자들이 죽 줄지어 서 있고, 젊은 선생으로부터 'おはようございます', 'こんばんは'라고 하는 간단한 말을 열심히 연습하고 있다." 그녀들의 강습회는 그 후 '기미가요(일본국가)'를 반복 연습하고, 10시가 지나서까지 계속된다. 수강자들은 한밤중에 반(半)리로부터 1리의 길을 지나 돌아간다. 그녀들의 '고생이나 곤란을 이겨내고 국어 연습을 열심히 하는 노력'에 이쿠누마는 감격하였다.[33] 그런데 이러한 강습회에 다니는 사람들 ─신문 기사에서는 이런 여성이 자주 등장한다─ 은 어떠한 심정을 가지고 있었던 것일까?

1942년의 '국어보급운동요강' 이후, 국어강습회가 다수 만들어지고 열심히 다니는 사람들이 있다고 신문은 보도했다. 이러한 '국어 열기'는 선전으로서 강조된 부분이 있을지도 모르겠지만, '강제'의 결과로만 생겨난 것은 아닐 것이다. 그러나, 일본의 식민지 지배에 대한 적극적인 협력도 아니지 않는가? 이러한 강습소는 일단은 '교육기관'이었다. 비록 그것이 일본의 식민지 당국에서 배치한 '국어'의 보급을 목적으로 한 기관이었다고 하더라도, 학생들은 '교육을 받는 것'에 대한 기대가 있었던 것은 아닐까? 중추원 참의로 경성 부의회 의원이었던 나쓰

---

33) 「徴兵實施への心構へ(中)/涙ぐまし"夜間練成"/婦人も"健兵の母"へ血の努力」, 『京城日報』 1943年 2月 27日 3面.

야마 시게루(夏山茂, 曺秉相)는 "가정 부인의 국어에 대한 동경은 대단한 것이에요. 이것은 아이가 학교에서 국어를 배워서 집에서 국어를 말해도, (가정 부인이) 그것을 모르기 때문에 아이로부터 따돌림 받고 있는 기분이 든다는 것입니다"라고 말하였다.[34] 그러나 그가 말하는 여성들의 일본어 학습 의욕은 식민지 사회에서 사는 수단으로서의 '일본어' 획득이 이루진 것일 뿐, '국어'의 이념과는 동떨어진 것이었다.

3) 자발성과 강제 동원

총독부의 공식 성명에는 '국어 강제', '조선어 말살'이라는 표현은 주의 깊게 부정되었다. '황민화'를 향해 돛을 올리고, 일본어 보급운동을 준비하고, 징병제 도입의 결정을 지켜본 미나미 지로 총독은 1942년 6월 6일 다음과 같은 이임사를 하였다. "국어의 보급이 불이 난 벌판의 불과 같이 확대되고 있는 것은 반도 민중의 자각의 결과이므로, 매우 유쾌하다. 황국신민으로서의 신념은 영어나 중국어로는 이해할 수 없다. 하물며 그 이외의 언어는 더욱 더 그러하다. 게다가, 이것(일본어 보급운동)은 관에서 강제한 것이 아니라, 애국반이 자각하여, 조금이라도 빨리 일상에 필요한 국어를 체득해야 하는 필요를 이해하고 있다고 하는 상황을 보는 것은 대단한 기쁨이다." 단순한 언어 능력을 뛰어 넘은 '국어'라는 이념은, 말하는 사람이 '국민'으로서의 '자각'을 하지 않으면 안 되기 때문이다.

내지에서 시찰하러 온 관료가 "조선어를 말살한다는 방법으로 하지 않으면 (일본어 보급은) 철저히 이루어지지 않는 것이 아닌가?"라고

---

34) 「徵兵制を語る(四)/武士道精神の注入/杞憂はやがで一掃されん」, 『朝日新聞朝鮮版』(中鮮版) 1942年 5月 16日付.

말했을 때, 조선총독부의 관료는 "그러면 오히려 역효과가 난다. 물이 침투하듯이 진행하지 않으면 안 된다고 생각한다. 국어의 보급을 도모하기 위해 한쪽을 전멸시켜서는 안 된다. 국어를 보급시켜서 조선어를 자연스럽게 사용하지 않도록 해야 한다"라고 대답하였다.[35] '조선어 말살'이라는 표현은 강한 저항을 낳았다. '국어'를 보급했을 때, '자발'적으로 '황국신민'이 된 사람들은 조선 민족의 잠재적인 '국어'인 조선어를 스스로 버릴 것이다. 전시기(戰時期) 조선에서의 일본어 보급 정책은 처음부터 조선어의 '사멸'을 기대하는 장기적인 전략이었던 것이다. 그러한 '자발'을 재촉하기 위한 강제적인 유도가 행해진 것은 틀림없다. 학무국 편집과장인 시마다(島田牛雉)는 다음과 같이 말하였다.

조선어를 말하면 생활에 불편이라고 할 만한 것은 없다. 이와 같이 생활의 안이함을 조선어로부터 얻을 수 있기 때문에 국어를 사용하지 않는다. 그러나 오늘의 고통을 참고 국어에 가까워지려는 환경을 갖추는 것이 필요하다고 생각한다. 그러한 마음가짐을 갖도록 위해서는, 역시 한 조각의 통첩이나 어떤 명령에 의해서 할 수 있는 것은 아니라고 생각한다.[36]

우선 생활 문제와 결부시키는 것이 중요하다. 국어를 모르면 오락을 얻을 수 없고, 연예도 즐길 수 없고, 라디오도 알아듣지 못하고, 책도 잡지도 읽을 수 없도록 하여, 아무래도 국어를 이해하지 않으면 안 되도록, 생활에서 어쩔 수 없도록 하는 것이 좋다고 생각한다. 현재는

35)「決戰半島の眞姿/內務省委員・總督府幹部對談會(3)」,『京城日報』1943年 6月 17日付 夕刊 1面.
36)「國語常用運動座談會(四) 必要な用語を纏め/一册の本にして普及したい」,『釜山日報』1942年 5月29日付 2面.

조선어로 읽고, 듣고, 이야기하는 충분히 부자유를 느끼지 않는 환경
에 놓여 있기 때문에, 습관이나 편의적으로 조선어를 사용한다. 그러
므로 국어를 이해하지 못하는 사람은 고용하지 않는다든가, 서툰 사람
은 승급도 시키지 않는, 대담한 수단을 취하지 않으면 안 된다.[37]

그러나 위와 같이 하여 보급된 것이 '국어'인 것인가, '일본어'인 것
인가? 1942년 아시아·태평양전쟁하에 전개된 일본어 보급운동에는
1944년부터 징병제 실시라고 하는 움직일 수 없는 목표가 있었다. '황
군(皇軍)'으로의 징병이라는 '영예'가 인정된 것은 조선인이 '황국신민
(皇國臣民)'이기 때문이라고 총독부는 설명했다. 그러나 현실의 조선
인은 '황국신민'으로서 필수적이라고 할 수 있는 '국어'에 대한 이해도
불충분했다. 조선인의 '황국신민'의 정도는 일본의 식민지 당국이 자
의적으로 아무렇게나 말할 수 있는 것이었다. 징병제가 실시되고 일
본제국의 패색이 짙어짐에 따라, 이념과 현실 사이의 큰 격차는 마침
내 눈에 보이는 파탄으로서 나타났다.

5. 식민지 최말기(最末期)의 일본어

1) '순정(醇正)한 국어'의 이념과 현실

1943년 1월 4일자 『경성일보』는 다음과 같은 사설을 실었다.

국어의 상용은 천황의 말에 의해 통수되기 위한 첫 번째 자격이 되
는 준비이다. 아무리 강건한 몸이어도, 아무리 깊은 학식이 있어도, 천

---

37) 「全鮮國語一色運動/思い切つた手段で/使はせることが先決=島田本府編輯
課長語る」, 『釜山日報』 1942年 5月 3日付 2面.

황의 말을 이해할 수 없는 병사의 존재는 전혀 생각할 수 없는 것이
다.[38]

조선인들이 몸에 익혀야 할 언어는 단지 명령을 이해할 수 있으면
되는 '일본어'가 아니라 '천황의 말'인 '국어'이어야만 했다. 식민지 당
국 또는 일본인들이 조선인에게 요구한 일본어의 수준은 단순한 일본
어로부터, 정확한 악센트, 올바른 경어를 잘 구사하는 '순정한 국어'로
상승해 나가는 것이었다. 단순한 일본어의 '상용'으로부터 한층 더 진
행된 일본어의 '생활화', '국어생활'을 이념으로 내걸어, 조선인에게 한
층 더 격렬한 '동화'를 요구하였다. 그러나, 징병제 실시라고 하는 스
케줄 속에서, 높은 수준의 일본어 능력을 요구하는 것은 곤란하였고,
하물며 그것이 '국어'의 정신성을 띠고 있는가는 검증할 수 없는 것이
었다. 또 '순정한 국어'를 강조하면 할수록, 규슈를 중심으로 한 서일
본의 방언을 사용하는 사람들, 재조일본인(在朝日本人)들의 언어의
절대성도 무너지는 것이었다. 일본인이 조선인에게 강요한 이상적인
'일본인의 모습'은 일본인 스스로에게도 제한된 길로 몰아가는 결과를
낳았다. 게다가 일본군의 패배가 가까워짐에 따라 대동아공영권의 핵
심 민족이라는 슬로건은 구실을 잃고, 이와 함께 조선인의 저항도 표
면화되어 갔다.

1943년 8월 16일자『경성일보』의 사설「내선일체와 국어 상용」에서
는 "국어 상용이라고 하는 것보다 한 걸음 더 진행되고, 조선어를 말
살할 정도의 열의로 국어교육의 철저를 도모하는 것이 내선일체가 성
과를 올리는 방법이다"라고 썼다.[39] '조선어의 말살'은 공적으로는 미
나미 지로 총독도, 그 후임자인 고이소 구니아키(小磯國昭) 총독도 언

---

38) 社說「歸一し奉る國語」,『京城日報』1943年 1月 4日付.
39) 社說「內鮮一体と國語常用」,『京城日報』1943年 8月 16日付.

310

급을 회피한 극단적인 표현이었다. "국어에 대한 관심이 예전과 같이 활발하지 않다.……징병제 실시가 발표됨에 따라 그 당시는 일반의 국어 상용 및 특별연성소의 국어 교수를 시작으로 부인에 대한 국어 강습회 개최 등을 조선 전 국토에서 대대적으로 전개했지만, 오늘은 그것이 조금 기세가 꺾인 것이 아닐까라고 느껴진다"는 현실이 있었다.[40]

1943년 8월 『경성일보』와 『오사카 마이니치 신문』 조선판에 경기도 양주군 구리면의 일본어 보급운동에 대한 특집 기사가 실렸다.[41] 양 면에 특집으로 실린 것을 볼 때, 마을 전체가 '국어 생활'을 목표로 하는 전형적인 사례로서 당국에 의해 제시된 것이라고 생각된다. 기사에는 면장이나 교장이 운동을 지도하고 청년들이 실천해, 남녀노소에게 일본어가 보급되었다는 전시하의 대중동원운동의 전형적인 모습이 그려졌다.

이 마을에 한 걸음 발을 디디면, 서 있는 간판이나 농가의 대문이나 기둥에 '내선일체 우선 국어'라는 국어 상용운동의 표어가, 한자와 가나와 언문으로 함께 쓰여져 있다. 표어나 표지뿐만이 아니다. 마을의 민가를 방문하면, 벽(壁)과 기둥, 시계, 초 등 하나부터 열까지 (국어) 발음을 적고 거기에 언문으로 이것이 벽이며, 기둥, 시계, 초다 하는 식으로 설명이 붙어 있다. 이 마을에서는 이것을 '벽독본(壁讀本)'로 부르는데, 국어의 이해를 실물교육을 통해 추진하고 있는 것이다.[42]

---

40) 社說 「國語運動を激勵す」, 『京城日報』 1943年 9月 6日付.
41) 「徵兵に沸る愛國半島(6) 全村に刻む"國語"/九龍面の輝く更生ぶり」, 『京城日報』 1943年 8月 6日付 3面 ; "國語の村"訪問記/書は勤勞夜は講習/"倅も適齡"と六十の手習い/東倉里部落」, 『朝日新聞朝鮮版』(中鮮版) 1943年 8月 14日付 4面.
42) 『京城日報』 1945年 8月記 6日付 3面.

그러나 이것은 일본어 교육과 동시에 한글의 문맹퇴치 교육이 되어
버리는 것은 아닌가? '조선어학회 사건(1942)'과 같이, 조선어가 조선
인의 '국어'가 될 수 있는 가능성은 탄압되었다. 일본어 보급을 위해서
한글 신문이나 한글 잡지의 폐간, 조선어 라디오 방송이나 영화·연극
의 금지, 조선어에 의한 강연회 억제에 대한 요구는 높았다. 그러나
조선어는 상의하달(上意下達)의 수단으로서 남겨져, 조선어 라디오
방송도, 조선어 신문도 1945년 8월 15일까지 그 역할을 완수하였다.
1944년 5월의 일이지만, 함경북도에서는 일본어 보급률에 대한 조사가
공표되었다. 도 당국은 '지도자층'에 대한 일본어 보급운동이 효과가
있었다고 평가하였다. 그러나 애국 반장의 30%가 일본어 미해독자였
다. 가장 성적이 좋았던 청진 지역조차도 10%의 애국 반장이 일본어
를 이해하지 못하였고, 명천군에 이르러서는 무려 60%의 애국 반장이
'미해독자'였다.[43] 식민지 당국은 대중동원 조직을 통해서도 일본어를
당국이 의도한 최말단까지 관철시킬 수는 없었던 것이다. 더구나 '조
선어 말살'은 불가능했다. "목표가 국어 보급에 있고 조선어 금지가
아니었던 것이 한계"라고 말한 총독부 관료의 술회는 그 한계를 정확
하게 말한 것일지도 모른다.

2) 징병제 실시와 말기의 일본어 보급운동

1944년 4월부터 8월까지 조선인을 대상으로 한 최초의 징병 검사가
실시되었다. 그러나 경상북도를 관할하는 병사 부장은 징병 검사를
개시했을 때의 상황을 아래와 같이 말하였다.

아직 국어를 사용할 수 없는 사람이 장정 중에 다수라는 것은 유감

---

43) 『大阪毎日新聞』(朝鮮版) 1944年 5月 17日付.

스럽다. 국어가 미숙한 장정은 지금부터라도 늦지 않았으니 우선 검사장에서 사용하는 주소·이름·생년월일·직업·가족의 상황 및 건강 상태 등에 관한 것은 국어로 할 수 있도록 노력해서 준비하지 않으면 안 된다.[44)]

징병 대상자에게 일본어를 보급하려는 노력이 반복됨에도 불구하고, 실제의 성적은 참담했다.

1944년 4월, 조선총독부는 '군무 예비훈련소'를 개설해, 입영이 결정된 미취학 조선인 청년에게 40일간의 단기 집중 육성을 실시하였다. 또 1944년 8월부터 국민총력조선연맹은 "훌륭한 군인을 만들기 위해 국어 생활을 실행하자"를 슬로건으로 하는 '징병제 실시에 따르는 국어상용 전해(全解)운동'을 전개했다.[45)] 미해독자의 명부를 애국반(지역)이나 봉사대(職域)에서 작성해 '주위 사람들이 실수 없이 적극적으로 지도 원조'하여, 징병 대상자나 그 가족에게 집중적으로 일본어를 가르쳤다.

한편, 전쟁 상황이 악화됨에 따라, 조선인의 저항은 확연하게 표면화되어 갔다. 1944년 10월, 학무국의 곤도(近藤) 교학관은 교육 관계자들이 모인 좌담회에서 다음과 같이 말하였다.

그것(조선인의 일본어 사용 : 필자주)은 최근 들어 특히 나쁩니다. ……우리는 반도를 황국신민화하는데 혼신의 노력을 하고 있습니다만, 제일 큰 영향을 미치는 것은 국력입니다. 특히 대동아전쟁이 일어난 뒤 전쟁 상황의 영향이 매우 큽니다. 특히 사이판 전투에서 전원 전사(1944년 7월 : 필자주)한 뒤 더 나빠졌다고 생각됩니다. 이런 경향

---

44) 「諸氏の責務は重大/佐々木大邱兵事部長談」, 『每日新聞』(朝鮮版) 1944年 4月 2日付.
45) 『國民總力』, 1944年 8月 1日號, 22쪽.

을 단적으로 보여주는 것이 국어 상용의 성적으로, 안에서는 의식적으
로 조선어를 사용하는 경향까지 나타나고 있습니다.……최근에는 남
학생들이 많이 조선어를 사용하고 있습니다.[46]

  1944년 말, 국민총력조선연맹은 '국어상용 전해운동 강화방책요강'
을 발표했다. '최근 입영한 조선인 장정의 실태를 고려'하고 긴급하게
'본 운동을 한층 강화·추진'하기 위해, 일본어 보급이 불충분한 면(마
을)을 지정하거나 1~2개월의 추진 기간을 마련하는 등, 집중적으로
일본어 보급운동을 전개하려는 것이었다. 위의 요강에는 각종 단체에
대한 철저한 파악과 더불어 특별청년연성소 입소생에게는 주위에서
출석을 끊임없이 독려해, 국어 실력이 충실해지도록 돕는다는 방침을
표현하였다. 경방단(警防團)이나 청년단 등 대상자의 소속 단체, 지역
의 부인회나 농민회 등 각종 단체를 동원해, 미해독자를 파악, 일소(一
掃)하도록 지시했다. '훌륭한 군인을 만들기 위해 국어 생활을 실행하
자'는 슬로건 아래 피징병자(장정)를 내는 집, 특히 '장정의 아내'의 일
본어 상용화를 주위에서 협력하는 방법을 제시하거나, 학교와 경찰의
완벽한 제휴로 국어강습회를 운영하도록 요구하는 등 강제적인 보급
이 예견되었다.[47] 45년 1월 15~16일에 열린 총력연맹 이사회에서, 충
청남도 이사 마쓰무라 모토히로(松村基弘)는 일본어 보급 시설이 '자
칫하면 임시변통의 시설'이 되고 만다는 것, "상용 장려(와) 같은 것도
무리하게 강제하면 오히려 역효과를 초래하는 경향이 없지는 않다"는
의구심을 표명하였다.[48] 식민지 통치정책의 근간과 관계되는 '국어'
보급정책은 이미 장기적인 전망이 없는 '임시방편'적인 정책이 되고

---

  46) 「高良女史一行を囲む座談會」, 『文敎の朝鮮』 227, 1944. 10·11합집호, 55쪽.
  47) 『國民總力』 1945年 1月 1日號.
  48) 『國民總力』 1945年 2月 15日號.

314

말았다.

3) '국어보다 적을 무찌르는 것이 중요합니다'

1945년에 들어서자, 일본어 보급운동은 물리적인 어려움에 직면하게 되었다. 하나는 일본어를 이해하고 타인에게 강습할 수 있는 사람이 징용·징병으로 동원되어 생긴 인재난이었다. 또 자재난도 심각해, 야간 강습에 필요한 연료의 절감이 문제가 되었다. 신문·잡지도 종이 부족으로 페이지 감소를 거듭하였다. 44년 9월, 『매일신보』가 4면이던 것이 2면으로 감소됨에 따라, 본지의 「국어면(國語每新)」란은 소멸하였다. 부록으로 발행되던 「국어교실」은 그 후에도 계속 발행되었지만, 결국 45년 2월 26일부로 다음의 기사를 내걸고 폐지되었다.

> 적이 드디어 본토에 밀려 들어 왔습니다. 국어의 연습도 중요합니다만, 적을 박멸하는 것이 더 중요합니다. 매일신보는 정보를 신속히 알리는 데 힘을 쏟기 위해, 국어교실을 그 쪽으로 돌려, 국가에서 필요로 하는 곳에 쓰이도록 하겠습니다.[49]

이 기사의 표제는 「국어보다 적을 무찌르는 것이 지금 제일 중요합니다」였다. 「국어교실」의 형태를 바꿔서, 1945년 3월 8일부터 조선어 주간 시사해설지 「신소식」이 창간되어 애국반에 배포될 것이라고 예고하였다.[50] 한정된 자재 안에서, 일본어 보급지의 폐간과 이를 대신하는 조선어 시사해설지의 창간이라고 하는 사태는, 조선인을 전쟁에

---

49) 「國語ヨリ敵ヲツブスコトガ今イチバンダイジデス」, 『毎日新報』 1945年 2月 26日付. 「國語教室」.
50) 「새언문신문/오는 8일부터발행」, 『毎日新報』 1945年 3月 4日付 2面. 필자는 유감스럽게도 이 '新消息'을 실제로 보고 확인하지는 못하였다.

동원하기 위해서는 직접 조선어를 통해 움직이지 않으면 안 되었음을 의미한다. 또 이것은, '국어'를 통한 조선통치의 안정화라고 하는 전략의 임종을 상징적으로 나타내고 있다고 할 수 있다. 전시 상황의 악화로 이미 수십년 단위의 장기적인 식민지 통치구상을 실행으로 옮기는 것은 불가능했다. 기울어진 전시 상황으로 해결이 촉박한 여러 과제 중에, 일본어 보급은 우선 순위가 높은 과제는 아니었던 것이다.

그렇다고는 해도, 징병이나 징용은 계속되었다. 1945년 3월 이후도 일본어 보급의 노력 자체는 계속되었다. 총력연맹에서는 "내년 예산에 35만 엔을 포함시켜, 중앙의 추진 기관으로서 국어 상용 전해운동 추진본부를 새롭게 설치한다"고 하면서, 향후 일본어 보급정책의 구체적 안에 대해 학무 관료(大槻)나 대학교수인 '권위자'를 불러 회의를 열었다. 그러나 3월 10일의 도쿄 대공습을 시작으로 일본 본토 도시들에 대한 무차별 폭격이 전개되고, 4월 1일에는 미군이 오키나와 모토지마에 상륙하였다. "국어 전해자도 그 상용은 지극히 저조하고⋯⋯ 학생은 다른 사람의 모범이 되어야 함에도 불구하고 조선어만 사용하고 있다"는 상황 속에서, 축소에 축소를 거듭하여 타블로이드판으로 발행된 신문은 '결사항전(決死抗戰)'을 떠들어대고 있었다. 이런 지면에서 일본어 보급에 관한 현장의 모습을 살필 수 있는 기사는 거의 없어졌다. 『매일신보』가 마지막으로 전한 일본어 관련 기사는, 45년 7월 25일·27일에 경기도 개풍군에서 열린 '국어강습회 지도자 강습회', 즉 국어강습회의 강사 등을 양성·재교육하기 위한 강습회 기사였다.[51]

---

51) 「國語常用全解運動/各道踏査한 權威모아 具体案評定/聯盟에서」, 『每日新報』 1945年 3月 4日付 2面.

6. 맺음말

전쟁의 전개과정이 애초의 구상을 상회하는 속도로 진행되자, '국어'를 통한 조선의 '황민화'는 총독부에 의한 미완성의 계획으로 끝이 났다. 해방 직후, 한반도나 재일 조선인 사회에서는 조선어를 '국어'로서 몸에 익힌 '국민'을 육성하는 운동이 부활되었다.

1938년 이후 전개되었던 '황민화' 정책에는 일본어 보급정책도 포함되었다. 이는 언어 능력은 내면의 '황민화' 정도를 측정할 수 있는 틀이었기 때문일 것이다. 일본어 능력은, 예를 들어 시험에 의해 수치화가 가능하다. 그러나 '국민정신의 이해'로 간주되는 '국어'는 말하는 사람의 내면에서 획득되어지는 것이다. 그러므로 그것을 수치화한다는 것은 불가능한 것이다. 그러나 실제로는, 초등학교 6년 과정을 수료한 정도가 '국어를 이해하는 사람'이라고 하는 통계 기준이 존재했기 때문에, '국어'의 보급률을 상승시키기 위해 총독부·도·부읍면이 서로 경쟁했다. 그 '국어 이해'의 기준은 통치자의 자의에 맡겨졌기 때문에 '충분히 황민화되고 있다'라고도, '아직 황민화되지 않고 있다'라고도 말 할 수 있었다. 조선인이 알아야만 했던 '일본어'가 국민의 정신을 지탱한다고 간주되는 '국어'인지, 실용적인 커뮤니케이션의 도구로서의 '일본어'인지는 이념적으로는 큰 차이가 있었다고 생각된다. 그러나 1942년 이후의 '국어 열기'는 1944년의 징병제를 위한 단기적인 운동이었을 뿐, '일본어'를 '국어'로 정착시키기 위한 장기적인 전략은 없었다. 결국 운용하는 사람의 자의에 맡겨졌다. 그러나 일본어에 관해서 절대적인 판단 기준을 가지고 있다고 생각되는 식민지 조선에 거주한 일본인 자신도 그 일본어의 내막을 추궁당하는 짓궂은 위치에 처해졌다는 사실은, 전후의 일본에서는 식민지·점령지에서의 일본어 보급·강제의 체험과 함께 대부분 잊혀져 갔다.

조선어의 '말살'이라는 표현에는, 오해를 일으킬 가능성이 포함되어 있다. 조선어 신문이나 라디오는 일본이 패전할 때까지 존속하였고, 본고에서 본 것처럼 전쟁 말기에 조선어가 부활한 사례도 있다. 그러나 식민지 말기에 총독부가 '보존'하고 있던 조선어는 총독부가 이용하기 위한 '실용적인 커뮤니케이션의 도구'로서만 그 존재가 인정되고 있었으며, 조선 민족의 잠재적인 '국어'로서의 조선어는 물론 탄압의 대상이었다. 잠재적 '국어'로서의 조선어를 굳이 사용하는 것은 명백한 저항이었다. 그런데 도구로서의 '일본어'를 획득해 잘 사용하면서도 (일본어의) '국어'로서의 지위를 부정하는 것도 매우 은밀한 저항이라고 말할 수 있지 않을까?

식민지의 지배자와 피지배자 사이의 비대칭인 힘의 관계를 염두에 두면서도, 단순히 지배와 저항으로만 재단할 수 없는, 타산과 타협과 이용과 갈등이라는 복잡한 관계가 이 시기의 언어를 둘러싸고 있었으며, 나아가 식민지 지배를 통해서도 존재하고 있었다고 생각된다.

찾아보기

ㄱ

嘉納治五郎 99
가다머 233
『가뎡잡지』 244, 245, 248
가시하라 125
가와바타 야스나리 204
『家庭の友』 195
『가정문고(家庭文庫)』 194
『家庭의 友』 194
『가정지우(家庭之友)』 194
가지마 세쓰코 60
가토(加藤灌覺) 92
간담회(懇談會) 142
간이 국어강습회 288, 299
감사참배 122, 129, 130, 131, 133, 134,
        135, 137, 140
갑오개혁 236
강원신사(江原神社) 140
강화도조약 26
『개벽』 239
검열의 종합적 파생효과 170
검정교과서 107
게오크테페 전투 24
경방단(警防團) 313

『경성일보』 215, 223, 227, 228, 229
경성제국대학 90, 92
계몽운동 27
고노에 후미마로 240, 241
고원 87
고이소 구니아키(小磯國昭) 309
고황경 250
곤도(近藤) 교학관 312
공식제(公式祭) 128
공적담론 165, 168, 171, 180, 196, 197
광주고등보통학교 60
광주신사(光州神社) 140
광주학생운동 58
교학관(敎學官) 90, 295
「구마검」 157
구자옥 44
국가적 신체 244
『국민문학』 210
국민정신총동원조선연맹 289
국민총력조선연맹 289, 296, 300, 312,
        313
국민학교령(國民學校令) 102, 103
국어강습회 289, 300, 305
국어대책협의회 291
국어독려명부 298

국어보급운동요강(國語普及運動要綱)
　　289, 296, 298, 299, 301, 305
국어상용 전해운동 강화방책요강　313
국정교과서　85, 107
국폐소사(國幣小社)　139
군무 예비훈련소　312
권학제(勸學祭)　119, 130, 137, 138, 140
『근우』　175, 183, 185, 190
今村武志　127
기사　87
기수　88
김기석　249
김남천　156, 238, 259
김동인　146, 162
김문집　219
김신실　264
김오성　275
김우영　148, 262
김창균　91

_ㄴ

나도향　144, 149
나스룰라 바카둘 칸　23
나쓰야마 시게루(夏山茂, 曺秉相)　306
나카지마(中島凳文)　140
나혜석　148
남해림　262
내선공학(內鮮共學)　102
내선일체 슬로건　214
노바야 부카라　27
녹기연맹(綠旗聯盟)　77
닛코도쇼궁(日光東照宮)　123

_ㄷ

다지키　41
다카마쓰 시로(高松四郎)　122, 123, 124,
　　140
다카야마 세이(高山生)　294
다카하시(高橋)　295
다케우치 요시미　238, 279
단체참배수조(団体參拜數調)　131
담론　194
대동아공영권　297, 309
대발식(大祓式)　129
대정익찬회　241, 277
『대하』　238
데라다　231
데리다　233
도공진사(道供進社)　139
도쿄고등사범학교　91
도쿄제국대학　90, 112
도화제(桃花祭)　129
동아협동체론　236, 279
두마(Duma)　33

_ㄹ

러시아와 동방의 일체 이슬람 노력자
　　35
러시아 제국 정치대표부　26
리차드 악젤(Richard Aczel)　208
린노지(輪王寺)　124

_ㅁ

마쓰무라 모토히로(松村基弘)　297, 313

마쓰요시 가쓰노리 59

『매일신보』 301, 314, 315

메이지 천황 137

명치서원(明治書院) 108

모리타 고로(森田梧郎) 286, 291, 299

무나바르 카리 아브두라시도프 48

무라야마 도모요시 200, 218, 220, 221, 222, 225

武部欽一 127

『문교의 조선(文敎の朝鮮)』 138

문부성 검정교과서 109, 113

『문학계』 215, 218, 223, 227, 228, 229

문화정치 63, 64

미나미 지로(南次朗) 214, 284, 306, 309

미쓰하시 고우이치로(三橋孝一郎) 79

미야모토 하지메(宮本元) 73

미요시 205

민내채(閔內彩) 294

민력(民曆) 86, 111

ㅂ

바스마치 37, 38, 49

박기옥 59, 60

박영빈 91

박준채 59

『반도지광(半島之光)』(鮮文版) 195

배구자 271

배산세이(拝山生) 295

범죄즉결례 29

법무국 76

벤야민 281

보장구적 사용가치 192

보충적 사용가치 192, 193

보호국 23, 25, 26

볼셰비키 35, 36, 53

부녀(婦女) 167

부산방(富山房) 107

부인(婦人) 165, 167

부카라(Bukhoro) 22

부카라 소비에트 공화국 23, 25, 28, 38, 39, 42

ㅅ

사격제도(社格制度) 125, 139

사마르칸트 34

사카이 205

삼성당(三省堂) 108

三田吾郎 111

상대적 가시성 190, 192, 194

상무제(尚武祭) 129

서사(誓詞) 130, 135, 136, 140, 141

石橋一郎 111

소련판 황민화 44, 54

소비에트 대회 35

속 88, 111

속관 88, 90

수신교과서 수여봉고제 119, 122, 125, 140, 141

수양동우회 44, 45

스가(菅浩二) 121

슬다랴 34

習澤勁四郎 96

시마다(島田牛稚) 307

시학 88

시학관(視學官) 90, 295

식민지 검열 169, 171, 182, 191, 192,

196
식민지적 근대(성) 168, 169
식민지적 근대화 178
『신간』 190
신사회 34
신상제(新嘗祭) 123
『신여성』 239
신현정(申鉉鼎) 94
신협(新協)극단 200
신흥우 44
실력양성론 34

_ㅇ

아마테라스 오오미카미(天照大神) 137
아브두라우프 피트라트(Abdurauf Fitrat)
    28
『아사히 신문(朝日新聞)』 292
아치와 야스히코(阿知和安彦) 125, 134
아키타 220, 222
안재홍 45
안창호 43, 44
알라스 오르다 39
알렉산드로프(Aleksandrov) 47
앤더슨(Benedict Anderson) 46
야마나시(山梨) 122
야마자키 202
야학회 287
야히코(弥彦)신사 123
『어린이』 239
에하라 시게루(江原繁) 289
여성(女性) 165, 167, 172
『여성』 235, 239, 240, 241, 242, 248,
    252, 254, 258, 259, 261, 265, 271,

272, 281
여운형 28
여자(女子) 165
염상섭 147
오가사와라 쇼죠(小笠原省三) 130
용두산신사(龍頭山神社) 140
우가키(宇垣) 125, 212
牛島省三 127
우에노 치즈코 257
우즈베키스탄 40, 42
우즈베키스탄 소비에트 사회주의 공화국
    42
원고검열 169, 182
원주민 잉여토지 강제수용법 32
윌슨 214
유길준 38
유성준 44
유억겸 44
유진오 217, 230, 231
유치진 217, 227
윤치호 44, 45, 48
을사늑약 25
이건혁 259, 260
이광수 43, 44, 45, 48, 154, 157, 191,
    272
이기백 63
이기영 143, 144, 147, 155
이노우에(井上主計) 129
이능화 43, 91
이동휘 28
이상(李箱) 144, 163
이상재 44
이상호 254
이선영 252

이와시마 하지메(岩島肇) 77
이인직 157
이정식 57
이지영 262
이치무라(市村) 295
이쿠누마(生沼) 305
이태준 220
이해조 156, 157
이효석 145, 161, 162
인가교과서 107
일본도서주식회사(日本圖書株式會社)
    107
林茂樹 127
임화 157, 217, 221, 222, 225, 228

_ㅈ

자결권 35
자서전 190, 191
자지드(jadid) 운동 27, 28, 31, 38, 43,
    45, 53
장명희 256
장혁주 200, 227, 228, 229
전영택 151
전주공립소학교 133
田中啓爾 99
정근양 268
정례국장회의 296
정무총감 80
井上智 111
정지용 221
제1차 교육령 104
제2차 교육령 105
제3차 조선교육령 106, 284, 285, 286

제국서원(帝國書院) 107
제키 벨리디 도간 37
젠더 165, 190, 191, 192
조경애 255
조계지 27
『조광』 239, 241
조선교육령 58, 61, 90, 97, 102
조선문화의 장래 210, 215
조선민사령 73
조선 봄 211
조선서적인쇄주식회사 129
조선신궁 119, 120, 122, 125, 134, 136,
    137, 140
『조선신궁연보』 122, 129, 132, 138
『조선신궁회구록(朝鮮神宮懷舊錄)』 124
조선신직회 127, 138
조선어학회 사건 311
조선총독부 62, 71, 72, 74, 77, 79, 81,
    83, 85, 88, 90, 97, 98, 103, 112
조선총독부 검정교과서 109, 113
조선총독부 인가교과서 110
조선총독부 편찬교과서 110
조선특별청년연성령 300
조선특별청년연성소 300
좌담회 봄 211
주요섭 157
『중등수신서(中等修身書)』 99
중앙 공산당 정치국 39
中村孝也 99
진공진사(道供進社) 140
진좌제 140

_ㅊ

차가타이 그룽기 46
차르주이 27
창씨개명 70, 71, 72, 79, 80, 81
천청회(天晴會) 129, 141
체르카스키(Aleksandr Bekovich
　　Cherkassky) 22
촉탁 92, 111
총독부 학무과 299
총독부 학무국 284
총독부 학무국 편수관 291
총후 241, 257, 281
총후(銃後)노동 34
총후부인 248, 251, 277, 279
최남선 43
최승희 190, 191, 272
최찬식 157
『춘향전』 200, 224, 227
출판전 검열 169, 197

_ㅋ

카우프만 29
카자크 32
카자흐 41
카자흐스탄 39
카프 236, 237
케르키 27
코레즘(Khorezm) 인민소비에트 공화국
　　38
코콘(Qucon) 22, 23, 24, 36
콜론타이 274
콜호즈 50
쿠바사이 51
키르기스족 24

키바(Khiva) 21, 24, 25, 28, 38, 39, 42
키질 칼람 47

_ㅌ

타슈켄트 23, 35, 36, 38, 51
테르메즈 27
토니 클리프 21
통감부 25
통역관 87
통역생 88
투르키스탄 40, 41
투르키스탄 민족동맹 37
투르키스탄 자치공화국 36
투르키스탄 지역 행정에 관한 조례 29
투르키스탄 총독부 23, 24, 25, 28, 29,
　　31, 33, 34, 42
튀르크 41, 44
특별청년연성소 289, 313

_ㅍ

파이줄라 코자예프(Faizulla Khojaev) 43,
　　47
패트리샤 쓰루미 57
페르가나 34, 51
편수과 111
편수관 85, 87, 90, 92, 94, 98, 111
편수서기 85, 87, 88, 90, 92, 94, 98, 111
편집과 111
폰드 필드 275
프레드릭 제임슨 205, 207
프룬제 39
피터 1세 22

피트라트   38, 39, 42, 43, 46, 48
핀란드   33

_ㅎ

하루투니언   206
하야마(早山靜夫)   121, 130, 138, 140
하야시 후사오   212, 213, 216, 220, 222,
        225, 231, 231
학무과장(學務課長)   295
학무국   92, 103
학무국 편집과   85, 104, 111
학부 편집과   86
학술강습회   287
한보용   269
한석의(韓晳曦)   119
한성사범학교   94

함경남도 학무과   285
함상훈   271
현진건   150
현헌   91
芦田惠之助   98
혼다(本多)   295
홍종인   250
『환희』   144
『황민일보』   301
후루카와   230
후지시마신사(藤島神社)   134, 136
후쿠다 슈조(福田修三)   58
후타라산신사(二荒山神社)   124
黑田茂次郎   96
흥업구락부   44, 45
히로다(廣田)내각   259
히로시마고등사범학교   91, 112

연세국학총서 93

일제 식민지 시기 새로 읽기

한국학의 세계화 사업단·연세대학교 국학연구원 편

2007년 3월 10일 초판 1쇄 발행

펴낸이·오일주
펴낸곳·도서출판 혜안
등록번호·제22-471호
등록일자·1993년 7월 30일

⊕ 121-836 서울시 마포구 서교동 326-26번지 102호
전화·3141-3711~2 / 팩시밀리·3141-3710
E-Mail hyeanpub@hanmail.net

ISBN 978-89-8494-303-2 93910

값 26,000원

新羅下代 政治史 研究

권영오(權英五)

부산대학교 역사교육과, 부산대학교 교육대학원을 졸업하고, 부산대학교 사학과에서 「신라하대 정치변동
연구」로 박사학위를 받았다. 동의과학대학, 부산대학교 강사를 지냈고, 부산 녹산중학교를 거쳐 현재 대저중학
교에 재직 중이다. 연구 논문으로 본서에 실린 것 외에 「신라 중고·중대기 상대등과 왕위계승」, 『重修龍門寺記
에 나타난 龍門寺의 寺格變化』(공저), 「칠원공립보통학교를 통해 본 일제강점기 초등교육」이 있다.

민족문화학술총서 54
新羅下代 政治史 研究

권 영 오 지음

2011년 2월 25일 초판 1쇄 발행

펴낸이 | 오일주
펴낸곳 | 도서출판 혜안
등록번호 | 제22-471호
등록일자 | 1993년 7월 30일

㉾ 121-836 서울시 마포구 서교동 326-26번지 102호
전화 | 3141-3711~2 / 팩시밀리 | 3141-3710

E-Mail hyeanpub@hanmail.net

ISBN 978·89·8494·418·3 93910

값 27,000 원